河洛文化菁华

——洛阳名人与文化遗存

董延寿 著

人民出版社

序

《河洛文化菁华——洛阳名人与文化遗存》一书就要完稿了,很想跟朋友们说几句话,以表自己的心迹。

笔者是洛阳人,从小就生活在这片热土上,对洛阳的一草一木、一砖一瓦都充满了深深的眷恋。很小的时候,就听老辈人讲洛阳是"九朝古都",历史上洛阳厉害着呢,在这里坐天下的皇帝有 100 多个,但自己总感觉不像,因为,从表面上看,洛阳留下来的东西确实不太多,也不震撼,不像有的帝都,宫城巍峨,城门高耸,映入眼帘的都是让人惊讶的东西。

随着年龄的增长,知识的增多,尤其是自己读了历史专业以后,对洛阳的认识才愈来愈深刻。历史专业是分块的,学术有专攻。大学毕业以后,自己分到了洛阳的大学任教,从内心来讲,很想教授中国史方面的一些课程,但遗憾的是,中国史方面的课,像先秦史、古代史、近现代史等大都是年龄大一些的老师在教,新分来的大学生要服从组织分配,讲授世界史方面的课程,于是自己就担任了世界近代史方面课程的教学工作,而且一教就是几十年。以至于毕业的学生一提起本人,就说董老师讲的英国资产阶级革命、讲的法国大革命、讲的拿破仑、讲的玻利瓦尔、讲的圣马丁等绝了！甚至于有时自己走在校园里、大街上，一些不认识的学生还在背后指点着说，这是学校的"拿破仑大王"。当然，我明白，学生的意思是我把拿破仑讲活了，印象最深。

后来，自己读博士，也是世界史方面的内容，做的很多研究也是世界史方面的。作为一个教师，自己是服从组织安排的，是忠于职守的，也在自己的从教领域、研究领域达到了相当的高度，有一定程度的标志性成果，更获评了二级教授的技术职称。

但从内心来讲，感觉还是有些遗憾的。自己作为一个"地道"的洛阳人，耳濡目染洛阳的许多东西，体悟了许多洛阳的东西，如果不把它写下来，总感觉有些于心不忍，总觉得辜负了洛阳的这片皇天后土。

从大学副校长的位置上退下来后，没有过去纷繁事务的打扰，相对轻松了一些。于是，儿时的梦想、工作的遗憾，总想找机会给它补回来。恰在这个时候，自己发现了写作的一个好方法，就是利用手机微信，每天配着图写一点，就像写"日记"一样，几乎每天都写，一个问题写完了，转入另一个问题，知道得多就多写一些，知道得少，就学习充电讨教以后再写。这样，从退休的第二天开始，自己"笔耕不辍"，坚持"写"了5年多，积累了200多万字的文稿及大量的图片资料，初步整理出来的文章有200多篇。

《河洛文化菁华——洛阳名人与文化遗存》是本人选取与河洛文化有关的文章50多篇辑录而成的，约有20余万字，这里面有对河洛文化中一些重大问题的探讨，如洛雒之辨析、"河图"与"洛书"、河洛名儒孟云浦、河洛有鸿儒 孟津许鼎臣等；有对洛阳一些重大文化事件进行探索的文章，如略论河南府文庙、白马驮经建佛寺 中土流布称祖庭、难忘的大佛 难忘的龙门、石刻唐代史 光彩耀中华等；有对洛阳的5条河流文化进行梳理的，如洛阳黄河纪胜、洛河漫记、伊水漫

漫　文化灿烂、瀍河缠绕　文化多娇、山涧穿行　终成大名等；有对洛阳的民俗进行总结升华的文章，如话说洛阳的汤、上膳若水话水席及洛阳人过春节等；还有对非物质文化遗产"传拓"技艺系统总结的文章，对候选国花、洛阳市花牡丹花进行探讨的文章等，试图从不同的维度展现接地气、通民意的与众不同的洛阳人眼中的河洛文化。

　　洛阳是民族文化的圣地，每一个寄情洛阳的学子面对她的时候，无不产生深深的爱意！

　　是为序！

董 延 寿

2022 年 12 月 2 日于古锥斋

目 录
CONTENTS

序 *1*

洛雒之辨析 *1*

"河图"与"洛书"——星象脉络图 *7*

老子其人与《道德经》 *12*

营建洛邑治理国家——周公述略 *17*

略论"孔子入周问礼乐" *21*

略论河南府文庙 *28*

浅议文庙作用 *31*

略述文庙发展 *35*

"天下之中"说洛邑 *39*

白马驮经建佛寺　中土流布称祖庭 *43*

王祥河畔说王祥 *49*

难忘的大佛　难忘的龙门 *53*

石刻唐代史　光彩耀中华——千唐志斋略记 *59*

悠悠多少事　女皇武则天 66
明朝洛阳遗事 70
洛阳黄河纪胜 80
洛河漫记 97
伊水漫漫　文化灿烂 132
瀍河缠绕　文化多娇 139
山涧穿行　终成大名 166
风雨漫漫官场路　书法中兴说王铎 172
河洛名儒孟云浦 184
新安吕维祺　学养贯天地 188
望椿轩主杨伯峰　守望家乡育精英 192
洛阳名士林东郊　玉树临风世称道 195
河洛有鸿儒　孟津许鼎臣 199
洛阳名士董笃行　人称老官骨铮铮 202
国色天香话牡丹 207
八百诸侯会孟津　乘势而起谱新篇 218
杜康啊杜康　畅饮与惆怅 223
传拓技艺　国之瑰宝 228
洛阳人过春节 241
话说洛阳的汤 245
上膳若水话水席 253

后　记 269

洛雒之辨析

洛阳是九朝古都,中国历史文化名城,中国七大古都之一,在中国历史上知名度甚高,一部洛阳历史,尤其是洛阳古代历史,几乎是中国古代历史的缩影。

洛阳在中国历史上发挥过巨大的作用,是中国历史长河中重要的不能再重要的城市,因此,就有了"若问古今兴废事,请君只看洛阳城"之名句。洛阳乃天下之中,洛阳之治乃天下之治,洛阳之乱乃天下之乱,洛阳因而成了古代中国治乱的晴雨表。笔者在研究洛阳历史文化的过程中,发现了一个比较有趣、或言之比较费解的问题,就是许多人对洛阳的"洛"和雒阳的"雒"不甚清楚,认为"雒"是"洛"的繁体字,洛、雒没啥区别,洛、雒是可以通用的,等等。有鉴于此,有必要对"洛""雒"的字义进行一定的辨析,以了解其中的含义。

"洛"字之考释:洛,读 luò,我国常用汉字。作为简称,一指水名,即洛水。又作地名,古都洛阳的简称。

"洛"字最早在商代帝乙、帝辛时期的甲骨文中已经出现,在商代河洛之间,存在着一座商王居住的都邑,甲骨文中称为"洛"。水名,源于中国陕西省洛南县洛源乡,东流经河南省巩义市入黄河。古作"雒"。

洛，又是洛阳的简称，中国历史文化名城——洛阳。还是姓氏的一种，洛是雒姓的族源，雒同洛。

从详细字义来看，"洛"：

(1) 形声。字从水从各，各亦声。"各"意为"十字交叉"。"水"与"各"联合起来表示"十字交叉形状的河流"。本义：十字形河流。实际指洛水；洛水在汇入黄河前，从涧水、伊水、瀍水汇入的情况来看，确实似十字型的河流；

(2) 专用名词，指发源于陕南的洛河，洛河发源于陕西省洛南县华山东麓。本作"雒"。如：洛神，洛水女神洛嫔；洛浦，洛水之滨。传说这里是洛神出没处；

(3) 北洛河。发源于陕西省定边县，东南流经志丹、洛川、蒲城等县；

(4) 洛阳的简称。

"雒"字之考释：姓，即雒姓；古代同"烙"，烙印；古书上指白鬣的黑马；源于"洛"，古水名。"雒"，最早出现在金文中，《金文大词典》转载《印薮》提到了一个篆字——"雒"字，见于周雒盨（xu）。是一种盛食物的铜器，椭圆口，有盖，两耳，圈足或四足，只流行于西周时期。作为姓氏，口语读音一般为 lào，如山东宁津县、河北省承德地区，究其缘由，可能是口语化的原因。"雒"字在这一地区的口语读音就是 lào，如花落了、落枕、落炕等。因此，同一读音的雒字也读为 lào。

雒氏属于古老的姓氏，其宗族启于炎黄一脉，繁衍生息，已有5000余年。据山东即墨雒氏族谱记载，始祖生于洛水（洛阳一带）故姓洛。始祖与炎帝是知己朋友。炎帝是太阳神的化身，本属火。人们尊称他是火德王神农氏。雒氏始祖姓洛，本属水。据伏羲《易经五行》（金水木火土）相生相克关系，水"洛"克火。雒姓始祖慈善包容，品行品格上善若水,为排除水克火之含义,聪明智慧的始祖把洛字的三点水删除,在各的右边添加一个"隹"(zhuī)字,仍读音为洛(luò),形异音同义同,这样就组成了新的"雒"字,雒同洛。这样从字面上看"雒"字不属水了,也就不克炎帝火德王的火了。这便是雒氏的起源。当今雒氏宗族星罗棋布遍及全国各地,像陕西、福建、吉林、天津、河南、山东、台湾等省市地区都有雒氏家族,其源头都是从洛阳附近雒氏宗族迁出的。

详细字义:雒,读 luò。

(1) 鸟名,忌欺,即"鶂鶀";雒,鶂鶀也。怪鸱。《说文》。今称俳鶹,也叫横纹小鸮;

(2) 动词,雒诵,反复诵读;

(3) 白鬃的黑马;

(4) 古都邑名,今址河南省洛阳。汉光武建都改名雒阳;

(5) 古地名。西汉时置为雒县。自古为争蜀的战略要地。三国时刘备即因破雒城而得成都,今址四川省广汉县北;

(6) 印烙,后作"烙",如:烧之,剔之,刻之,雒之;(《庄子·马蹄》)

(7) 通"络",用网状物兜住头;

(8) 通"洛":洛河,发源于陕西,流入河南。古时作"雒"。浮于雒,达于河。(《史记·夏本纪》)

从两者的字义来比较可以看出有许多相同的地方:

(1) 作为水名,洛、雒是一致的,指的是"洛水";

(2) 作为地名,两者有一致的地方,大多指的是洛阳、洛邑;

(3) 作为姓氏,两者有相同的地方,雒氏的族望在洛水,雒同洛,但在姓氏中更多的用的是"雒",读 lào。

从字义来看,"洛"似乎更明确一些,主要指水名、地名,而"雒"

似乎更复杂一些，不光指水名、地名、鸟名，还有上述的其他一些意思。但是要注意，在指鸟名"䳆䳡"的时候，和"洛"的意思是相同的，即指的是洛地。"雒"的本义，按东汉许慎《说文解字》中鸟（隹）部，"雒，䳆䳡也。怪鸱。今称鸺鹠，也叫横纹小鸮"的说法，它应该是一种小猫头鹰的名字，据此，当代有学者认为，"雒"实质上是"天命玄鸟，降而生商"之"玄鸟"。尽管一般认为玄鸟是燕子，但是在出土文物及文字学上并无明证。从"玄"字的金文字形上分析，最突出的是这种鸟图腾的大大的双眼以及双翅展飞的形象，而出土的商代青铜器上的鸱鸮纹饰也是极力强调大而圆的双眼以及展开的双翅。

1976年殷墟妇好墓出土了一对铜鸮尊，原器通高45.9厘米，其外形从整体上看，就是昂首挺胸的猫头鹰。妇好是商王武丁之妻，据殷墟甲骨文记载，妇好是一位能干、有魄力的女子，生前曾参与国家大事，主持祭祀，还带兵征伐过羌、土方等国家。殷商时期的王公贵族把青铜礼酒器制作成鸮鸟的形状，足见商人对鸱鸮的尊重。借此推断，鸮在商代是被视为具有庇护力量的神鸟而被加以尊敬和崇拜的，并被塑造成各种用途的器物，以图驱妖辟邪，祈求吉祥。雒的本意以及殷商时期鸟崇拜的习俗，说明"雒"可能和殷（商）人有关，这也验证了在商代河洛之间，存在着一座商王居住的都邑这一史实。考古发掘亦是如此，洛阳偃师商城遗址为商代西亳城的遗址、夏商文化界标，属全国重点文物保护单位。偃师商城遗址是一处商代早期二里岗文化时期的都邑级遗址，为商汤灭夏后所都，总面积约2平方公里。北靠邙山，南临洛水。城址覆盖在地面下1—4米。1983年春在基建工程中发现。

根据"夏商周断代工程"提供的系列测年数据，其始建年代被推定为约公元前1600年；偃师商城第三期早段的年代被推定为公元前1400年前后，则这座城址由兴到废经历了约200年时间。该遗址的发现，为探讨夏文化和确认汤都西亳城址具有重要意义。

城址平面略呈长方形，包括大城、小城、宫城三重城垣。城址内发现有城门、道路、宫殿、居址等遗迹，并出土大量石器、陶器、铜器、玉器等遗物。从已发现的遗迹来看，偃师商城内既有大型宫殿建筑，又有军事防御设施，具备了早期都城的规模和特点。

如前所述，雒是居住在河洛地区有着鸟崇拜习俗的殷商遗民。上海交大虞万里教授的研究表明，洛阳、洛水之"洛"在西周甚至殷商时就从"水"作"洛"，六国时文字异形，使秦汉间"洛水""洛阳""上洛"已有假鸟名之"雒"字代者。东汉光武以火德承运，忌国号"汉"和国都"洛阳"之水太盛，遂用其通假异体字"雒"代"洛"，魏文帝重演"土火相乘"，以土德继统，出于克刘生魏之意，下诏复改"雒"为"洛"，致使经史文献中"雒""洛"两字形混难理。郦道元《水经注》载："光武中兴，宸居洛邑，逮于魏、晋，咸两宅焉。故《魏略》曰：'汉火行忌水，故去其水而加佳，魏为土德，土水之牡也，水得土而流，土得水而柔，除佳加水。'"

从"雒"为姓看，比较古老，应该是殷商时代的事情，从古代商朝人的鸟崇拜来看，"雒"可能在商代是一支以雒鸟为图腾的部落。他们崇拜雒鸟，活动于洛河流域，指鸟指人指水曰雒，以后指水指地逐渐为洛。因此，在地名上"洛""雒"的意思是一样的。

作为姓氏的雒，其祖先若不是殷商时期东方鸟夷部落的一部分，就是居住在成周雒邑的殷商遗民。他们国破家亡，飘零无依，歌以抒怀，诗为《鸱鸮》："鸱鸮鸱鸮，既取我子，无毁我室。恩斯勤斯，鬻子之闵斯。迨天之未阴雨，彻彼桑土，绸缪牖户。今女下民，或敢侮予？予手拮据，予所捋荼，予所蓄租，予口卒瘏，曰予未有室家。予羽谯谯，予尾翛翛，予室翘翘，风雨所漂摇，予维音哓哓。"这一《诗经》名篇抒发了国破家衰的哀痛，其内容先是哀求，继而是悔恨、痛斥，终于泣血的苦诉；其风雨飘摇中凄苦无依的鸱鸮形象，伴随着声声哀鸣触动着千古读者的心弦。《诗经·豳风·鸱鸮》一度被误读为周公所作，所以在周王朝日趋衰落、礼坏乐崩的战国时期，人们开始贬斥鸱鸮。到了汉代以后，鸱鸮成为邪恶的象征，称之为不孝鸟，为万恶之首。实际上，雒姓的祖先在确定姓氏（图腾）的时候，鸱鸮的名声还没有被搞坏。

综上所述，"洛""雒"涉及较深的学术问题，既和地理中的水系有关，也和地名有关，还和姓氏有关，更和夏商周历史、阴阳五行有关，甚至还和文学有关。我们现在要厘清的是，"雒"不是"洛"的繁体字，而是"洛"的假借字、异体字；"洛"和"雒"在一般情况下指的是"洛水"，即洛河；在指地名的时候，"洛"和"雒"大都是说"洛邑"，即洛阳；还有比较重要的一条，就是洛阳的得名，有双重因素，第一是因为洛河，洛邑在洛水之阳，故名洛阳；第二是因为"雒"鸟，商时洛阳水草繁茂，鸟兽众多，一种叫"雒"的鸟被商人的一支奉为"图腾"，顶礼膜拜，久而久之，有"雒"鸟的地方，即"商汤灭夏"的地方，就被视为他们的发源之地，这既是雒姓的起源，也是洛阳得名的另一个重要原因。过去人们可能比较多的从洛水的角度认知洛阳，实际上"雒"鸟、"雒"地也是认识洛阳之城的一个重要的侧面。

"洛"变"雒"，"洛""雒"合一，"雒"回归"洛"，其中意思耐人寻味。"洛""雒"两字看似简单，实际上包含了深厚的历史密码和文化信息，值得我们去认真分析研究。

"河图"与"洛书"——星象脉络图

洛阳文化中最重要的文化基因是有两个重要的典故，或曰两个重要的传说、重要的图册，即"河图"与"洛书"，亦可放在一起说，"河图洛书"。"河图洛书"是洛阳文明的源头，华夏文明的源头、中华民族的源头，正因为如此，河洛之地被称为中华民族文化的"根"。

"河图洛书"问题比较复杂，研究的人比较多，提出的观点也不尽一致。所谓"河图"，就是上古时期孟津一带黄河上出现的奇异图像，龙马背负这种奇异图像现身河上。如今，河出图的地方——孟津老城还矗立有河出图塑像及反映此传说的龙马负图寺等，此外，图河的传说、龙马的传说、伏羲画卦的传说等非常广泛且深入人心。

河图是什么？不研究河洛文化的人一般不大清楚，就是研究河洛文化的，也未必能把河图的事情说得很清楚。河图，是中国古代流传下来的神秘图案，这个神秘图案源于天上星宿，蕴含了深奥的宇宙星象密码，被誉为"宇宙魔方"。"河图"的这个"河"，指的是"星河"，当然，也有研究者认为是黄河，因为"河"在古文献中指的就是黄河，就像"洛"在古文献中指的就是洛河、洛邑一样。

河图，源于天上星宿，是上古文明的产物，河图之象、之数、之理至简至易，又深邃无穷。它的由来是中华文明史上的千古之谜。"河图洛书"是中华文化，阴阳五行术数之源。最早收录在《尚书》之中，其次在《易传》之中亦有收录。太极、八卦、周易、六甲、九星、风水等皆可追源于此。2014年，"河图洛书传说"正式入选国家级非物质文化遗产代表性项目名录。

河图以十数合五方、五行、阴阳、天地之象。图式以白圈为阳，为天，为奇数；黑点为阴，为地，为偶数。并以天地合五方，以阴阳合五行，所以图式结构分布为：一与六共宗居北方，因天一生水，地六成之；二与七同道居南方，因地二生火，天七成之；三与八为朋居东方，因天三生木，地八成之；四与九为友居西方，因地四生金，天九成之；五与十同途，居中央，因天五生土，地十成之。

河图包含万物生存之数，即天一生水，地六成之；地二生火，天七成之；天三生木，地八成之；地四生金，天九成之；天五生土，地十成之。所以，一为水之生数，二为火之生数，三为木之生数，四为金之生数，五为土之生数，六为水之生数，七为火之生数，八为木之生数，九为金之生数，十为土之生数。万物有生数，当生之时方能生；万物有成数，能成之时方能成。所以，万物生存皆有其数也。

河图很深奥，蕴含有五行之数。五行之数即五行之生数，就是水一、火二、木三、金四、土五，也叫小衍之数。一、三、五，为阳数，其和为九，故九为阳极之数。二、四，为阴数，其和为六，故六为阴之极数。阴阳之数合而为十五数，故化为洛书则纵横皆十五数，乃阴阳五行之数也。

河图体现了阴阳之理，即土为中为阴，四象在外为阳，此内外阴阳之理；木火相生为阳，金水相生为阴，乃阴阳水火既济之理；五行中各有阴阳相交，生生不息，乃阴阳互根同源之理；中土为静，外四象为动，乃阴阳动静之理。若将河图方形化为圆形，木火为阳，金水为阴，阴土阳土各为黑白鱼眼，就是太极图了。此时水为太阴，火为太阳，木为少阳，金为少阴，乃太极四象也。故河图乃阴阳之用，易象之源也。

洛出书处在洛宁县长水镇洛河岸边，立有古碑"洛出书处"。洛书，是远古文明的产物，是一种关于天地空间变化的脉络图案。它是以黑点与白点为基本要素，以一定方式构成若干不同组合，并整体上排列成矩阵的图式。洛书1—9数是天地变化数，万物有气即有形，有形即有质，有质即有数，有数即有象，"气、形、质、数、象"五要素用以洛书的图式来模拟表达，它们之间巧妙组合，融于一体，以此建构一个宇宙时空合一，万物生成演化的运行模式。

洛书，它的内容表达实际上是空间的，包括整个水平空间、二维空间，以及东西南北的方向。洛书上，纵、横、斜三条线上的三个数字，其和皆等于十五，大千世界，万事万物，八卦五行是分门别类，如何组织成有序运作整体，这大概就是洛书之功用。

洛书是神秘图案，反映的是天地变化的奇异之数；"洛书"之意，其实就是"脉络图"，是表述天地空间变化脉络的图案。河图与洛书有着密切关系，一般认为河图为体，洛书为用；河图主常，洛书主变；河图重合，洛书重分；方圆相藏，阴阳相抱，相互为用。太极、八卦、周易、六甲、九星、风水等等，皆可溯源于此。

洛书古称龟书，是阴阳五行术数之源。其甲壳上有此图像，结构是戴九履一，左三右七，二四为肩，六八为足，以五居中，五方白圈皆阳数，四隅黑点为阴数。关于洛书的来源，《周易·系辞上》载："河出图，洛出书，圣人则之。"那么"洛书"究竟是在什么时间，什么地点，由哪位圣人，怎样得到的呢？这是有不同说法的。

"河图洛书"的来源之一是伏羲说。《易·系辞上》中说："河出图，洛出书，圣人则之"，在后世一些学者的理解中，就是指这两件事。《辞海》在解释"河图洛书"一词时说:"……传说伏羲氏时有龙马从黄河出现,背负'河图';有神龟从洛水出现,背负'洛书'。伏羲根据这种'图'、'书'画成八卦,就是后来《周易》的来源。"(参见上海辞书出版社1979年版《辞海》的解释)

"洛书"起源还有黄帝、仓颉说。《史记音义》云:"黄帝东巡河过洛,修坛沉璧,受龙图于河,龟书于洛。"《水经注·洛水条》引《地记》说:"洛水东入于中提山间,东流汇于伊是也。昔黄帝之时,天大雾三日,帝游洛水之上,见大鱼,煞五牲以醮之;天乃甚雨,七日七夜,鱼流始得图书。"《河图玉版》云:"仓颉为帝南巡,登阳虚之山水,临于玄沪洛灵龟负书,丹甲青文以授之。"

关于"洛书",还有一种大禹说。相传,大禹时,洛阳西洛宁洛河中浮出神龟,背驮"洛书",献给大禹。大禹依此治水成功,遂划天下为九州。又依此定九章大法,治理社会。流传下来收入《尚书》中,名《洪范》。《辞海》在解释"河图洛书"一词时说:"禹治洪水时,天帝会赐给他以《洪范九畴》(《尚书·洪范》)。刘歆认为《洪范》即洛书。"《后汉书·五行志》载:"禹治洪水,得赐'洛书',法而陈之,《洪范》是也。"

与河图相比较而言,洛书标志着中国原始文化的更高成就。洛书只用了9个自然数(而河图则用了10个),排列成一个正方形,形成华夏历史上影响深远的九宫图,且奇妙结构和无穷变化令中外数学家为之叹服!洛书开创了幻方世界的先河,成为组合数学的鼻祖。我国著名数学家华罗庚对洛书非常推崇,称"洛书可能作为我们和另一星球交流的媒介。"因为另一星球的生命只要对着数数就行了,不必依靠任何语言。

"河图洛书"是中华文化、阴阳五行术数之源,汉代学者认为,河图就是八卦,而洛书就是《尚书》中的《洪范九畴》。河洛之辞,最早见于《尚书·顾命》："大玉，夷玉，天球，河图在东序。"又见于《论语·子罕》："凤鸟不至，河不出图，吾已矣夫！"《易·系辞上》有"河出图，洛出书，圣人则之"之说。《周易》和《洪范》两书，在中华文化发展史上有着重要的地位，在哲学、政治学、军事学、伦理学、美学、文学诸领域产生了深远影响。作为中国历史文化渊源的"河图洛书"功不可没。

"河图洛书"图式反映出先民对数字的崇拜和时空观念，数字是人类最初从动物界分离出来而成为人的重要标志之一。数字的出现使人类意识到自己的智慧和聪明，并为进一步开发智慧奠定了基础。远古人类一开始就非常崇拜数字，这是世界上各个民族在文化启蒙之初的共同特征。中国古代先民对数字的崇拜具有丰富的文化内涵，在这个问题上，"河图洛书"表现了远古时期的先民所具有的天文、地理、人伦、哲学、艺术、原始宗教等方面的认识。这从宋人对上古图书"河图洛书"的图式理解便可以看出。

"河图洛书"反映了古代先民的数字崇拜，主要表现在对一至十这十个基本数字的崇拜，以及对十以后的由基本数字生发出来的一些数字的崇拜。在古代先民的文化观念中，一至十这十个基本数字都不单是数学意义的数字，它们还具有美学意义、祥瑞意义、世界观及宇宙观意义等，每个基本数字都是完美数、吉利数、理想数、智慧数，细说起来都含义无穷。这种对数字的崇拜，是人类进步的最重要起点。

从文化角度来讲，以"河图洛书"为代表的河洛文化，既是地域文化，又是华夏民族的核心文化、本质文化，具有原始性、原点性、原创性等特点，是中华文化中带有基因性质的东西，谱系性质的东西，是中华民族肇始时期的文化起点，因而深刻影响了中华民族文化的发展。研究河洛文化，就是在探究"根"文化、"初"文化，把这个"根""点"搞清楚了，许多问题就会迎刃而解。河洛文化之所以重要，其意义就在这里。

老子其人与《道德经》

洛阳历史上有影响的人物比比皆是,涉及各个方面。但细数下来,影响比较大、自古传到今的,怎么也磨灭不去的主要有三个人:老子、孔子、周公。老子是道家学派创始人,东周时期在洛阳担任皇家图书馆守藏史,即国家图书馆的馆长。孔子,儒家学派创始人,曾千里迢迢到洛阳来拜会老子,留下了孔子入周问礼乐的历史篇章。周公,即周公旦,西周时期辅佐成王执政,营建洛邑,定鼎洛邑,制礼作乐,构建国家治理制度,开创儒家之先河,被称为"元圣"。这三人是中国历史上的文化巨人,光耀千秋,声震寰宇。

老子与洛阳渊源深厚,曾在洛阳为官,洛阳留有老子故宅、孔子入周问礼碑等。老子,姓李名耳,字聃,一字伯阳,或曰谥伯阳,春秋末期人,生卒年不详,籍贯也多有争议,《史记》等记载老子出生于楚国或陈国,中国古代思想家、哲学家、道家学派创始人和主要代表人物,与庄子并称"老庄"。后被道教尊为始祖,称"太上老君"。在唐朝,被追认为李姓始祖。曾被列为世界百位历史名人之一。

老子曾担任周朝守藏室之史,以博学而闻名,孔子曾入周向他问礼。春秋末年,天下大乱,老子欲弃官归隐,遂骑青牛西行。到函谷关时，受关令尹喜之请著《道德经》。老子思想对中国哲学发展具有深刻影响，其思想核心是朴素的辩证法。在政治上，主张无为而治、不言之教；在修身方面，虚心实腹，不与人争，是道家性命双修的始祖。

关于老子著《道德经》的事，大约发生在周敬王三十五年（公元前485年），老子看到周王朝越来越衰败，就离开洛阳，准备出函谷关四处云游。把守函谷关的长官尹喜很敬佩老子，听说他来到函谷关，非常高兴。可是当他知道老子要出关云游，又觉得很可惜，就想设法留住老子，尹喜就对老子说："先生想出关也可以，但是得留下一部著作。"老子听后，就在函谷关住了几天。几天后，他交给尹喜一篇5000字左右的著作，据说，这篇著作就是后来传世的《道德经》。

老子的思想成就主要体现在《老子》一书里。《老子》，又名《道德经》或《德道经》，与《易经》《论语》被认为是对中国人影响最深远的三部思想巨著。其成书年代过去多有争论，至今仍无法确定，但根据1993年出土的郭店楚简《老子》年代推算，成书年代至少在战国中前期。有学者认为《老子》并非成于一时，作于一人。此书共计5000字左右，最初称为《老子》而无《道德经》之名。后来称《道德经》，并分成八十一章，编为上下两篇，上篇道经三十七章，下篇德经四十四章。

老子思想的主要范畴是"道"，"道"字在《老子》书中出现了七十三次，天道自然无为是《老子》一书的主旨。道是一种混沌未分的初始状态，无为自化，清静自正，是天地之始，万物之母，为化生万物的根源。道常无名，无为而无不为，它像水一样，善利万物而不与万物争，以柔弱胜刚强，是最高的善。道是不可言说的，人的感官也不能直接感知，视之不见，听之不闻，持之不得。道既是宇宙的本体，又是万物的规则，还是人生的准则。

老子提出的道，既是宇宙的本体，又是万物的规，还是人生的准则。

洛阳名人与文化遗存 | 13

儒家以天、地、人为"三才",老子则以道、天、地、人为"四大"。"四大"在"三才"之上增加了道,就给中国文化思想的架构打开了一个极其高远、极富想象力的思想空间。道是出自形而上,而贯穿形而下的,而且在贯穿中,不给天与帝这类有意志、有目的的造物主留下任何插足的余地。在2500年前,老子之道是在从根本上改造原始道论的基础上的一个伟大的发明。

老子曰:"人法地,地法天,天法道,道法自然。""道法自然",自然者,自得其然也。自然是对道之状态与作为的形容,而非道之外更有一实体的自然。"生而不有,为而不恃",一切因其自然,一切顺其自然,这就是道的本性。道之本性是自然无为,但正是这种无为,成就了有为;正是因为无为,才成就了一切。这种现象,被老子加以哲学的高度概括,就是"无为而无不为"。

老子的"无为而无不为",不仅是道之大德、大用,同时也是支配天地万物之根本规律,是个人安身立命之根本法则,是所谓"道理"。"不自生,故能长生","以其终不自为大,故能成其大",这是天地万物之理。"夫唯不争,故天下莫能与之争","后其身而身先,外其身而身存",这大概就是个人安身立命的根本法则吧。

老子认为世界上的任何事物都是相比较而存在的。美丑、善恶、有无、难易、长短等都是相互依存的,有此才有彼,有是才有非,有善才有恶。表面看来,正相反对的两个方面是相互对立的,而实际上又是相互包含、相互渗透的。"祸兮,福之所倚;福兮,祸之所伏。"任何事物都是你中有我,我中有你,任何事物都不是一成不变的。

老子在《道德经》第四十章提出"反者道之动"。这就是说,事物发展到一定程度,必然会向相反的方面转化,所谓"物壮则老,兵强则灭"。同时,事物的发展、事物向反面的转化,并不是一下子实现的,需要经历一个数量上不断积累的过程。"合抱之木,生于毫末;九层之台,起于累土;千里之行,始于足下。"

老子在《道德经》中认为,道之本性即是自然无为,自然无为乃支配宇宙万物的根本规律,也是人类应当信守的基本行为准则。从无为的原则出发,老子反对人之有为,因为有为破坏了人的原始的自然淳朴,造成了人格的分裂,带来了虚伪、狡诈、贪欲、罪恶等种种社会丑恶现象。天下有道,一切都自然而然。不标榜仁义,而自有仁义。等到以仁义相标榜,则意味着仁义已不复存在。由此老子提出"绝智弃诈""绝巧弃利"。

从复古的思想出发,老子还主张贵柔处弱,认为"坚强处下,柔弱处上","天下莫柔弱于水,而攻坚强者莫之能先",进而主张"上善若水",认为最完善的人格应具有水一样的心态和行为,"处众人之所恶",去别人不愿意去的地方,做别人不愿意做的事情,坚忍负重,居卑忍让。

老子思想的核心是道,道的本性即是自然,出于对自然的推崇,老子也很推崇古朴和稚拙,认为"大巧若拙",赞美婴儿"含德之厚",主张大丈夫"处其实,不居其华"。古朴、稚拙作为一种美的形态,在中国古代一直受到人们普遍的赞颂,与此对立的华艳轻浮,历来为人们所蔑视,这一倾向即受到老子思想的影响。古朴、稚拙之外,老子也很推崇恬淡,认为"恬淡为上,胜而不美"。

老子是道家学说的始祖,被后来的中国道教奉为祖师。老子在中国文化中居于重要地位,对中国人的思想、生活有着深远的影响,他是与儒家代表人物孔子并驾齐驱的先圣先知。当今时代,人的追求是多种多样的,从老子的思想中我们可能会发现人生的意义是什么、人生的价值在哪里,希望能找到自己的幸福密码,并期望来改变自己的命运。是否可以这样认为,领略老子的自然之道,希望能在喧嚣的尘世中明了天地万物运行之理,进而通达人生,开启幸福快乐之门。

洛阳至今留有与老子有关的道教建筑上清宫、下清宫。上清宫,位于河南洛阳邙山翠云峰,是中国第一座以"宫"命名的道观。相传因道家鼻祖老子与道教创始人张道陵在此修道而被尊为"道源""祖庭"。追溯历史,上清宫原为隋炀帝时期所建的老子祠,唐高宗龙朔二年(公元662年)改建为上清宫,是当时的国家高等级建筑,上清宫是中国历史上第一个以"上清宫"名字出现的道教名观。后相继改名为太微宫、玄元皇帝庙、太上玄元皇帝宫。宋太宗时仿建洛阳上清宫于汴梁城,继而普及全国。金元时期荒废,后多次重修,民国时亦曾整修。抗日战争期间惨遭日军炸弹破坏,仅有翠云洞和洞上平台、三间五脊歇山顶老君殿幸存。

下清宫与上清宫呼应,原名青牛观,位于洛阳邙山翠云峰稍下一点的地方,是洛阳八景中"邙山晚眺"的立足点,整个洛阳城被揽在上清宫、下清宫襟怀之内。下清宫相传是老子拴牛的地方,与上清宫一样,素有"道源""祖庭"之称。下清宫始建于隋唐时期,最初名曰青牛观,用以纪念青牛。宋太祖时期,正式定名为下清宫,沿用至今。下清宫历来为道士炼丹修道之所,被称为"天下道宗之地"。

营建洛邑治理国家——周公述略

说到洛阳历史上的知名人物,有一位不得不提,他就是周公。周公定鼎于洛邑,洛阳现存有纪念周公的周公庙,周公在洛阳制礼作乐,开启了文明、秩序的新篇章。周公(生卒年不详),姬姓名旦,亦称叔旦。西周开国元勋,杰出的政治家、军事家、思想家、教育家,"元圣",儒学先驱,周文王姬昌第四子,周武王姬发的弟弟。采邑在周,故称周公。

周公的功绩很多,最大的功绩应该是在治理国家方面,他在国家制度建设上作出了重要的贡献,具有开创性意义。周公为周朝的建立与发展奠定了基础,周公协助周武王完成了兴周灭商的使命,同时建立了周朝。等到周武王死后,周成王继承了王位。而当时的周成王还年幼,完全不懂得治国之道。在周朝百废待兴的时候,周公代替周成王执政,处理重要国事。

周公营建洛邑,是历史上的大事。据何尊铭文记载,周武王灭商后,由于镐京偏西,不能控制殷商旧族广泛分布的东方地区,就提出过在天下的中心建都的设想。武王还曾为此夜不能寐,为巩固新政权,周武王曾考察过伊、洛二水一带的"有夏之居",准备在此建设新的都邑,但未及全面实行便驾崩而去。周公秉承武王遗志,营建洛邑,在东征平叛以后,这件事更具有紧迫性,召公先去相地卜宅,"周公复卜申视,卒营筑,居九鼎焉"。曰:"此天下之中,四方入贡,道里均。"

司马迁说过:"昔三代之君(居),皆在河洛之间。"夏、商都洛阳,实际方位在现在的偃师;周都洛阳,位置是现在的洛阳市区。洛阳城的最早营建者是周公。有一个"武王运鼎"的传说,说的是武王把象征王权的九鼎从商都运往西岐,路过洛阳时怎么也运不动。武王知此乃天意,便把鼎留在了洛阳。九鼎,相传为夏禹所铸,其鼎腹分别刻有冀、兖、青、徐、扬、荆、豫、梁、雍等字,代表天下九州,为传国之宝。

周武王、周公选中的洛邑的确是建都的好地方。洛邑位于伊水和洛水流经的伊洛盆地中心,地势平坦,土壤肥沃,南望龙门山,北倚邙山,群山环抱,地势险要。伊、洛、瀍、涧四水汇流其间。据东西交通的咽喉要道,顺大河而下,可达殷人故地。南有汝、颍二水,可达徐夷、淮夷。伊洛河盆地是理想的建都宝地。

周公在洛阳营建的城有两座,一座称之为"王城",一座称之为"成周城"。王城,位于周代洛邑城西,东面是成周,是殷商故民之所在。西面是王城,是宫寝之所在。据文献记载,王城"东西六里十一步,南北九里一百步……"王城是周天子常住并召见诸侯和处理政务的地方;成周城则是百官大臣居住和治事的地方。

西周王城为周成王时周公所筑。在今河南洛阳市王城公园一带,在涧水之东,瀍水之西。公元前770年周平王东迁,定都于此。公元前516年,周敬王避王子朝之乱,迁都成周城,周赧王又还都于此。战国时改建为河南城。《汉书·地理志》河南郡河南县:"故郏鄏地。周武王迁九鼎,周公致太平,营以为都,是为王城,至平王居之"。

关于洛阳王城之大小长阔,《帝王世纪》载:"城东西六里十一步,南北九里一百步。"晋《元康地道记》则云:"城内南北九里七十步,东西六里十步。"折合今制,《帝王世纪》和晋《元康地道记》的记载基本一致,均是南北较长而东西稍短的长方形,非正方形。《考工记·匠人》云:匠人营国,方九里,旁三门。国中九经九纬,经涂九轨,左祖右社,前朝后市。

王城的建置布局体现了我国古代"左祖右社,前朝后市"的都城建造原则。正中为王宫,左为宗庙,右为社稷,前有朝会群臣的殿堂,后有商业区、手工作坊。自周平王东迁,都洛邑,居王城,王城便成为东周的政治中心,虽东周时也曾将中心移至成周城,但王城为东周都城的时间长于成周城,前后历时达300余年,王城遗址后被辟为王城公园。

东周成周城是在西周城的基础上兴建的,后来,东汉、曹魏、西晋、北魏4个朝代又在此基础上改扩建,并作为都城。尽管成周城因沧桑巨变,昔日繁华壮观的景象已不复存在,但成周城作为王都洛邑的一部分,为维护王室的尊严,维护洛邑作为政治、经济、文化的中心地位作出了积极贡献。

周公在中国政治史思想史上都是一位顶天立地的人物,他在洛阳留下的"杰作"很多,营建王城、营建成周、定鼎洛邑、分封诸侯、制礼作乐,确立了国家治理结构,理顺了国家治理体系,武能治国,文能安邦,极大影响了中华民族政治、经济、文化、军事等诸多大事要事的发展方向,是一位令人敬仰的伟大人物。

洛阳还有纪念周公的周公庙,周公庙始建于隋末唐初,历代皆有修葺。被尊为儒教元圣的周公在洛阳制礼作乐,洛阳周公庙因此被称为儒教祖庭。日本、韩国等国家和我国港、澳、台地区先后有代表团到洛阳周公庙寻根、祭祖。周公庙是纪念周公姬旦的祠庙,坐北面南,现存一组古建筑。依中轴线自前到后依次为定鼎堂、礼乐堂、先祖堂,是洛阳保存下来的明、清建筑群之一,为全国重点文物保护单位。周公庙的西墙壁因从侧面反映出周公庙建筑的巍峨壮观,稀有大气,已成为著名的网红打卡地。周公庙现已更名为周公庙博物馆,是一座弘扬周公文化、展示周公史迹的专题性博物馆,在洛阳众多博物馆中独树一帜。

略论"孔子入周问礼乐"

（上）

孔子和老子是我国历史上著名的思想家、政治家。孔子曾经向老子请教过礼乐制度方面的问题。如今，在洛阳市瀍河区东关大街北侧，有一悬山碑楼，正中书"孔子入周问礼乐至此"9个大字。这是清代雍正五年（公元1727年）河南府尹张汉、洛阳县令郭朝鼎刻立的巨型石碑。孔子入周问礼乐碑，反映的是中国历史上两大思想巨人会面的盛事，学术意义巨大。

孔子是一个喜欢游学的人，很早就想到东周都城洛阳"观先王之制"，考察"礼乐之源"和"道德之归"。据《史记·孔子世家》《孔子·家语》等文献记载，东周敬王二年（公元前518年），孔子获得鲁昭公的准许和一车二马的支持，偕南宫敬叔由鲁（山东曲阜）适周（洛阳），问礼于老子（即李耳，时为周天子史官），学乐于苌弘（周大夫）。并历郊社之所，考明堂之则，察庙朝之度。终而叹曰：吾至文化及礼乐制度之中心。

老子即道家创始人老聃，姓李，名耳，字伯阳，楚国苦县（今河南鹿邑东)厉乡曲仁里人,当时为周朝"守藏室之史",大约相当于现在的国家图书馆馆长。《史记》中有这样的记载:"孔子适周,将问礼于老子,老子曰:'子所言者,其人与骨皆已朽矣,独其言在耳。且君子得其时则驾,不得其时则蓬累而行。吾闻之,良贾深藏若虚,君子盛德,容貌若愚。去子之骄气与多欲,态色与淫志,是皆无益于子之身。吾所以告之,若是而已。'"

这段话用今天的语言来表达就是:"你所要问的那些人,他们和自己的骨头早腐烂了,只剩下他们的话罢了。况且,君子逢到好的时代就出来干番事业,遇到不好的时代就像蓬草一样,随风飘转。我听说,好的商人深藏钱财,好像一无所有;很有德行的人,外表看起来却像是愚笨。去掉你的骄气和想入非非、装模作样和不切实际的奢望吧!对你都没有什么好处。我要对你说的就是这些。"

孔子听了老子的话,受益颇大,回去曾对自己的学生们说:"鸟,我知道它能飞;鱼,我知道它能游;野兽,我知道它能跑。跑者可用网对付,游者可以用钓丝对付,飞者可以用弓箭对付。至于龙我却无法了解,它乘风驾云直上青天。我今天见的这位老子,大约就是像龙一样的人物了。"

孔子入周"观先王之制"实际上就是讲孔子到了洛阳了解西周、东周的王城规制。《左传》开篇中祭仲说:"先王之制,大都不过参国之一,中五之一,小九之一。"意思是:先王的制度规定,卿大夫最大的封邑,不能超过侯伯国都的三分之一,中等的封邑只是国都的五分之一,小的就只有九分之一。春秋时期,礼崩乐坏,孔子考察"周"的目的在于恢复秩序。

"察礼乐之源",就是到洛阳考察礼乐的源头。周朝由文王姬昌奠基,武王姬发创建,分西周、东周,东周又分春秋、战国。以西周前期为典型,是后世赞颂的礼乐之邦。周公是儒家推崇的圣人,姬姓,名旦,为周文王第四子,因其采邑在周(在今陕西省岐山北),故称周公。周公辅佐周武王伐纣灭殷,武王死后,又辅佐其子成王治理国家。史书载"周公制礼作乐",就是指周公为了巩固周王朝的统治,加强对分封诸侯的控制,由政治及文化方面制定一套完整的典章制度。周公依据周制,参酌殷礼,首先确立周王为天下共主,称天子。又以天子为大宗,而与周天子同姓的诸侯,因与天子为叔伯、兄弟,为小宗,从而形成以血缘关系为联系的"宗法制"。天子之下有诸侯,诸侯内部又有爵位、等级之分,形成阶梯式的等级制度。由宗法制和等级制结合,就产生出一套完整的、严格的礼仪制度。殷周两代尊奉"国之大事,在祀与戎",因而祭祀有隆重的仪式,出征有不同的乐舞。此外,会盟、饮宴、婚嫁、丧葬等,均有不同的仪式,这些都是周公制礼作乐的内容,后人称之"周礼"或"周公之典",这些对后代王朝的统治者有深远的影响。东周是西周的继承者,孔子到东周的都城洛阳来就是要考察周礼的源头。

孔子入周问礼,察"道德之归",实际上和考察"礼乐之源"是一个命题。孔子把"周"看成是礼乐的源头、礼乐的典范。在当时的时代,有了"礼乐"才有道德,两者相辅相成。周之行,对孔子的"为仁由己"的道德思想形成起了一定的促进作用。如孔子道德学说中的"自省"观点、"克己"观点、"忠恕"观点、"慎独"观点、"中庸"观点、"力行"观点等,体现的就是"仁"的思想和"礼"的约束。

孔子在洛阳还游览考察了周天子召见诸侯和举行国家大典的明堂,祭祀祖先的太庙,祭天地的社坛等,从而对制定了西周礼乐制度的周公更是崇拜。适周之行,孔子丰富了思想,扩大了眼界,增长了知识。回鲁国后,向他求学的人更多了,遂成亘古大师。

洛阳瀍河东关有条小街名叫"东通巷"（旧称"铜驼巷"），巷北头，现在的市24中学家属院，即是传说中的老子故宅。数年前，院内尚存两间厢房，三间大正殿，三间大后殿，后来台上的后殿被拆除，正殿、厢房也多翻修，为青瓦青砖土木结构。相传儒道两位先驱就是在那里会晤的。

在先秦典籍中，道家学派的《庄子》、儒家学派的《礼记》和综合各家学派的《吕氏春秋》，都记载了孔子问礼于老子这一史实。

《庄子》中提到老子的大致有十六条。这十六条中有八条是记述孔子与老子之间关系的。在这八条中，《天地篇》记述了老子跟孔子谈"至道"的问题；《天道篇》记述了孔子与老子谈《诗》《书》《易》《礼》以及"仁义"等问题；《天运篇》记述了老子跟孔子谈求道、仁义、古代典籍以及"三皇五帝治天下"等问题；《田子方》记述了老子跟孔子谈"天道"问题；《知北游》记述了老子跟孔子谈天地万物的自发性问题。

孔子问礼于老子的内容，历史记载也有所不同。所谓"礼"，有广义与狭义之分：广义的指典章制度方面的"礼"，狭义的指婚丧朝聘方面的"礼"。孔子入周问的礼既有狭义的，也有广义的。例如：行军的时候国君的牌位应该放在何处，出丧的时候遇到日食又如何处理，小孩死了以后应该埋葬在近处还是远处，居丧的时候应该从军还是应该退役等，这是狭义方面的礼，这在《礼记·曾子问》中已有所记载。据其他古书记载，孔子及其弟子还向老子请教了"持盈之道"，老子还向孔子谈到万物的生成化育等问题。最值得我们注意的是，孔子与老子还十分可能谈到《诗》《书》《易》等古典文化。左昭二年韩宣子访鲁时看到《易》、《象》与《春秋》，曾说"周礼尽在此矣"。这说明《易》是包括在"礼"中的。又《庄子·天运篇》说："孔子五十有一，南之沛而问道于老子：求之于度数，求之于阴阳。这里的度数、阴阳便是《易经》

的基本内容。因此,孔子"晚年喜易"有可能是受老子的启发和影响。

(下)

孔子入周问乐于苌弘,苌弘亦作苌宏,字叔,又称苌叔。周景王、周敬王的大臣刘文公所属大夫。刘氏与晋范氏世为婚姻,在晋卿内讧中,由于帮助了范氏,晋卿赵鞅为此声讨,苌弘被周人杀死。传说死后三年,其心化为红玉,其血化为碧玉,故有"苌弘化碧""碧血丹心"之说,以喻忠诚正义。

关于苌弘的事迹,《庄子·外物》这样讲:"人主莫不欲其臣之忠,而忠未必信,故伍员流于江,苌弘死于蜀,藏其血三年,而化为碧。"后亦用以借指屈死者的形象。苌弘精通音律,曾在洛阳为孔子讲过这方面的学问,也是孔子参拜过的老师。

苌弘品行高尚,学识渊博。《淮南子》是这样描述他的:"天地之气,日月之行,风雨之变,历律之数,无所不通"。在《史记·孔子世家》《孔子家语》等文献中也有类似记载。公元前518年,孔子自曲阜西行至洛邑,向老子请教礼制方面的问题,向苌弘请教武乐、韶乐等方面的问题,此事很能说明苌弘的学识及地位。

孔子在请教苌弘武乐与韶乐异同后,问苌弘道:"武乐与韶乐孰为轩轾?"苌弘道:"武乐为周武王之乐名,韶乐为虞舜之乐名,若以二者之功业论,舜是继尧之后治理天下,武王伐纣以救万民,皆功昭日月,无分轩轾。"

对于苌弘博学施教,孔子称谢不已,并于次年前往齐国聆听了韶乐的演奏,乐得手舞足蹈,如醉如痴,"三月不知肉味"。孔子与苌弘的会晤,史称"访弘问乐"。其六艺(礼、乐、射、御、书、数)中"乐以发和"思想即源于苌弘的乐学理论。

通过屹立在洛阳市瀍河区东关大石桥东侧古人所立的"孔子入周问礼乐碑",至少可以得出以下一些结论:

第一,孔子来洛阳向老子、苌弘请教过礼乐问题不是子虚乌有,而是真实可信的。老子、孔子都是两千多年前的圣人,是中国历史上著名的思想家、政治家、文化巨人,他们的会面交谈,表面看是孔子向老子、苌弘"讨教",实际上是一次文化交流融合、思想升华提高。文化是一条大河,只有不断注入一些新鲜的东西,这条大河才会源远流长、博大精深、奔腾向前。

第二,从某种意义上说,老子的见解丰富了孔子的学说,在那个时代儒道之间并没有分歧。在孔子的这次游历访学中,围绕礼乐问题,老子和孔子进行了诸多探讨,可能范围还更广一些。《庄子·天运篇》说:"孔子五十有一,……问道于老子,求之于度数,求之于阴阳"。这里的度数、阴阳便是《易经》的基本内容。因此,孔子"晚年喜易"极有可能是受老子的启发和影响。老子受到《易经》的影响要远大于孔子,而老子对于《易传》的影响也远大于孔子;在天道观方面,老子思想是从《易经》到《易传》的承先启后的中间环节。需要注意的是,孔子、老子的时代还没有儒家、道家之分。孟子对杨朱,墨子、庄子对儒家,荀况对庄子等,诸子门派对立是发生在孔、老逝世之后,诸子崛起各执师之一端互相非难的百家争鸣之时,这个现象从《汉书·艺文志》序言与其中诸子百家的著作目录(右儒五十三家,八百三十六篇;右道三十七家,九百九十三篇)中可以看出,儒道虽然同源但后期分化对立比较严重。

第三,在乐的方面,孔子向苌弘请教过一些问题,如武乐与韶乐之不同等,但实际上苌弘对孔子的影响没有想象的那么大。《论语》是关于孔子言行的最直接的记载,从《论语》的记载可知,孔子在音乐方面的造诣是很高的,如《论语·八佾》,"子语鲁大师乐,曰:'乐其可知也:始作,翕如也;从之,纯如也, 如也,绎如也,以成。'""鲁大师",就是鲁国乐官。孔子既能"语鲁大师乐",就说明他在音乐方面水平不一般。这点正如《史记·乐记》的记载,一问一答,不一定对孔子的思想有实质性的影响,到更有点丰富孔子思想、拾遗补缺之意。

第四,孔子入周问礼乐是我国思想文化发展史上的大事,也是学术界试图需要厘清的问题。如孔子入周问礼的内容问题、时间问题、次数问题、相互的影响问题等,仍需要结合史料进行进一步研究分析。孔子学说、老子学说及其他一些优秀的传统文化是我们的国粹,对我们的国家、我们的民族影响至深至远。对此,我们要高度重视,认真研究,让其在文化复兴的进程中发挥更大的作用。

总之,河南是人文荟萃之地,名人文化胜迹、人文遗存比比皆是。对于文化胜迹背后的学术、故事、缘由等需要进一步进行挖掘,让学术扎下根,让文化活起来,真正为经济发展、文化繁荣、社会进步服务。

略论河南府文庙

洛阳是历史文化名城,更是我国著名古都,洛阳历史上与儒家学说渊源深厚,孔子当年曾千里迢迢到洛阳来拜见道家学说创始人老子,拜见著名音律学大家苌弘,并历郊社之所,考明堂之则,案庙朝之度。洛阳文化深厚,儒学文化遗迹很多,除著名的孔子入周问礼乐碑外,洛阳市和洛阳各县大都留存有纪念孔子、传播儒学、弘扬文化的文庙。作者拟分三篇文章就洛阳市现存的河南府文庙及文庙所起作用等问题进行初步的探讨,以就教于学术界诸仁。

洛阳历史上是河南府的所在地,建有著名的河南府文庙。河南府文庙在洛阳市老城区东南隅文明街,是为祭祀春秋时期大思想家、教育家孔子而修建的。唐玄宗开元二十七年(公元739年)赐封孔子为文宣王,因此,后世称孔庙为文宣王庙,明以后称为"文庙"。

河南府文庙,宋代的时候,是国子监的所在地。国子监是当时最高学府和教育行政管理机构,又称"太学"或"国学",古代在国子监读书的学生被称为"监生"。据该庙碑文记载,宋真宗景德四年(公元1004年),在此修建国子监。此地南面是低洼的荒地,东面是宋朝兵营。元代的时候,在国子监的基础上修建了文庙,文庙重修于明嘉靖六年

(公元1527年)四月。

河南府文庙建筑布局严谨,由南向北做台阶式上升、沿中轴线向两边展开,布局规整,层次分明,为传统的宫殿式建筑。重修的文庙,整体建筑布局严谨,正南为琉璃陶塑彩龙壁,向北依次是棂星门、辟雍、水池、石桥、戟门、大成殿、后殿等。河南府文庙得名于明代以后,是相对"武庙"(关帝庙)而言的。

河南府文庙是国内较少见的元代建筑之一,为国家重点文物保护单位。现存建筑20余间,有戟门、大成殿、后殿。前殿面阔3间,进深2间,悬山式顶;后殿面阔5间,进深4间,歇山式顶,为文庙主体建筑。庙内原有石碑数通、山门、琉璃照壁、石桥、水池等,后因故大部分被毁。

河南府文庙现存主要建筑有3座,从南往北依次是戟门、大成殿和明伦堂。其中最珍贵的是戟门,在结构上有很多明代之前的营建技法,是洛阳市区内不可多得的古建精品。

戟门是古代太庙、文庙及显赫官署前面的门,意为立戟为门。古代帝王外出,在止宿处插戟为门。《周礼·天官·掌舍》"为坛壝宫棘门"郑玄注引汉郑司农曰:"棘门,以戟为门。"引申指显贵之家或显赫的官署,在文庙前设戟门足显其尊贵地位。

河南府文庙过去碑刻甚多,现存的碑刻中,有两通碑分别镌刻朱熹的《河图赞》与《洛书赞》诗,为清代河南知府张汉所立所书。张汉,清雍正年间河南知府,文学造诣、书法造诣颇高,在洛阳留下了许多书法文学作品。洛阳的龙门、关林、洛出书处、上清宫、安乐窝、邙山古代陵墓等处,都留有其墨宝,著名的"孔子入周问礼乐碑"就是出于此君之手。他为官一任,非常重视洛阳的文化保护。

河南府文庙大殿木结构为金代风格,据此算来,河南府文庙已有近千年历史,是我国现存最古老的文庙之一。2006年5月25日,河南府文庙作为金—明古建筑，被国务院批准列入第六批全国文物保护单位。

清末废除了科举，河南府文庙也就逐渐冷清了。民国时几个乡绅在这里创办了洛阳第一所私立中学"明德中学"。

民国时期，驻守洛阳的冯玉祥将军大力破除迷信，拆庙毁神，将庙宇改为学堂。先后在文庙开办河南省立中学校、洛阳中学、洛阳女子中学、洛阳县立师范学校等。

新中国成立后这里改为文明街小学，该校曾是洛阳老城著名的小学，培养出许多优秀人才，2006年文明街小学搬迁至别处办学，文物部门才开始对这里进行大规模的修缮。

洛阳历史上文风炽盛，除了洛阳市有河南府文庙外，所属各县大都有文庙，如洛宁文庙、新安文庙、汝阳文庙等。文庙在历史上主要起着培养人才、传播文化的作用。

浅议文庙作用

各地的文庙是一种建筑，但其作用，超过建筑本身。在漫长的中国封建社会，文庙是士人学子敬仰的中心、是文化传播的中心，更是民族文化的象征，其作用有以下诸多方面。

一、文庙具有文化传承功能。文化的传承是一个非常复杂的过程，有形的东西、无形的东西并存其中。虽然西汉的时候，著名思想家董仲舒提出了"罢黜百家，独尊儒术"的观点，汉武帝也采纳了他的提议，以后的统治者基本奉行的也是这种思想。但由于本土道教文化与外来佛教文化对儒家文化的制衡以及其他文化所起的作用，再加上后来三国、魏晋南北朝绵延数百年社会分裂动荡所引起的思想混乱，使儒家学说很难取得"独尊"的地位。这也说明，文化很复杂，当政者倡导是一方面，社会环境、社会的认可也是一个方面，缺一不可。

隋唐时期，天下一统的局面形成，孔子及其创建的儒家学派所阐发的精神与学术思想经受了时间的考验，儒家文化的价值得到了社会的广泛认同，从而使大规模兴建孔庙与长期传播儒家文化成为可能。宋元明清各朝沿袭"独尊儒术"的文化政策，不断以尊崇的谥号封赠孔子，对文庙建筑的规格一再提高，都表明了对儒家思想文化价值的肯定。

　　从内容上的肯定再到形式上的肯定，是文化激荡的结果，在这场没有硝烟的争斗中，儒家文化胜出，获取了传播的优势地位，但这并不是说其他文化没有了、消失了，只不过是在其他的侧面起着作用，而据主导地位的儒家文化也在汲取着其他文化的精华，形成以自己为主，兼容并蓄的文化。在文化传承中，文庙是特殊的载体，代表着政府的声音，更反映着官僚主体文人士大夫的思想追求，也是社会的主流，对社会的方方面面起着作用。

　　二、文庙在历史发展中还发挥着教化功能。从倡导儒学、尊崇孔子，到建庙侍奉的儒学发展史，我们可以看出中华文化传承的轨迹。当然，这种传承，一方面，祭祀孔子，把儒家文化视为正宗；另一方面，视儒学为国家、民族的文化基因，传承发展，这样，孔庙就有了教化方面的作用。据记载，从北朝开始，统治者要求全国在郡县设立文庙学宫，唐以后，这种要求更明确了，文庙学宫从此有了"学校"的功能。这一重要功能对隋唐以降的科举制度起到了承前启后的作用。尤其从唐代至清末，庙学不分，这里的庙，指的就是孔庙、文庙。其规制有前庙后学、左庙右学等，庙学合一的体制使历代儒士文人在文庙接受了儒学的熏陶，尊经读经即成为学校教育的重要内容，也是选官选仕的主要途径，实事求是地说，文庙为各个历史时期培养了不同层次的学人。

　　隋唐以后，儒学得到了很大的发展，并逐渐发展成了中华民族传统文化的主干，文庙则是这一文化的重要载体，发挥着"庙以崇先圣，学以明人伦"的巨大作用，在社会上享有很高的地位，受人尊承。

　　三、文庙在促进中华民族融合与统一中发挥了重要的作用。军事上的争斗并不能使人心真正统一起来，统一人心的只能是文化，文化的认同才能使各民族和谐相处。曲阜孔庙与各地文庙的建立，对于推动中华民族的融合与统一功不可没。在封建国家政令的要求下，无论是中原内地，还是边陲地区，都曾设有孔庙。"自唐以来，州县莫不有学，则凡学莫不有先圣之庙"。辽代的上京（今内蒙古巴林左旗南）、中京（今内蒙古宁城西大明城）、西京（今山西省大同），都设有国子监，其旁建有孔子庙，按时祭祀先圣先师。其各州、县学也都有文庙。

元朝在云南建立行省后，于元世祖至元十五年（公元1278年）在昆明建孔子庙。此后，大理、建水、通海、石屏等地也纷纷建立孔庙并使之制度化。到清末时，云南全省除个别极边远的地方外，差不多所有州县都有孔庙了。台湾孔庙首建于今台南市，建成于清康熙五年（公元1666年）。边远地区孔庙的建立，大大改善了当地教育落后的状况，促进了文化融合、民族融合。从这个意义上讲，儒家文化是中华民族共有的精神财富，中华56个民族共奉孔子为"先圣先师"，在2000多年的历史长河中它缓和了民族矛盾，促进了各民族的不断统一。儒家文化规范了中华民族各阶层的道德规范和行为准则，并成为一种理念，是促进中华各民族加强团结携手并进的精神纽带。

四、建筑是流淌的艺术、凝固的音乐，因此，规模宏大、艺术精湛的文庙具有很高的艺术价值。在各地，文庙是除皇家建筑以外的最高礼制建筑，各地莫不集能工巧匠精心构建。文庙代表了民族文化，是东方建筑风格的具体体现，充分显示了我国古代劳动人民的高度智慧和创造才能，在中国古代建筑史上占有重要地位。如曲阜孔庙是中国现存三大古建筑群之一。孔庙的建筑遵从了我国传统建筑群中轴线、左右对称的原则，布局严谨。孔庙作为祭祀性建筑，其特殊性表现在它的标志建筑：其主建筑大成殿大多采用抬梁斗拱；泮池具有悠久的历史，为孔庙、太学所特有；棂星门除用于个别高规格的祭祀建筑以外，主要用于孔庙建筑中；孔庙前的牌坊之多是其他类型的建筑无法相比的。

据《洛阳县志》记载，河南府文庙由南向北呈台阶式上升，沿中轴线向两边展开：正南是一座琉璃照壁，依次向北分别是：棂星门、泮池、石桥、戟门、大成殿、明伦堂等；戟门与大成殿之间东西两侧为廊坊。整个建筑群布局严谨、层次分明、结构规整、庄重大方，为研究我国儒家思想的发展传播和文庙祭祀建筑的发展提供了珍贵的实物资料。洛阳河南府文庙的建筑风格融合中原文化，反映河洛地区特点，承袭古制又不乏时代特点，大胆创新，达到了建筑艺术风格和使用价值的完美结合。

在祭祀孔子的历史过程中，还形成了独具一格的乐舞艺术。祭孔乐舞的内容以颂扬孔子生前的业绩为主，是乐、歌、舞三位一体的综合艺术。祭孔乐舞以其平和的曲调，适中的节奏，典雅的歌词，谦恭的舞步，凸现出中国古代雅乐博大精深的思想意蕴、庄严恢宏的感人气势，以及中正和谐的艺术风格，集中展示了孔子及儒家倡导的"仁""和谐""礼让"的人文价值。

五、文庙具有很高的史学价值。文庙见证了中国2000多年封建社会发展的历程。在各地孔庙的发展史上留下了丰富的遗存和资料，通过对有关孔庙历史的研究，可以了解孔庙建筑与祭孔活动的兴衰，透视中国封建时代政治、经济发展的状况，对儒家乃至中国古代思想文化的演变进行深入的探讨。

略述文庙发展

　　河南府文庙是著名古建，思想价值、文化价值巨大。洛阳市人民政府高度重视文庙的保护和利用，在对洛阳老城历史街区的综合改造提升中，创新性地开发了洛邑古城，目前，已经成为洛阳市的一张新名片，产生了巨大的社会效应。新时期，河南府文庙，还有洛阳市所属县市的文庙，乃至全国众多的文庙如何发挥应有的作用，是一个比较新的课题。

　　一、从文化自信的角度，传承好文庙所蕴含的孔子文化、儒家文化。一个民族之所以能自立于民族之林，从深层次讲，靠的就是文化，靠的就是文化自信。故此，我们要把文化的根脉，也就是孔子文化、儒家文化研究深、研究透，继承好、发挥好。孔子是我国伟大的思想家、政治家、教育家，他的思想影响至深、至远、至大、至广。研究孔子，就是研究我们的"老根"，参天大树，必有其根；环山之水，必有其源。中华文明之所以枝繁叶茂，关键在于根基深厚，渊源深长。

　　洛阳是中国历史上两个文化巨人老子、孔子会面交流的地方，至今仍留有孔子入周问礼乐巨型碑刻，又有全国知名的河南府文庙，对于这些弥足珍贵的文化遗产，一定要利用好，发挥好。

二、从提高自身素质，明确自身责任，培养担当精神、忧乐精神、廉洁自律的角度，利用好河南府文庙的有形无形资源，加大对党员干部教育力度。著名学者钱穆先生说过这样一句话：今天的中国读书人，应该担负两大责任，一是自己读《论语》，一是劝人读《论语》。钱穆先生是学富五车的大学者，他这样讲的意思很清楚，读书人要带个好头，要有个范儿，要很好继承老祖宗的优秀遗产，并且要发扬光大，影响后昆。这方面党员干部尤其要率先垂范，现在的各级干部大都是读书人出身，要时常砥砺自己，培养自己高尚的官德，为官一任，造福一方，以天下为己任，先天下之忧而忧，后天先之乐而乐。党员领导干部要想不出问题，关键的是要守住内心的底线，优秀的传统文化恰恰能很好地解决这方面的问题，让党员干部三省自身、防微杜渐。

三、中国正在实现中华民族伟大复兴的中国梦，中国梦重要的工作之一就是调动全国各个层面的积极性。为此，需要各个层面都动起来，尤其是家庭层面。家庭层面，就是要弘扬优秀家风，把家风、家训、家教融入到富国强国的伟大梦想之中。国是千万家，家是最小国。家庭是社会的基本细胞，家风正，则民风正，进而影响整个社会风气。而文庙蕴含的儒家文化恰恰在家风塑造上能起到十分重要的作用，儒家文化非常重视家国情怀，倡导修身、齐家、治国、平天下；倡导家门不扫何以扫天下；倡导天行健，君子以自强不息；倡导为天地立心、为生民立命、为往圣继绝学、为万世开太平的伟大志向等，这些恰恰是传统文化中富含正能量的东西，如果社会各个层面都能发扬继承这些民族精神的瑰宝，我们的家庭、我们的民族、我们的国家将会永远立于不败之地。

四、文庙中蕴含的丰富文化信息，也为学术研究提供了极大的空间。文庙是中国独有的一种文化载体，在治理国家中发挥了极大作用，它不仅在汉民族地区发挥了凝聚人心、统一思想、以正视听的作用，也在边远地区、少数民族集聚地区发挥了文化引领作用。如河南府文庙及各县文庙春秋时要举行祭孔大典，岁腊时节邀请耆老宴饮等，每年有许多"规定"动作，这些事情，看起来不大，但在社会层面影响深远。文化就像涓涓细流，能滋润干涸的土地，丰富广袤的山川。以文化之，是一个民族、一个国家走向文明、走向强大的必经之路。儒家学说从某种意义上讲是中华民族的精神密码，民族的魂魄，极大地影响着我们的民族性格和民族精神。至于一个城市、一个地区，文庙是如何发挥其在意识形态中的作用，对地区文化精神的塑造起到什么样的作用，是一个十分值得探讨的问题。

河南府文庙是河南乃至全国有名的文庙，政府的官员是如何利用文庙布政教化的，也是一个需要研究的课题。清初河南知府张汉是一位开明的官僚，在他执掌河南府时期，亲自主导河南府文庙的修建，把理学大师朱熹的《河图赞》《洛书赞》，书写以后立碑于庙内，供域内文人学士临摹研读，用心良苦，影响深远。

文庙在一个地方既是纪念性的建筑，祭祀文圣人孔子，也是一个公共性的机构，管启蒙，管教育，其运作方式、内容有些我们知道，有些囿于各种原因，我们不尽清楚，这也是需要继续挖掘整理的一个内容。

五、文庙是一个教育机构，在教书育人、教化一方中所发挥的作用也是需要深入研究的。过去有句很经典的话：学在官府。如此看来，官方主办教育，从古到今，应该是主渠道。而洛阳从东汉的太学、西晋的辟雍，到明清民国的府文庙，是一个绵延不绝的课题；从当年的"三体石经""一体石经"，到国子监、再到后来的明德中学，教材的变化、体制的变化、模式的变化等都是有研究价值的。对此，应该引起学术界的高度重视，通过解剖麻雀的办法，把教育的源与流进行系统地梳理。教育是关乎国家发展的大事，梳理清楚有利于继承与发展，尤其是今天，教育也是生产力，教育也是软实力，其现实意义不能低估。

河南府文庙从表面上看只是洛阳众多文化景观中的一项，但它在思想上、文化上影响比较大，对它的审视与研究关系到历史中许多比较重大的问题，本文只是一个尝试，肯定有许多不妥的地方，敬请专家指正。

"天下之中"说洛邑

探究洛阳的历史,就会发现洛阳的地理位置十分重要。周武王、周公、召公在考虑定都的时候,就敏锐地看到,洛阳乃天下之中,四方入贡道里均,河山拱戴形势甲于天下,有舟楫之利,天下粮草财富可快速汇集于洛阳,进退有据,是控制全国、运筹帷幄、勘定大局的理想之地。

洛阳地处我国中部,号称"天下之中"。用《洛阳名园记》作者李格非的话说,洛阳拥有崤山、渑池的险阻,从战略上讲,是秦川、陇地的咽喉,更是四方诸侯必争之地。天下如果太平无事也就罢了,一旦有战事,那么洛阳总是首先遭受战争。为此李格非说:"洛阳的兴盛和衰败,是天下太平或者动乱的征兆。"

洛阳乃天下之中,是有准确记载的。"宅兹中国"出自西周国宝级青铜器何尊铭文,铭文记述了周成王继承周武王遗志,营建成周(洛阳)之事。而铭文中的"宅兹中国"是"中国"一词迄今发现的最早来源。西周青铜器何尊上铭刻的文字,更像是写给数千年后十多亿中国人的信。当考古学家在铭文中发现"宅兹中国"4个字的时候,无异于看到了埋藏了千年的谜底。

洛阳名人与文化遗存　39

"何尊"记载的是周成王迁都洛邑的历史,这是有关"中国"概念的最早出处,"宅兹中国"后面还跟了4个字,"自兹乂民",整个意思翻译成白话文就是:以此地作为天下的中心、统治民众。实际上"何尊"上面所记载的铭文不止这一句话,而是12行共122个铭文。这段周成王迁都洛阳的叙述中,将洛阳称为"中国",还是颇有道理的。

"何尊铭文"12行122字,记载了周成王在其亲政五年时,于新建成的都城洛邑对其下属"宗小子"的训诰,其中提到周武王在世时决定营建洛邑(洛阳),即"宅兹中国",与《尚书》中的《洛诰》《召诰》等文献记载可相互佐证,起到了证实补史的作用,为西周历史的研究和青铜器的断代提供了重要的实物资料。

实际上洛阳的确是天下之中,周遭山脉、天险、关隘林立,河山拱戴,易守难攻,实为建都、统治的好地方。洛阳北边有黄河天险及绵延起伏的邙山,在冷兵器时代,这些是难得的防护屏障。黄河天险有河之北的河阳三关,还有从潼关、函谷关到郑州的一系列关隘,在洛阳附近有河静关、窄口关、小平津关、孟津关、虎牢关等,天险加军事工程,使洛阳城在漫长的封建社会成为帝王建都的上佳之地。

洛阳南边亦是雄关林立,有伊阙关、轘辕关、广成关等。伊阙关即洛阳南龙门山和香山的阙口,两山夹峙,伊河穿流其中。东周时,为京都南面的重要关隘,是洛阳南下、荆襄北上的必经之道。今日伊阙关遗址处,建有宏伟古朴石拱桥,连两山为一体。

轘辕关是洛阳南边的重要关隘,遗址在今偃师与登封交界处,为洛阳通往许、陈的捷径要冲。关处鄂岭坂,在太室山和少室山之间,道路险隘,有弯道十几,回环盘旋,将去复还,故称"轘辕关"。其南边的鄂岭口,又有一关,为宋时偃师县知县马仲甫佣工所凿,道路轩敞,人便其利,当地人称鄂岭口,也叫"新轘辕关"。

洛阳南今寇店一带有大谷关,又名太谷关,设于东汉末年,是汉魏洛阳故城的南大门。该关遗址位于洛阳市洛龙区寇店镇水泉村,附近有水泉石窟,风景秀美。故址在今河南洛阳市东南大谷口,接登封县界。东汉中平元年(公元184年),为了镇压黄巾起义置八关,此即其中之一。

洛阳往南,建有著名的广成关,该关位于汉光武所置广成苑的南边,故名。遗址在今临汝镇一带,这里世称"两山夹一川",其东北有长虫山、娘娘山、和尚山、白云山、盘龙山,西南有大马山、大虎岭,自古是通往汝颍的要塞。东汉时,在广成关附近,有广成泽,周围400里,水出狼皋山中,东南流入汝水。

洛阳东面呈扇状散开,基本是丘陵与平原,但在历史上亦有重要关隘,如旋门关。旋门关遗址在今河南荥阳汜水西南十里铺一带。东汉以成皋旋门关为京师洛阳东面的第一关。班昭《东征赋》中云:"望河洛之交流,看成皋之旋门",即指此关。洛阳向东过此,即无扼塞可以据守。

旋门关又称成皋关、虎牢关、汜水关、古崤关等,是古京都洛阳东边门户和重要的关隘,位于今河南省荥阳市西北部汜水镇境内。虎牢关作为洛阳东边门户和重要的关隘,因周穆王在此筑牢关虎而得名。此关南连嵩岳,北濒黄河,山岭交错,自成天险。大有"一夫当关,万夫莫开"之势,为历代兵家必争之地。人称过了旋门关,就是洛阳城,足见此关之重要。

洛东还有著名的黑石关。黑石关,位于河南省巩义市西南4公里处,古称黑石渡,是洛水渡口之一。因洛水东有黑石山,故名。此关西与邙岭夹岸相对如门,是古代交通的咽喉,扼控巩洛之中,为历代险要之地,洛阳东边重要门户。隋末王世充与李密相峙,王世充夜渡洛水营于黑石，元至和初，陕西诸王阔不花讨燕贴木儿，至巩县黑石渡大败河南兵，就在此处，明代曾在此设巡司。

洛阳位于天下之中，地形是西高东低，背依崤山、熊耳山、伏牛山。尤其是崤山，在洛阳之西，洛宁县西北，是洛阳的军事屏障。古时长安、洛阳之间的黄河流域，常与附近的函谷关并称崤函，是中国古代军事战略重地，以地势险峻、关隘坚固、易守难攻著称，是天下"九塞"之一。崤山山脉为秦岭东段支脉，西南—东北走向，分东西两崤，延伸在黄河和洛河间，长160千米，为褶皱断块山。

洛阳西边的函谷关十分重要，函谷关位于河南省三门峡市灵宝市函谷关镇王垛村，该关西据高原，东临绝涧，南接秦岭，北塞黄河，因其地处"两京古道"，紧靠黄河岸边，关在谷中，深险如函，故称"函谷关"。是中国历史上建置最早的雄关要塞。函谷关历史上有3座：秦关位于河南省灵宝市北15公里处的王垛村；汉关东移至洛阳新安县，西距秦关150公里；另一处叫作魏关，遗址距秦关北5公里处，但在建设三门峡大坝时此关已被淹没。

关于"天下之中"的问题，实际上有多种说法，例如河南的驻马店也说是天下之中，该市还有天中山等。实际上名称问题并不重要，因为整个河南位于我国的腹地，河南某种意义上就是我国的中心地带，就是天下之中，河南各个地市说自己是天下之中亦无大碍。问题是说天下之中的意义是什么？单纯的天下之中，只是一个简单的地理概念，地理概念加上政治概念，加上文化概念等，这个天下之中似乎才有了实质意义，从这个角度看，洛阳作为天下之中，古时的天下政治之中似乎更有意义。当然，相对于历史的发展，一切都可能是动态的，天下之中只是一种地理环境上的优势，这种优势如不能转化为生产力，不产生真金白银，都是没有太大意义的。

白马驮经建佛寺　中土流布称祖庭

洛阳人对白马寺情有独钟,把白马寺看成洛阳的标志之一。小时候就听人讲,白马寺的钟声一响,老城钟楼的大钟也会发出共鸣,整个老城都能听到。后来听不到共鸣了,何也?原来悬吊大钟的绳子是一条龙,后来这条龙绳被人偷走了,大钟垂落到地下了,故就没有共鸣了,当然,这只是一个传说,人们把白马寺,把马寺钟声神话了。

洛阳白马寺在中国的佛教寺庙中名气甚大,号称中国第一古刹,有"释源""祖庭"之称。"释源",即佛教之源,指佛教传入中国,在中土大地生发之源;"祖庭"即佛教传入中土大地祖师之庭院也。中国佛教寺庙很多,论规模、论香火旺盛等,可能白马寺算不上前几位,但白马寺的历史地位、社会影响,在佛教传播中的作用等,无论怎么说,都是数第一的,这一点已得到了社会广泛的认可。

洛阳白马寺在我国佛教界的作用地位并不是徒有虚名的,无论从哪个角度讲,都是名副其实的。从历史来看,东汉明帝时期传入,是官办的第一座佛教道场,时间上早;从文化结合来看,佛教传到了洛阳,才真正同汉文化有了实质性结合,成了汉化的佛教,至此,才扎下根,以洛阳为中心,向我国大江南北乃至东南亚等地传播,成为世界闻名的三大宗教之一。

白马寺得名,源于白马驮经,寺字来源于接待外国使者的鸿胪寺,白马与鸿胪就这样有机结合在一起,成为佛教修行场所的标准称谓。白马寺有个清凉台,这是最早一批到中土大地传经者休憩和从事翻译工作之地,最早的四十二章经等就是在清凉台翻译出来的,传给信徒。最早的传经使者摄摩腾、竺法兰就在此长期工作,圆寂后安葬在寺内,目前还有他们的墓冢。

白马寺清凉台好多人可能不知道,它被称作中国佛教的摇篮,因最初的佛经是在这里翻译的。清凉台原来是汉明帝少年时读书乘凉之处,后为印度高僧摄摩腾、竺法兰译经的地方。白马寺的最后一个大殿毗卢殿就在清凉台内,一组庭院式建筑,地势比较高,广植石榴、桃李等嘉木,尤其是夏天,是清凉避暑的好去处,两位高僧莅临洛阳后,就在清凉台修行、翻译经典,直至圆寂。

在摄摩腾、竺法兰之后,安世高在汉桓帝时期来到白马寺。安世高在白马寺共译出佛经95部150卷。据《开元释教录》载:从东汉至西晋,先后出现译师34人,译出经书700多部1400多卷。这些成就基本上都是在洛阳白马寺取得的。从东汉到清代,有许多人先后加入到翻译佛教典籍的队伍中。汉译佛教典籍的数量之大、品类之多实为世所罕见。而这一切的一切,都开始于洛阳白马寺。

安世高是著名高僧,本名清,原为安息国太子。自幼信奉佛教,当其将即位时,出家修道,让位于其叔。他精研阿毗昙,修习禅定。于东汉建和元年(公元147年)到达洛阳。不久即通晓汉语,翻译经典。据《历代三宝记》和《开元释教录》所载,安世高译经数量是比较多的。安世高译经工作约止于东汉建宁(公元168—171年)中。随后,游历了江西、浙江等地。有不少关于他的神奇故事流传民间,晚年踪迹不详。

说起洛阳白马寺，不能不说东汉明帝，因为在东汉明帝时期佛教正式传入帝都洛阳。东汉永平年间，汉明帝刘庄夜晚梦见一位神人，全身金色，顶有日光，在殿前飞绕而行。第二天会集群臣，问："这是什么神？"当时学识渊博的大臣傅毅回答道："听说西方有号称'佛'的得道者，能飞行于虚空，神通广大，陛下所梦见的想必就是佛。"

　　后来，汉明帝派遣蔡愔博士及弟子秦景等10人远到西域求法。使团到达大月氏国后，在此地遇见高僧摄摩腾、竺法兰，遂邀请二师携佛教经典来汉地传播佛教。二师接受邀请，用白马驮着佛像和经卷，随蔡愔一行来到洛阳。汉明帝在永平十一年（公元68年）在洛阳建立了中国第一座佛教庙宇，因为白马驮着经文而来，故取名"白马寺"，佛教也就是从这个时期通过官方渠道传入到中国的。

　　白马寺从建寺到现在位置基本没太大变化，坐北朝南，为一长方形院落，总面积约4万平方米。主要建筑有天王殿、大佛殿、大雄宝殿、接引殿、毗卢阁等，均列于南北向的中轴线上。基本是"依天竺旧式"而建，寺内有五重大殿和四个大院以及东西厢房，整个寺庙布局规整，风格古朴。寺大门之外，广场南有近些年新建石牌坊、放生池、石拱桥等，其左右两侧为绿地。左右相对有两匹石马，大小和真马相当，形象温和驯良，这是两匹宋代的石雕马，身高1.75米，长2.20米，做低头负重状。

　　相传白马寺门前这两匹石雕马原在永庆公主（宋太祖赵匡胤之女）驸马、右马将军魏咸信的墓前，后由白马寺的住持德结和尚搬迁至此。尽管是搬迁来的，其造型、形态、神韵等均比较切题，故成了白马寺不可或缺的一部分。提起白马寺，不能不提白马，不能没有白马，有了后加的石马，让白马寺更有回味的余地，也更名副其实。当然，在佛教故事中、佛教传说中，白马是非常吉祥的动物，佛缘很深，甚至是佛教传播史中很重要的部分。

白马寺山门采用牌坊式的一门三洞的石砌弧券门。"山门"是中国佛寺的正门,一般由三个门组成,象征佛教"空门""无相门""无作门"的"三解脱门"。由于中国古代许多寺院建在山村里,故又有"山门"之称。明嘉靖二十五年(公元1546年)曾重建。红色的门楣上原嵌着"白马寺"的青石题刻,它同接引殿通往清凉台的桥洞拱形石上的字迹一样,是东汉遗物,为白马寺最早的古迹,如今已换上了原佛教协会主席赵朴初的字,亦是十分贴切。

说到白马寺,不能不说齐云塔。齐云塔始建于东汉明帝时期,本称"释迦舍利塔",后屡毁于战火,至金大定十五年(公元1175年)得以重修。金修释迦舍利塔为四方形密檐式砖塔,13层,高约35米,是洛阳一带现存最早的金代地面建筑之一。清代,白马寺住持如琇依据东汉明帝创建齐云塔的记载改称"齐云塔"。塔顶覆宝瓶式塔刹,外轮廓略作抛物线形,玲珑挺拔,古雅秀丽。每层南边开一拱门,可以登临眺望。旧与清凉台、腾兰墓、断文碑、夜半钟、焚经台合称"白马寺六景"。

小时候到白马寺玩,感觉齐云塔很神奇,小伙伴们叫它"蛤蟆塔",当你站在齐云塔南面大约20米处用力拍巴掌,便可听到从塔身处发出"哇哇"的叫声,和蛤蟆的叫声十分相似。当时不知其故,只认为是佛教之地的神奇,后来才了解到这是齐云塔独特结构及造型所致,一种物理学上的声学现象,因塔面上凸凹不平,故使回声像蛤蟆的叫声。

白马寺六景之一还有断文碑。人们一进山门就能看到。它矗立在山门内的西南方,只剩半截碑身,残高约1.7米,碑文难以辨识,相传为北宋翰林学士苏易简所撰。它之所以得名断文碑,并非因为碑身断裂,而是因为碑文的排列格式,它的碑文没有自上而下通写,而是将碑横分成几段,用短行分成几排写出来,看上去像文字断开了一样。清代如琇和尚为其题诗称:"笔锋磨灭失真踪,天妒奇文薛尽封。会有秋风生怒雨,森森鳞鬣(liè)起蛟龙。"可见当时碑文已不可读了。

白马寺焚经台也比较耐人寻味。据南北朝时期的《汉法本内传》等佛教典籍记载,东汉永平十四年(公元71年)正月初一,五岳道士向汉明帝上表,请求与佛教沙门斗法,以"验二教之优劣"。汉明帝同意了,命人在白马寺山门南筑起两座高台。正月十五这天,双方各自在高台上焚烧经典,道经遇火多成灰烬,佛经却遇火不燃,且有五色祥光照彻天空,令汉明帝及百官叹为观止。在这次斗法中,摄摩腾和竺法兰大显身手,让许多人当场皈依佛门,佛教获胜,从此佛法渐兴,流布东土。

实际上佛道斗法古已有之,古已多之,这是佛教道教之间的派别之见、门户之争,目的是为了争取更多的信众,扩大自己的影响。洛阳焚经台的故事是道释之间互评的一个缩影,只不过在"斗争"中一方采取了一些手段而已,如把经文写在金箔上、写在贝叶上等,耐火的程度高一些罢了,若都是纸质的、绢帛的,是耐不住火烧的,有时候为了办成事,采取一些技术手段处理是容易见效的。

白马寺有许多传说、许多故事、许多美谈。如白马寺的石榴树,在寺院内封闭长大,结的石榴多且大,颗粒饱满,味道甘甜,形态硕大,在民间有很高的知名度,故有语:"白马甜榴,一实直牛",意即白马寺的甜石榴,一个值一头牛的价格。这话可能有些夸张,但信众花一头牛的价格获得一枚石榴肯定是有的,因为寓意好,多子多福,况且是白马寺佛寺里的。当然,目前这一资源还没有得到很好的开发利用,也是有点遗憾的,期望人们从中发现商机,在宣传白马寺的同时把白马甜榴的故事讲好,带动产业发展。

白马寺的方丈、主持致力于翻译佛教经典者有之,致力于佛教传播者、弘扬佛法者有之。一个朋友讲了一个故事,20世纪军阀混战时,白马寺的和尚被请到陕西法门寺主持寺务,当地歹人欺负主持是外省人,初来乍到,政治又混乱无绪,企图抢挖寺庙财产和地宫,和尚甘愿自焚救寺,感动当地信众,于是自觉成立义务护寺队,使法门寺得以保全。如此感人故事,白马寺乃至法门寺应为该和尚塑身建殿,以教化天下。

夜半钟声,也叫马寺钟声,是白马寺六景之一,洛阳八大景之一,象征吉祥如意。每当月白风清之夜,晨曦初露之时,殿内击磬撞钟诵佛,钟声悠扬飘荡,远闻数里,听之使人心旷神怡。白马寺的大钟铸造于明代,重达2500公斤,如今已"功成身退"成为文物供奉于殿堂之上,供人观瞻。取而代之的是1992年新铸造的大钟,它悬挂于钟楼之上,音色浑厚悠扬。现在,每年有一个马寺钟声迎新年活动,吸引众多中外游客参加,影响颇大,是洛阳旅游活动中的重头戏。

洛阳白马寺曾是洛阳旅游的"老三篇"之一,其他两篇是龙门与关林,简称"龙关白"。随着对外开放的扩大,洛阳旅游的格局发生了几何级的变化,除了"老三篇",又有了"新三篇",即天子驾六、汉光武帝陵、千唐志斋等,其实洛阳旅游远远不止这些,随着二里头夏都遗址博物馆、应天门、明堂、天堂、客家人纪念馆乃至众多民办博物馆的兴起等,洛阳的旅游进入全域发展的新时代,但不管怎么发展,白马寺是洛阳旅游的金字招牌,这张名片一定要擦亮,要深入挖掘,并不断推出高层次高品位强影响的东西。

王祥河畔说王祥

新安县磁涧镇老井村是一个有故事的村,村中不仅有流传几百年的老井,还有著名的王祥庙。我国是一个讲究孝道的国家,"王祥卧冰"或"卧冰求鲤"的故事广为流传。洛科院东边原来就有一条河,南北向,由西马沟流向了涧河,这条河也叫"王祥河",流域不长,远近闻名。老井村的"王祥庙"就是纪念古代大孝子王祥的,此处有庙为证,并出土了大量有关此事的文物资料。

王祥历史上确有其人。据记载,王祥(公元184—268年),字休征,琅琊临沂人,西晋大臣。王祥因孝名和功绩被加官晋爵,王祥隐居20余年,后从温县县令做到大司农、司空、太尉。寿终84岁,其孝名为历代所传颂。王祥早年丧母,继母朱氏并不喜欢他,常在其父面前诉说王祥的是非。他因而失去父亲之疼爱,总是让他打扫牛圈,干重活。但他从不计较,父母生病,他忙着照顾父母,连衣带都来不及解。

相传有一年冬天,王祥的继母朱氏生病想吃鲤鱼,但因天寒河水冰冻,无法捕捉,王祥便赤身卧于冰上,忽然间冰层化开,从裂缝处跃出两条鲤鱼,王祥喜极,持归供奉继母。继母又想吃烤黄雀,但是黄雀很难抓,在王祥担心之时,忽然有数只黄雀飞进他捕鸟的网中,他大喜,

洛阳名人与文化遗存 | 49

旋即又用来供奉继母。他的举动在十里八村被传为佳话。当然，故事里可能有演绎的成分，但他的孝心懿行被奉为经典。

追根溯源，王祥卧冰求鲤的故事应该从元代开始讲起。元代郭居敬辑录古代24个孝子的故事，编成《二十四孝》，成为宣扬孝道的通俗读物，其中卧冰求鲤故事中的主人公王祥被列为二十四孝子之一。

王祥卧冰求鲤的故事究竟发生在哪里？应该说有好几个版本。一说发生在山东临沂，临沂市兰山区白沙埠镇孝友村，该村95%以上为王姓。孝友村沿孝河而建，孝河边还立有一块石碑风雨守李处，据传这便是王祥守护李子树的地方；在孝河北岸的"孝友祠"供奉着王祥、王览和王羲之的塑像。孝友村主要是为纪念王祥的孝和王览的友，明朝嘉靖年间由双湖村改名为孝友村的。

王祥卧冰的故事流传甚广，除山东临沂这一说法外，还有"荥阳说"。河南省荥阳王祥墓在《荥阳县志》中有记载。墓冢呈圆形，高8米，占地1.76亩，位于高村乡高村第五村民组耕地区内。在墓地东北不远处，原有一座始建于唐、重修于元的古典建筑群广孝寺，内有王祥卧冰求鲤画像石刻碑一通。据传，此碑高2尺7寸、宽1尺5寸，原立于王祥墓前，建寺时移到这里。当地人认为王祥是此地人，卧冰求鲤的故事发生在这里。

王祥的故事还有一说，就是"遂平说"。河南遂平县和兴乡王庄有王祥墓和王祥祠。墓前原来有两块石碑，王祥墓前的石碑和王祥祠在1958年扒庙建学时被拆掉了。如今，这两块石碑被竖在2006年在王祥祠原址上重建的王祥庙内。黑色的石碑碑文上记载有"祥，晋人也……"，是民国三年（公元1914年）王祥的百代玄孙为其整修墓地而留下的佐证。另一个土黄色的小石碑上刻有王祥的半身画像，顶端有一只仙鹤叼着一条鲤鱼，也是一块比较老的碑刻。

王祥卧冰的故事事发多地,且有一定道理。但据最新的研究成果,应该是在河南的新安县。不久前,文物工作者在进行文物普查时,在新安县磁涧镇老井村意外发现王祥祠堂及"晋太保孝王祥之碑"等数通古代石碑。碑阳面刻"晋太保孝王祥之碑"几个大字;右下方刻有"至正三年五月河南府路总管梁宜、达鲁花赤伯答罕等立石"小字;左下方刻有"嘉议大夫河北河南道肃政廉访副使崔帖谟尔普化书"小字。

新安老井村发现的古碑阴面有古诗一首:"为母卧冰希世有,龙天遗鲤感精诚。寄言天下为人子,永继王祥万古名。"经查证,"至正"为元顺帝时的年号,达鲁花赤伯答罕、崔帖谟尔普化都是蒙古人的名字,因此,此碑应是元代官府于元顺帝至正三年(公元1343年)所立。此外,在此还发现了"移建晋王太保祠碑"一通,此碑为王祥五十一代孙王雅轩所立,立碑时间为民国三十五年(公元1946年)。

古代碑刻是珍贵的实物资料。老井村王祥碑的发现证实:王祥卧冰求鲤的故事发生地应该在河南新安。另外一点很重要,洛阳是西晋的首都,而王祥在西晋都城担任太保之职,而且新安这一带有王祥河、孝水河,有王祥祠堂,早在元代,官府就在新安为王祥立碑,王祥的后裔也一直生活在新安。种种迹象表明,王祥卧冰求鲤的故事发生地应该就在新安。

洛阳榖水磁涧附近有两条与王祥卧冰求鲤有关的河流,一条是王祥河,一条是孝水河。大家容易把它搞混,以为是一条河,实际不然。王祥河是一条已经断流的河,大致位置在榖水转盘西边一点,是东西向的,在涧西王湾村东,应该是涧河的一个小支流,目前已经没水了。如果想看它的状况,西马沟武则天演艺剧场北边还能看到河沟的情况。

孝水河,即王祥河西边孝水村北边的河流,也就是涧河,是一条东西走向的河流,在老井村、孝水村一带叫孝水河,从古至今一直这样叫着,原因只有一个,就是纪念卧冰求鲤的王祥。此外,王祥的墓地在这里,也符合考古发掘的实际。磁涧柴湾、老井、五里、寒鸦一带是西晋的贵族墓地,西晋的公主墓据说在豪迈酒店附近,还有一个级别比较高的贵族墓,在涧河北岸。王祥官至太保,葬在此地与其身份相符。

王祥卧冰求鲤的故事发生在山东也好,河南也好,或其他地方也好,充分说明一个重要道理,人性是善良的,而且百善孝为先。"孝"是中华民族传统美德,孝文化是我们的国粹之一,源远流长。我们要继承这一传统美德,孝敬父母,关爱长辈,帮他们做一些力所能及的事,知道感恩,乐于感恩。同时要知道和别人相处要有宽容之心,不要计较太多,要善待身边的每一个人,这样,我们生存的世界将会越来越美好!

难忘的大佛　难忘的龙门

洛阳龙门石窟是世界文化遗产，是我国石窟寺艺术的典型代表。作为洛阳人，对龙门石窟的了解，更多的是亲身经历的东西。如小时候经常到龙门石窟玩耍，那个时候，龙门西山下面就是一条大道，进出洛阳的车辆都要从那里经过。当时上龙门山、看大佛，不需要门票，直接爬上去就行了。

那个时候到龙门山玩，首当其冲的就是看卢舍那大佛，最有意思的事就是搂佛爷腿，就是搂卢舍那大佛左边天王的腿。远远看去，天王的腿不是太粗，但真正上前搂，一般人是搂不住的。有一次，几个同学到龙门山玩，比赛着看谁能搂住佛爷腿，一番比试下来，几乎没有搂住的。我最后一个上，身边一位老者说，倒过来搂试试，结果，十几个同学就我一人搂住了佛爷腿。

现在卢舍那大佛及周边佛像已被封闭起来，不允许近距离触碰，我们当年去玩的时候是可以触摸的，正因为这个原因，天王的腿被搂抱得漆明发亮。能搂住佛爷腿，在当时是有福的象征，现在看来是搂抱的角度问题，正着搂抱，受头颈的影响，臂长不能最大发挥，倒过来报，虽然说要臂力，但伸开双臂，紧贴佛腿的最细部分，正常人是都可

洛阳名人与文化遗存　53

以搂住的。自己受老者"点化",不过是掌握了"窍门"而已。

洛阳龙门卢舍那佛的意思当时不知道,后来才知道佛有三身,分别是:毗卢遮那佛、卢舍那佛和释迦牟尼佛。卢舍那佛,梵文Locanabuddha,即报身佛,是表示证得了绝对真理,获得佛果而显示佛智的佛身。如此看来,"卢舍那"的意思就是智慧广大,光明普照。龙门卢舍那大佛在雕凿时是很有讲究的,体现了佛学的深奥。

从佛教的角度讲,卢舍那是释迦摩尼报身像,是佛的修行依因果感召而来的报应身,是修行圆满、大彻大悟的表现。阿弥陀佛、药师佛等都属于报身佛,卢舍那佛亦是。释迦牟尼佛原本是莲华藏世界中,卢舍那座下的十地菩萨,也是卢舍那的化身、分身之一,他来到娑婆世界,依照法门修行而成就了卢舍那的报身。唐高宗、武则天雕凿这尊佛像应该是有寓意的,即世平景升,大彻大悟,功德圆满。

当时到龙门山游玩,还有一个好去处,就是蛤蟆嘴,尤其是冬天去,蛤蟆嘴周围烟雾腾腾,流水淙淙,若是下雪天,周围山峦积着雪,但蛤蟆嘴流下的水冒着热气,蜿蜒流入到伊河去,置身其中,简直是仙境一样。当时对这种热水不甚了解,后来才知道这是温泉,此地是历史上著名的温泉。

龙门蛤蟆嘴,当时是小孩们玩水的乐园,尤其是比较温暖的日子里,孩子们扎堆到水里玩,蛤蟆嘴温泉形成的小溪中,有许多红色的小虾,而且是一对一对的,不一会儿就能捉上一大把。后来,蛤蟆嘴的泉水没有了,只留下蛤蟆嘴的故事。蛤蟆嘴的泉水之所以没有了,与龙门周边滥采滥伐有关,近些年实行环境保护,涵养水源,龙门的生态基本恢复了,如今是碧波荡漾,游人如织,大佛安详。

当时到龙门山去,更多的是去看佛像,青石雕刻的佛像,大的如卢舍那大佛,小的如万佛洞的佛,早的如北魏古阳洞的佛,晚的有唐以后的佛等,徜徉在龙门的西山群佛当中,那时候主要看西山的佛,龙门东山也有,但基本没有整理出来,看着众多佛龛的佛像,当时只是感觉很惊讶,也觉得有些缺胳膊少腿挺可惜的,但不知背后的若干故事。

当然,在龙门山游玩的过程中,听到最多就是关于龙门山开不开的传说。相传一个放牛玩娃,经常在龙门山放牛,放牛中时常听到一个人在说,龙门山开不开?龙门山开不开?最初不在意,听得次数多了,就告诉了同村的一个老大爷,老大爷就告诉这个放牛娃,再问的时候,你就说"开"。

听了老大爷的话,放牛娃在一次放牛中,听到再问龙门山开不开的时候,就憋足劲,喊了一声,"开!"这样,"轰隆"一声巨响,龙门山分成了两半,山崖上布满了未雕凿好的佛像,有的缺胳膊,有的缺腿,有的缺头,有的缺身子,这就是龙门山开山及佛像不完整的由来。这个传说流传很广,很多洛阳人都知道。

后来自己读了大学,读了历史学,对龙门佛像石刻残缺的原因有了一定的了解。龙门佛像的残缺有人为的原因,近代帝国主义的侵入,一些不法洋人、文化骗子采取卑鄙手段盗走一些精美的佛头,国内一些不良文人为奇货可居,在传拓龙门二十品等造像题记的过程中人为抠掉一些文字等。当然,还有一些自然原因,如地层的沉陷、佛龛的位移、裂隙的扩大、自然的风化等,都不同程度地对佛龛佛像造成一定的破坏。

龙门石窟中被人称道比较多的洞窟除奉先寺外,还有北魏时期开凿的古阳洞。古阳洞是北魏孝文帝为祖母冯太后营建的功德窟,开凿于北魏时期,距今已有1500多年历史,是龙门石窟中开凿最早的一个石窟,洞内小窟很多,精巧富丽,是研究北魏石窟艺术的珍贵资料。小时经常到洞窟去,总感觉与后面的洞窟不一样,这里面的佛像清秀飘逸，别有一番韵味。

龙门古阳洞内四壁及窟顶雕刻各式佛龛，多达1000余个，碑刻题记800多品，是中国石窟中保存造像题记最多的一个洞窟。洞内正壁造一佛二菩萨，主佛高肉髻，面相长圆，身躯较为瘦削，着褒衣博带式袈裟，施禅定印，结跏趺坐于方座上。胁侍菩萨像头戴宝冠，面容清秀，表情文静端庄，姿态优美。古阳洞在龙门石窟中是典型的北魏风格，可谓美轮美奂。

古阳洞内碑刻题记近千品，是中国石窟保存造像铭记最多的一座石窟，闻名宇内的魏碑作品"龙门二十品"有十九品出自古阳洞，字形端正大方，气势刚健质朴，结体、用笔在隶楷之间，堪称魏碑精品。"龙门二十品"以其独特的魅力受到国内外书法爱好者的青睐，尽管这些作品未曾留下刻写者的名字，但其卓绝的艺术水平、无与伦比的工匠精神永远留在了我国书坛中，至今仍然熠熠生辉，彪炳史册。

"龙门二十品"有十九品在古阳洞，有一品在慈香窑。慈香窑为比丘尼慈香所造而得名。完工于北魏孝明帝神龟三年（公元520年）。慈香窑是龙门石窟中北魏小型洞窟中有完工确切年代的洞窟。造像内容丰富，雕饰精巧华丽，是同类洞窟中的代表作。慈香窑题记刻藏在此洞主佛下部。碑文记述了慈香慧政出家为尼的体会和心境，记录了比丘尼慈香慧政开窟的事迹，是一方价值颇高的造像题记。

当时到龙门石窟去，观摩比较多的洞窟还有一个，那就是药方洞。药方洞是龙门石窟诸洞窟中最经世济用的一个洞窟，刻有古代药方150余个，有治疗内科、外科、儿科、妇科、肿瘤等科的单方验方，深受百姓欢迎，简单好用，解民之疾苦。那时，洛阳著名的中医张明学先生对我说，有机会好好研究研究这些方子，很管用，道理很深。受此影响，恢复高考的时候，自己第一志愿报的就是名老中医带徒，遗憾的是名额少,没被录取。

龙门奉先寺,龙门卢舍那大佛,是龙门石窟的精华、精粹及精绝。唐代的造像艺术于此达到了至高峰。拾级而上,瞻仰卢舍那大佛,既是视觉上的享受,更是精神上的净化,面对古人的杰作,惊奇、惊讶、惊叹之感飘然而来,卢舍那的神态、姿态、仪态等前无古人后无来者,尤其是卢舍那的微笑,惊艳了洛阳,惊艳了河南,惊艳了中国,惊艳了世界,这是人为的力量、自然的力量、天人合一的力量!

说到龙门,说到香山,不能不说到女皇武则天。为开凿卢舍那大佛,武则天曾捐出两万贯脂粉钱,这也算是做善事吧,而且是大善事,其后的作用与影响她肯定没有想到。至于卢舍那大佛是否按照她的面容雕刻不得而知。还有,武则天是比较看重文人的,曾在龙门香山搞赋诗夺锦袍活动,相当于有奖征文活动,不知激动激荡了当时多少文人。

提到龙门石窟,不能不提到龙门东山的香山寺。曾有一段时间,洛阳往南的公路走龙门东山山脚下,大车小车很多,龙门东山的环境很差,但就在那种环境下,也挡不住孩提时代的好奇心,多次爬上龙门东山,拜谒香山寺,缅怀白居易。白居易在香山寺活动的时间比较长,组织"香山九老会",同如满和尚等人诗词唱和,还疏通八节滩,在文坛、公益方面留下许多佳话。"龙门凡十寺,第一属香山。"

对白居易的敬仰,不光是他在诗词上的贡献及接地气,更钦佩的是他的境界,"达者兼济天下,穷则独善其身。"古往今来,英雄豪杰、达官贵人、文人墨客、迁客骚人等无数,真正能做到这两条的寥寥无几,因此,每每登上香山,凭吊白居易,崇敬之情油然而生,一代文豪文采如此、豪气如此、胸怀如此、境界如此,真乃至高上人也,自愧弗如,只能时时参悟,顶礼内修!

这么多年了,龙门石窟在自己心里一直挥洒不去,一方面是源于它的神秘神奇神圣，另一方面是龙门石窟本身就是一本大之有大的大书，穷其毕生，也不一定把她研究透彻。龙门石窟成为国家重点文保单位，成为5A景区，成为世界文化遗产……自己，当然也包括很多人，对她的牵挂、眷恋丝毫没减。龙门石窟，洛阳人民心中最美的亮色、永远的骄傲！

石刻唐代史　光彩耀中华
——千唐志斋略记

　　前段时间，有幸参加了"新安县2019中国书法年展暨首届千唐志斋唐楷高峰论坛会"。书法年展是全国书法界的大展，能在新安举行，应该说是洛阳市、新安县的大事、喜事、要事。新安是我国书法之乡，群众性的书法事业在全国领先，书法界的名师大家蔚为大观。"来到新安，自然心安"目睹众多书法精品，如沐春风，甚是享受，可谓精神大餐！

　　新安县不仅经济上在洛阳九县九区位列第一，GDP达500多个亿，文化上也有许多独占华夏鳌头的事。如千唐志斋是我国罕见的"石刻唐书"珍藏馆，收藏有两千多方唐代墓志铭，其中不乏许多书法精品，在学术上影响巨大。此次书法年展，即是国家书法大展，从数万幅参赛书法作品中精选300多幅参展，可谓幅幅珠玑；此外还有题跋的精品墓志展、新安书法名家展等，正是张张精彩，美轮美奂！

　　因参加全国书协2019年展暨首届千唐志斋唐楷高峰论坛、全国书法"蛰庐"杯颁奖活动的缘故，再次对千唐志斋进行了较为深刻的审视。千唐志斋得名于爱国将军张钫张伯英，扬名于千余方唐代墓志铭，当然，加上后来收集的唐代墓志，已超过两千多方。两千多方唐志，是一个什么概念？那就是唐代的"兰台"，而且都是石刻的第一手原始资料。

千唐志斋缘于两个历史名人的约定。这两个历史名人一个是于右任，一个是张钫。于右任（公元1879—1964年），汉族，陕西三原人，祖籍泾阳斗口于村，中国近现代政治家、教育家、书法家。原名伯循，字诱人，尔后以"诱人"谐音"右任"为名；别署"骚心""髯翁"，晚年自号"太平老人"。

于右任早年是同盟会成员，长年在国民政府担任高级官员，同时也是中国近代书法家，是复旦大学、上海大学、国立西北农林专科学校（今西北农林科技大学）的创办人和复旦大学、私立南通大学校董等。于右任以学问家、书法家的视野，深知洛阳古代墓葬中墓志铭的价值与作用。

于右任"鸳鸯七志斋"收集墓志400余方，除北魏以外也有其他朝代的，大部分来自洛阳邙山。他收藏的墓志中有七对夫妻的石志，于是，他给自己的书斋起了一个浪漫而又有纪念意义的名字——"鸳鸯七志斋"，他收藏的碑石因之也被称为"鸳鸯七志斋"藏石。

张钫同于右任私交甚好，都是辛亥革命元老，在组建陕西靖国军的时候，于右任任司令，张钫是副司令。受于右任的影响，张钫亦喜欢字画与贞石，而且两人之间有个约定，搜集到的墓志铭，北魏的、唐以前的归于右任，唐及以后的归张钫，这样西安就有了于右任的"鸳鸯七志斋"。

于右任的"鸳鸯七志斋"藏石，收藏历经数年，于右任颇费苦心，大部分从洛阳、西安等地收集，蔚为大观。1935年，经杨虎城将军之手，这些顶尖级的名石名碑转赠给西安碑林。"鸳鸯"实际上就是夫妻，换言之就是夫妻合葬的墓志铭。"鸳鸯七志斋"的"七志"，是北魏时期夫妻合葬墓的经典之作，史学价值、艺术价值、书法价值很高，目前也是西安碑林的镇馆之宝。

于右任"鸳鸯七志斋"这七对"鸳鸯"分别是北魏时期穆亮及妻尉太妃墓志、元遥及妻梁氏墓志、元珽及妻穆玉容墓志、元谭及妻司马氏墓志、元诱及妻冯氏墓志、丘哲及妻鲜于仲儿墓志、元鉴及妻吐谷浑氏墓志，这些墓志是北魏墓志中的精品。"鸳鸯七志斋"藏石，是20世纪初西安碑林在藏石方面的大且难得的收获！

千唐志斋的创建人是张钫。张钫（公元1886—1966年），字伯英，号友石，河南省新安县铁门镇人。1904年先后入陕西陆军小学堂、保定陆军速成学堂炮科学习，后加入中国同盟会，1909年毕业后入军旅，成为陕西新军的主要领导。1911年武昌起义爆发后任秦陇复汉军东路征讨大都督。中华民国成立，任陕军第二镇统制、师长等职。

1915年，张钫率军参加护国运动，后回到故里蛰居，继任国民党第二十路军总指挥兼河南省政府代理主席。全民抗战爆发后，任第一战区预备总指挥，军事参议院副院长、院长。解放战争后期任鄂豫陕绥靖区主任。后毅然弃暗投明，任全国政协委员，被毛主席称为"中原老将军"。

张钫平素爱好书法，致力搜罗古今名人字画法帖；他在戎马倥偬中坚持临池，曾为不少团体、个人书写匾额，其楷书遒劲沉励。张钫酷爱志石，自号友石主人，常与于右任、章太炎、康有为等名人学者交往，一同鉴赏碑碣古玩。张钫从20世纪30年代初期开始搜集古代墓志。邙山无卧牛之地，出土唐志甚多，他不惜重金购买；其他地方有的也千方百计收集。经过多年努力，收藏唐代墓志1000多方，成为首屈一指的墓志收藏大家，这就是"千唐志斋"的由来。

"千唐志斋"所藏除唐代墓志1000多件以外，还有北魏、西晋、五代以及宋、元、明、清志石，上下纵横1000多年，犹如一部志石历史，也称得上一座独一无二的墓志博物馆，其中不乏名家高手的墨迹。如唐代武则天执政时期的宰相狄仁杰撰写的《相州刺史袁公瑜墓志铭》、书法大家赵孟頫书写的《宜武将军达鲁花赤珊竹公神道碑》等。

"千唐志斋"博大精深，除名人志石外，还有一些为无名氏撰写、志主为勋臣贵戚且史书有传的珍贵史料，以及足以代表书法流派，从中可以寻绎出唐代书法源流轨迹的珍贵文献，还有被称为近代书法艺术三绝的章太炎撰文、于右任书丹、吴昌硕篆盖的张钫父亲《张子温墓志铭》等，都足以为后人效法。

"千唐志斋"除墓志铭藏石外，还有相当部分的石刻书画，书刻有清代王子弘所书行草条幅，北宋米芾所书行草对联，明代董其昌所书行草横批，清代王铎所书行草中堂，刘镛所书草字条幅，陈鸿寿所书汉隶对联，邵瑛所书狂草条幅，以及韩东篱、张人杰、靳志、刘承烈、许震等所书的对联、楹联、条幅、横幅、单幅等，琳琅满目，熠熠生辉。

"千唐志斋"还藏有蒋介石撰文、贺耀祖书写的隶体《张母王太夫人寿序》长篇；清代大画家、号称"扬州八怪"之一的郑板桥画并题咏的风、雨、阴、晴竹枝四态一组屏扇，有王纯谦手指画的兰草和题咏，还有汉画线刻佛经故事与汉武帝梦境浮雕等，古今咸集，蔚为大观。

据不完全统计，到目前为止，唐人墓志共出土近3500多件，"千唐志斋"占三分之一还要多；更为可贵的是，"千唐志斋"收藏的志石中有许多稀世珍宝，如比较奇葩的女皇武则天所造的字，多见于"千唐志斋"藏石中；再如唐代宰相狄仁杰的《袁公墓志铭》，是迄今所能看到的唯一的狄氏手迹。

"千唐志斋"收藏的唐代墓志，为研究唐代的政治、经济、军事、文化、对外关系提供了重要资料。同时,这些文献资料补充了史书之所缺,其中一些墓志又为研究书法艺术和书法源流提供了第一手的"孤本"资料,所有这些都是张钫先生为国家所作出的重要贡献。

张钫先生故居与"千唐志斋"一路相隔,坐北朝南,房舍绝大多数为砖木结构,基本保持着明清时期北方传统民居的建筑风格,特别是主体部分,为三进的四合院连环结构,布局严谨,错落有致;但有别于传统的是,它的门窗和内部装修采用的是西式风格,尤其是大量采用了进口的水泥、玻璃等建材,使得整座宅院呈现出中西合璧的特色。

张钫担任过河南省政府主席、省民政厅长,在开封的旧居尚有三处:乐观街旧居,现开封市草制品厂,原来的建筑已被拆除,1948年开封解放初期,中共开封市委就设在这里;开封山货店街原19号院旧居,现鼓楼新天地;曹门里朝阳胡同旧居(亦称"火神庙后"),位于路北19号,是唯一现存的张钫旧居。与张钫有关的铁塔知止亭今日尚存,亭北侧立有《知止亭碑记》一方,系张钫所撰,被列为"河南省文物保护单位"。

张钫在自己的家乡修建了隐居的庭院——蛰庐,取的是蛰伏隐藏之意。康有为为之题名;另一位民国大家章太炎为这座园子的藏碑室题写了"千唐志斋"4个大字。书房正面和院子两侧的楹联亦充满顿悟与禅意:"丸泥欲封紫气犹存关令尹,凿坯可乐霸亭谁识故将军""松柏有本性,园林无俗情"。营造园子,本身就是自己意志的表达。将军虽是行伍出身,但内心深处是极为细腻深刻的,这也是"蛰庐"耐人寻味的地方。

"蛰庐"还有一处令人驻思的地方,那就是在书房正面门楣上张钫将军亲自书写了8个大字:"谁非过客,花是主人",极富哲理,充满禅意,发人深省。功名利禄如浮云,繁华总被风吹散。世事洞明,难得糊涂，人生不过几十载。纵使智者如张钫，也需捻指拈花笑。草木荣枯，自然更迭，来来去去，你我皆是匆匆过客，荣辱成败，爱恨情仇，烟消云散后，可能都轻如鸿毛了。

张钫在创建"千唐志斋"的过程中，得到了洛阳著名金石学家拓片商郭玉堂先生的极大帮助，郭玉堂先生牵头，提供线索，促成大量的墓志石刻收归张钫手中。郭玉堂，字翰臣，居号"十石经斋"，铺号"墨景堂"，河南孟津县刘坡村人，近代著名金石学者和拓片收藏家。20世纪20年代受聘为北平图书馆名誉调查员、故宫博物院考古采访员。新中国成立后，先后在河南省文管会、省文史馆工作，在碑拓石刻界被称为"洛阳通"。

洛阳邙山古墓充布，没有卧牛之地。郭玉堂先生出生在邙山，从小目睹盗墓情景，经过多年寻访，收集了洛阳出土的大量碑刻墓志及拓片，并于1909年在洛阳东大街开了一家名号为"墨景堂"的碑帖店，专营拓片生意。时任北京故宫博物院院长的马衡、北京图书馆馆长蔡元培、上海博物院院长徐森玉、辛亥革命元老张钫等名人学士纷纷慕名前来拜访，并购买他收藏的珍贵拓片及墓志原石。

1939年，郭玉堂先生集毕生精力著成《洛阳出土石刻时地记》一书，并请时任河南大学校长的新安人王广庆为该书校录、作序。全书共记载了从洛阳邙山出土的3290方碑刻墓志的出土时间、地点及经过，为后来考古工作者进行考古发掘、考证陵墓等提供了重要依据，也为历史学家考究贡献了珍贵的原始材料，极大补充了文献记载的不足。郭玉堂先生此举功莫大焉！

提起"千唐志斋"，有一个人必然要提起，这个人是新安县磁涧掌礼村人王广庆，王广庆是张钫先生的同乡及朋友，著名的碑拓专家、训诂专家，也是为"千唐志斋"起名的人。王广庆早年随张钫在陕西从军反清，后留学日本，回国后赴政从教，曾任河南大学校长，专心研究国学，极有建树，对河洛出土古物颇为关注，因此也极力帮助张钫进行收集墓志石刻的工作。

张钫是辛亥革命元老、职业军人，他对洛阳邙山一带出土墓志的收藏应该说是一件非常了不起的事情，避免了重要文物的大批外流；在收藏过程中，得到了郭玉堂、王广庆等拓片商、大学者的极大帮助。"千唐志斋"是那个时代特有的产物，凝聚了墓志石刻爱好者非常多的心血。同时"千唐志斋"也是那个时代出土文物的一个缩影，正因为有张钫等人的青睐，这一批特殊的文物得以幸存于世，事实上还有更多的文物没有那么幸运，被盗掘、被外国人盗掘的例子亦不在少数。

"千唐志斋"是洛阳文化旅游新的亮点，其重要价值在于它的独特，在于它的故事。独特在它是一部石刻的唐代历史，以如椽的大笔叙述着那段难以湮灭的历史；独特在那个时段，那个叫张钫的人物，以自己的胸襟、物力、财力在倾情收藏着那些看似无情、实则是倾国之情的冰冷的石头。张将军云："谁非过客，花是主人"；实际上更进一步讲，花是过客，石是主人！

悠悠多少事　女皇武则天

洛阳文化博大精深，从古到今探索总结洛阳文化的专家学者比较多。从文化的角度来看，洛阳确实有许多可圈可点的精彩内容。打破惯用的方法，笔者认为，洛阳文化中重要的人与事要进行归纳总结的话，能代表洛阳文化且有影响的人物，千古一帝武则天应该算一位，而且是非常重要的一位，她像流星划破天空，极大地影响了中国的政治生态及政治走向，在历史上留下浓重的一笔。

武则天，是中国历史上唯一的女皇，在中国政治史、文化史、经济史上占有重要地位。武则天，又名武曌（公元624—705年），并州文水（今山西省文水县）人。唐朝至武周时期政治家，武周开国君主（公元690—705年在位），也是中国历史上唯一的正统女皇帝，即位年龄最大（67岁）及寿命最长的皇帝之一，活到了82岁。

武则天是荆州都督武士彟次女。14岁时进入后宫，为唐太宗才人，获赐号"武媚"。唐高宗时封昭仪，永徽六年（公元651年）在"废王立武"事件后成为皇后。上元元年（公元674年）加号"天后"，与高宗并称"二圣"，参与朝政。高宗驾崩后，作为唐中宗、唐睿宗的皇太后临朝称制。天授元年（公元690年），武则天称帝，改国号为周，定都洛阳，称"神都",建立武周。

武则天在洛阳留下的遗迹比较多,龙门奉先寺卢舍那大佛据传是她捐献脂粉钱修建的;明堂天堂是她留下来的,现在这两个景点就是在原来基础上复建的,已经成为宣传洛阳的两张突出名片。洛阳明堂是武则天所建的建筑,用作朝会诸侯、发布政令、秋季大享祭天,并配祀祖宗等。天堂是武周紫微城内的礼佛堂,寓意"至高无上之堂",亦名功德堂、通天塔、通天浮屠,公元689年武则天建于神都洛阳,位于紫微城核心区,正殿明堂的北侧。

武则天执政时期,进行了一系列治国理政改革。首先是不拘一格选拔人才,她广开渠道,广泛选拔人才,不看资历,不问出身,唯才是举,亦可自荐。对有特殊才能的人,她亲自考试,"殿试"自她开始。凡是有才能的人就得到重用,不合格的人立刻罢免。其次是开设了武举科目,发展和完善了科举制度。她当政时期,人才济济,堪比贞观之治时期。武则天前后任用的宰相有李昭德、魏元忠、杜景俭、狄仁杰、姚崇、张柬之等,镇守边关的武将有师德、郭元振等,她任用这些能臣干将,从而使政权稳定,免于内乱、外患之苦。

武则天除用人上不拘一格外,还致力于打击门阀贵族。武则天掌握政权后,将当时的宰相长孙无忌、褚遂良等保守派贵族赶出了中央权力中心,在一定程度上打击了保守势力,为社会进步和经济发展创造了有利条件。此外,武则天大力促进经济发展,十分注意农业发展,组织编撰了《兆人本业记》作为州县劝农的参考文本。同时她还关注地方吏治,这在很大程度上促进了农业、手工业以及商业的发展,推动经济实力增长,百姓得到了实惠。

武则天在抗击外来入侵,保护边境安宁,改善相邻各国的关系方面做了很多努力并有很好的效果。对吐蕃贵族的入侵和骚扰,给予坚决抵御和反击。收复安西四镇，复置安西都护府于龟兹。后又在庭州设置北庭都护府，巩固西北边防，打通了一度中断的"丝绸之路"。在她施政的年代，坚持边军屯田的政策。天授年间，娄师德检校丰州都督，"屯田积谷数百万，兵以饶给"。大足元年（公元701年），郭元振任凉州都督，坚持屯田5年，"军粮可支数十年"。武氏的这种大范围的长期屯田，对边区开发、减轻人民转输之劳，以及巩固边防都有着积极的进步作用。

武则天在任期间重视文化发展。唐人沈既济在谈及科举制度时说道："太后颇涉文史，好雕虫之艺。""太后君临天下二十余年，当时公卿百辟，无不以文章达，因循日久，浸已成风。"沈既济这些话包含了丰富的内容。一是武则天重视科举，大开志科；二是当时进士科和制科考试主要都是考策问，也就是申论；三是武则天用人不看门第，而是看你是否有政治才能，因此特别注意从科举出身者中间选拔高级官吏。科举出身做到高级官吏的人越来越多，这就大大刺激了文人学子参加科举的积极性，同时也刺激了一般人读书学习的热情，这就是沈既济所说的"浸已成风"。

武则天对佛教传播方面也是有贡献的。作为一个盛世皇帝，她在位期间对国内知名的高僧都给予很高的礼遇。天册元年（公元257年），义净三藏自天竺取得梵本经论约400部，共有50万箧，佛陀舍利300粒，回到洛阳，武则天亲自到上东门外拜迎佛经。后敕请法师翻译佛教经论，初与实叉难陀法师翻译《华严经》，在长安三年译《金光明最胜王》等经，由成均（大学）助教监护，武则天则亲制新经圣教序。武则天曾诏请嵩岳慧安禅师入宫，亲自行跪拜礼，朝夕问道，并尊慧安禅师为"国师"。北宗神秀以90高龄入宫，博得武则天尊崇，受赐"两京法王主三帝国师"的尊号。武则天尊佛礼佛信佛，当时王公以下闻风来谒者望尘拜伏。

  一代女皇武则天励精图治,敢为天下先,在历史上留下许多佳话。"香山赋诗夺金袍"、捐脂粉银修建卢舍那大佛、书丹升仙太子碑、奇思妙想造文字等,当然,批评诋毁她的也有,牝鸡司晨、独断专行、重用酷吏、好大喜功、迫害李唐宗亲……历史呈现是多维度的,仁者见仁,智者见智,但好在历史是真实的,但愿后人能透过迷雾看到真相。

  人无完人,金无足赤。武则天不是一个完美的皇帝,她有她的一定贡献,她也有她的局限,但客观、辩证地看,她是一个有作为的皇帝,功大于过的女皇。她的出现,不能不说是中国历史上一道亮丽的色彩。因此,在诉说洛阳历史、洛阳文化的时候,不能不提到武则天。

明朝洛阳遗事

洛科院依山傍水,风景优美,所依的山叫邙山,邙山在洛科院这一段也叫魏山,魏山是著名的风水宝地,明代的王——伊厉王的墓葬在魏山上。伊厉王朱䵣(公元1388—1414年)是明朝宗室,明太祖朱元璋第二十五子,永乐六年(公元1408年),八月十二日就藩洛阳。永乐十二年(公元1414年)九月二十五日去世,他在位23年,享年26岁,他死后礼部以朱䵣屡受戒喻仍不改其恶行的缘故,向明成祖建议追削朱䵣爵位并以庶人之礼安葬,明成祖以悼念朱䵣之故,下令不削朱䵣爵位,但恶谥为厉,10年后其子朱颙炔嗣位,是为伊简王。

魏山也是"龙脉"之一,明伊厉王墓位于新安县磁涧镇老井村,地势北高南低,墓呈覆斗形,周长94.2米,现存封土残高10米,封土经过夯打,夯层明显,土质为黄褐土,土质较硬,神道位于墓室南侧,墓前东西两侧残存碑刻两通,距墓室35米,两碑之间距9米,高出地面90厘米,一为景泰元年代宗朱祁钰继位之后,为追惟宗亲,派工科给事中奚伦立的致祭碑;一为天顺元年英宗朱祁镇第二次复正大位后,派道政司左参议兼翰林院侍讲刘定立的祭文碑。

明代的王府分散在全国各地,明帝的儿子除太子外一律封亲王且世袭罔替，并不递降。亲王世子袭封亲王爵位，其余诸子皆封郡王，皇子成年后，若不能成为太子，就要在被封王后前往封地就藩，也就是到自己的封地上去居住。明代亲王封地都是比较大的城市或富庶的地方，亲王终生在那里度过，不许随便出城或回京。洛阳封的伊王就有8代，后来封在洛阳的还有福王，洛阳老城青年宫就是原来的福王府，原址现存两尊明代的石狮子。

明代的福王有两代2人。朱常洵，亦称福忠王，俗称老福王，明神宗第三子，母亲郑贵妃，南明弘光帝朱由崧的父亲，生于万历十四年（公元1586年），母亲郑贵妃恃宠，欲立其为太子，遂引起国本之争。万历二十九年（公元1601年）十月十五日册封为福王，就藩洛阳，得庄田两万顷，盐引千计。万历四十二年（公元1614年）三月，福王迁移洛阳府邸。崇祯年间，老福王沉湎酒色，肆意聚敛财富。从移居洛阳到殒命，福王在洛阳生活了28年。崇祯十四年（公元1641年）正月二十一日李自成攻克洛阳，老福王被杀，享年56岁。崇祯皇帝赐谥曰"忠"，故称"福忠王"。

另一位福王是老福王之子，也是明安宗朱由崧（公元1607—1646年），南明皇帝。明思宗殉国后，1644年5月朱由崧被四镇拥立于南京，改元弘光，建立弘光政权，在位仅一年。弘光元年（公元1645年），清军南侵，朱由崧被叛将田雄出卖，押往北京，翌年被清军杀害于北京，后葬于河南洛阳孟津东山头村。这样父子两代两位福王都葬在了孟津邙山，不过是一个在东，一个在西，留下的是相对无言的遥望！

关于老福王被李自成抓到后与鹿肉一起炖了的所谓"福禄宴"的事，民间有传说，正史上没记载。李自成攻陷福王府后，福王一家坠城而逃，福王因体重行动不便，躲在洛阳的迎恩寺避祸，后被抓遇难，同时遇难的还有新安的吕维祺等人，吕维祺曾任南京兵部尚书，是著名的理学大师。崇祯皇帝在接到福王被杀的消息后辍朝三日,祭葬从优,一切丧礼较其他藩王倍厚,赐谥忠王。崇祯十六年(公元1643年)正月初八日福王葬于邙山之原,即现在孟津区麻屯镇的庙槐村。

明代洛阳的两位福王,即老福王、小福王都是龙子龙孙,把此王封在洛阳足见皇帝对其重视,洛阳是历史上的"龙脉"所在,富甲全国,地位极其重要。而这两位福王实际上也是皇帝,小福王朱由崧从洛阳跑了以后,后被拥立为南明皇帝,是为明安宗,简皇帝;其父后被明安宗追认为皇帝,是为明恭宗。这样说来,洛阳的福王府也是"皇帝"府,出了两位皇帝,这在明代的诸王中是十分罕见的。同时也说明洛阳在明代的地位重要,也填补了洛阳明代不是都城,没有过皇帝的遗憾。

明朝时期洛阳是衰落的,但在文化上洛阳这个时期是高地,是北方学术文化的高地。此时涌现了许多学术上的"大咖",尤时熙就是其中著名的一位。尤时熙(公元1503—1580年),字季美,号西川,洛阳人,明代著名理学家,嘉靖元年(公元1522年)举人。他历任河北元氏、山东章丘学谕和国子学正、户部主事,著有《拟学小记》《圣谕衍》等。当时,哲学家王守仁(字伯安,别号阳明)的《传习录》刚刚问世。《传习录》是根据王阳明与众弟子及友人的讲话记录编纂而成的,是一部集中反映阳明心学思想的哲学名著,阳明心学的主要思想诸如"心即理""知行合一""致良知""万物一体"等,在书中一览无遗。

王阳明的《传习录》不像其他哲学著作那样晦涩难懂,通篇文字活泼、事例生动,启迪弟子的方法又很丰富。但是,这部著作在当时并不为士大夫们所接受,他们竭力排挤。而尤时熙却偏偏喜欢《传习录》,他读完此书,如醍醐灌顶一般,感慨万分,连连称赞:"这才是我苦寻的真理啊!"对之推崇备至,悉心钻研。

尤时熙读了王阳明的《传习录》,"始信圣人可学而至",也常为不能师从王守仁而深感遗憾。后来,听说工部郎中刘魁是王守仁的弟子,深得王氏真传,尤时熙便拜刘魁为师,成为王守仁的再传弟子。刘魁因直言上书惹怒嘉靖皇帝被捕入狱,尤时熙仍从学不辍,遇到疑问,即到狱中,一面探视恩师,一面向他求教。尤时熙对王守仁非常敬重,他辞官归家之后,在堂中设王守仁之位,每天清晨必焚香肃拜,来他家求学之人也必须敬拜。

自宋代程颢、程颐在洛阳创立"洛学"之后,以洛阳为中心的河洛地区就成为理学名区,崇理风尚浓厚。明代中后期,王阳明心学大兴,文人学者云集洛阳,这里又成为王阳明心学在北方传播的重镇,王阳明心学的北传也为北方理学的发展注入了新的活力。王阳明心学入洛便始于尤时熙。尤时熙在章丘任职时,淡泊名利,一心兴办教育。他辞官回乡后,在洛阳讲学30余年,一直以教书著述为业,传播王阳明心学,兼容传统理学,成为北方王门学派的重要代表人物之一。

尤时熙在政治上提倡德政,认为德政包括爱民、养民、理财三个方面。所谓爱民,即孔子说的"泛爱众而亲仁",既爱自己,也爱别人,如果利君不利民,利己不利国,利诸侯而不利天子,都不能算作仁。养民要体味百姓生活的艰难,要薄赋税、重农桑。理财则要注意节俭,不可见利忘义。

尤时熙任户部主事时,有一次受命到浒墅关(在今江苏)负责收取盐业等专卖税。他秉公办事,"课足而已",不多收乱收,清正廉洁,既保证了国家税收,又保护了工商业的发展,得到朝廷及当地工商业主的好评。明万历八年(公元1580年),78岁的尤时熙在洛阳去世,世称他为"西川先生",即是对他学术及品质的赞扬。

明代的洛阳,学术大家颇多,前已叙述过尤西川先生,他是把阳明心学引入豫西的第一人。还有一位曹端先生,学术地位也不一般。曹端（公元1376—1434年），字正夫，号月川，河南渑池人。明初著名的学者、理学家。其学以躬行实践为务，而以存养性理为大端，对理学重要命题多有修正、发挥，被论者推为"明初理学之冠"。他生活在"洪武、永（乐）宣（德）之际"，天资颖异，"少负奇质，知读书"。5岁时，见到号称中国古代哲学之源的《河图》《洛书》，竟画地以质其父，其父竟被问倒。

曹端勤学好读，15岁后，曾从事农耕，业余刻苦读书，"座下着足处两砖皆穿"。17岁时，他已博览群书，专为自己构一书室，自名曰"勤苦斋"，以陈经籍。18岁，开始专习儒业，师事宜阳马子才、太原彭宗古，"游乡校"，成为秀才，此时他已打下深厚的儒学功底，"博通五经"。明永乐六年（公元1408年），33岁的曹端参加了河南乡试，考中第二名；第二年，又参加了京城的会试，以副榜（乙榜）第一的身份被授为山西霍州学正（州里主管学务的官员）。从此曹端步入仕途，在从政、从教之余，潜心理学研究。

宋代是中国理学的鼎盛时期。周敦颐、程颐、程颢等首创理学，他们把"理"或"天理"说成是宇宙万物的本源，所以称为理学。宋亡后元朝时期，汉文化受创，理学式微，渐趋湮没，成为"绝学"。身处河洛名区、理学之乡渑池的曹端，便"首起崤渑间，倡明绝学"。在从政以前，曹端已拳拳服膺于程朱理学思想，由此上追至宋儒周敦颐，仰慕周的哲学，取法周《拙赋》之意，名其书室为"拙巢"以自勉。到霍州后，仍用"拙巢"为其书房名称，"以示不忘其初之志"。

曹端在学术上虽有师承，但也独辟蹊径。他上尊朱熹，提出了"理驭气"说，主张于心上做功夫，继承并发扬了理学思想，倡导理学正统。基于此，他反对"一切虚浮、巫觋、风水、时日"等封建迷信活动，在他倡导下，官府毁坏坑骗群众的"淫祠"百余间。在治学上，他推尊"太极",认为这是事物的本源,是"理"是"道"。他说:"学欲至乎圣人之道,须从太极图上立脚跟。"又曰:"道即太极,太极即道,以通行而言则曰道,以不杂而言则曰一,夫岂有二焉。"

曹端的"道即太极,太极即道"的一元论观点是唯物的。同时,他的哲学思想也是发展的,他不赞同朱熹的太极"不自会动静"一说,认为太极会自动静,认识到了太极对事物的能动作用。由朱熹上推至二程之师周敦颐,重新为周敦颐的《太极图说》作了有一定新意的注解。

曹端为学刻苦专一,躬行实践,重视言传身教。因此,在传授知识的同时,注重以德服人,知行合一,向学生传授做人的方法。曹端在霍州十余年,修明正学,政绩颇佳,因而得到四方学人的敬慕,争相投其门下受教,"闻风来学者数百人","诸生服其教,郡人皆化之,耻争论"。后来因父母去世,他归返故里渑池,庐墓6年,霍州诸生不远千里,"多就墓次受学",亦吸引许多当地学子。

曹端的道德修养方法是"事心之学",特别重视心之未发时的"预养"功夫,主要是"诚""敬"二字,"诚"是虚静无欲,继承了二程哲学;"敬"贵自思、自省,修身养性,暗合陆、王"心学"。曹端认为"孔颜之乐是仁者之乐",能修身的"仁者"自然常乐。朱熹排斥陆、王的心学功夫说,曹端能兼收并蓄,心底广阔,这一点上为朱熹所不及。

曹端在为政方面,也颇有建树。曹端首倡为政要"公廉"。霍州知府郭晟向曹端请教为政之道。曹端说:"其公廉乎?公,则民不敢谩;廉,则吏不敢欺。"郭晟深服其教。在曹端死后百余年,明代另一学者洪应明在其所著《菜根谭》中,才提出了"公生明、廉生威"的论断。所以曹端倡导的"公廉"二字竟成为明清两代之官箴。

曹端在霍州讲学时,霍州学界名人李德对曹端评价甚高,他对学生说:"学不厌,教不倦,是曹子的盛德啊!至于他知古今,达事变,这一点后学很少有比得上的。古语说,得经师易,得人师者难,你们得到了人师啊!"于是他避席不在霍州讲学。曹端知道后,虚怀若谷,同样认为李德品行高尚,学问精佳,让学生们挽留李德一同在霍州讲学。这也是文坛上的一段佳话。

曹端把倡明理学作为自己的奋斗目标,其著述很多,主要著作有:《〈太极图说〉述解》《〈通书〉述解》《〈西铭〉述解》《四书详说》《性理文集》《夜行烛》《拙巢集》《存疑录》《〈孝经〉述解》《训蒙要纂》《家规辑略》《录粹》《尤文语录》《儒学宗统谱》《月川图诗》《月川诗文集》等。清代张璟又集曹端遗文8种,合刊为《曹月川先生遗集》。

曹端理学思想对明代有很大影响。明代学者陈建所著《通纪》曰:"本朝武功首推刘诚意(即刘基),理学肇自曹静修(曹端)。"可见评价之高。《明史·曹端列传》称他为"明初理学之冠"。明宣德九年(公元1434年)九月,曹端病死于霍州学正官署,享年59岁。曹端为官清贫,无力归葬,权葬霍州。明正统十二年(公元1447年),翰林学士黄谏捐资,才将其迁回渑池曹滹沱村安葬。至今曹端墓尚存。

明朝洛阳一带是理学高地,著名的思想家有尤时熙、曹月川、孟化鲤、张信民、吕维祺等。张信民(公元1563—1633年),字孚若,号抱初,明代著名的理学家,河南义马张马岭村人,当时属渑池县管辖。张信民少年时就勤奋好学,并立志效法渑池名士曹端,他找来曹端的许多理学著作仔细研读,同时在父亲的指点下,就读于新安县名士孟化鲤(号云浦)门下。在曹、孟的影响下,他长进很快,20多岁考上了拔贡,40多岁被皇上亲批为关中陇西县县令。

张信民在陇西县县令任上刚正不阿,办事严谨,因而得罪了不少地方权贵,他虽有满腹经纶,却仕途坎坷,充满艰辛。万历三十四年(公元1606年),陇西县发生了一桩命案,罪犯王小六为强占一家店铺,将一商人打死,被陇西县县衙收监。王小六一贯作恶多端,独霸一方,但其舅父的女婿是吏部的要员。所以,有些官员就网开一面,无人敢管。

张信民此时担任县令,按照大明律令,王小六应开刀问斩。但王小六的家人给张信民送来了很多礼金,也搞来了吏部的信函,劝其网开一面,放掉杀人犯,但是张信民软硬不吃,秉公执法,硬是在陇西县最繁华的集市上处死了王小六。张信民的这一举动,虽然深得民心,但也触犯了当朝权贵。吏部官员百般刁难,无事生非,撤掉了张信民的官职,因慑于民愤,改为关中臬司检校。

张信民在关中的几年里,不求仕途升迁,但求为百姓办事。他在处理公务之余,致力发展当地教育事业,使关中地区人才辈出,读书成风。后来,张信民被调任山西怀仁县县令。一到任,他就深入民间,查访疾苦。经调查,他发现怀仁县比较贫穷,许多百姓缺衣少粮,于是他先后组织垦荒1500余顷,招揽了1800多户农民耕种,并兴利除弊,兴办教育。后怀仁县民众为他建造生祠,以示感念。

天启二年(公元1622年),61岁的张信民辞官归家,在张马岭开办了当时豫西地区最大的一所民办学校——闇修堂书院。几年以后,随着闇修堂书院人才辈出,各方的资助也络绎不绝。于是,他在闇修堂书院的基础之上又创办了景运堂、绿野堂、同乐堂等书院,致力于后昆的培育事业。

张信民的另一个贡献就是大开讲学之风。张信民18岁和曹端六世孙曹营之女结为夫妻,伉俪相得。25岁时,他负笈投奔新安大儒孟化鲤门下学习儒学经典。两年后,在渑池主持讲会,从学者甚众,他"陶铸后学,反复忘倦"。孟化鲤至马岭观学后,感叹道:"吾道西矣!"就留渑数日,和张共同讲学。

张信民以"学之不讲为忧",于是大行集会结社,西与王以悟联会于陕州甘棠书院,东与吕维祺联会于新安芝泉书院,又在洛阳和理学家张见室联会,会况空前。渑池的上官捷科(后中进士)、宜阳的冯奋庸(理学家)、垣曲的王世封(著名学者)、绛州的辛全等,皆从其学,一时人才济济。他还联合河洛名士吕维祺、王以悟、张泰宇、王文苑、许松麓等大会于正学书院,研经商学。

天启元年(公元1621年),张信民成立了"真率会",建景远山堂于小东山巅,以课会士,并大会于新安川上书院等。此时魏忠贤当朝,学遭厉禁,乃"杜门玩易"。崇祯初年,魏党倒台,张信民名扬京师,巡抚吴甡友、运使李缉敬交相荐举,请他主讲"洛社",以至于"观者万人,仰如山斗","闻者莫不悦服",称他为"洛社真儒",乃至他逝世前已届古稀之年,仍在讲经论道,以文会友。

张信民除短短七八年时间做官外,几乎一生都在全力讲学,其著述有:《洛西三先生要言》《理学汇粹》《洗心录》等。其成就主要是倡明理学、崇正辟邪。张信民7岁时即遵曹端为程范,立德、立功、立言,专习儒业,以陆王"心学"为主,兼容程朱理学,取其合理成分。而对社会弊端、民间陋习着力批判,使民智得以启迪,归于理学之范畴,引领河洛学术风气之先。

张信民明道淑人,毕生为之。中国理学以教化为目的,心学乃是讲究主观精神与客观事物的合一,追求"诚""善""乐"的境界。张信民深悟此理。他在陇西、怀仁为官,在渑池等地讲学,都致力于"至道""真传",以至"英才类聚"。他说:"学以正为宗,远超寂灭虚无之教;道以中为至,近在饮食日用之常"。又说:"常自惺惺便是功夫","苦而不乐何以为学"。

张信民一生以"尽性达天""诚身明善"为宗旨。他早年号"抱初",晚年自号"洗心居士",乃是认为"人心至初,本然至诚、至敬、至明,与天地圣贤之心,愿无间隔,第为物欲习染……以至渐昏渐坏……学者苟能洗涤此心,以复其初,则与天地圣贤之心相会,而后见于处事接物,发于文章功业,自有不同乎人矣。"他这种独善其身、严于内省、将心比心的精神,才使其对理学作出了有益的贡献。

张信民穷理尽性,格物致知,重视心理体验,讲求知行合一。他将求学分为三层境界:"穷理""尽性""至命",并且认为这三层境界为一体,密不可分。他的致知,则是"致良知","良知是孩知敬孺慕的一点心肠","故讲学为吃紧功夫"。他说:"守心之法在守理","良知活泼是源头",追求"中庸"的真谛。

张信民将"慎独"二字解释为"学道",可见其志趣所在。他说:"人欲须从天理,天理中即有人欲",这种将天理和人欲统一的辩证观点是可取的。但是,他对"理""气""性"的解释,也有当时理学界的普遍困惑:"天命为人生之理,无气则理将安附,气在其中……此所谓性兼气质而言",则陷入了唯心主义的泥淖,这是其局限性的地方。

明崇祯六年五月二十八日(1633年7月4日),一代名儒、真儒张信民"端坐而逝",走完了他毕生追求的悟道之路,享年72岁。他去世后,为他送葬的有3000余人,其中有不远千里而来的学者、儒士,就连县城的士农工商也皆来送葬,以至"邑为罢市"。他用生命之烛照亮了后人研究理学的道路,他对河洛文化乃至中国哲学的贡献将为后人所怀念。

洛阳黄河纪胜

（上）

洛阳人过去喜欢说洛阳的河流是伊洛瀍涧，恰恰把最重要的河流黄河给忽视了。正确的表达应是黄洛伊涧瀍，不管是流域、长度、影响力、知名度、文化内涵等大致是这样。黄河是母亲河，尤其是小浪底水利枢纽的建立，黄河流域高质量发展的提出，黄河在洛阳发展中的意义非同寻常。洛阳几条河流中，重视黄河的研究与建设发展，无疑是大而又大的事情。

黄河在洛阳这个地方是中下游的分界线，过了小浪底，黄河就进入下游，进入下游就缺少了束缚，就像一条巨龙一样滚来滚去，故此就出现了数个的黄河故道，在高山峡谷运行，让黄河蕴藏了巨大的能量，进入平原，黄河的个性得到了极大释放，变得任性、桀骜不驯。

黄河在洛阳段有许多惊天地泣鬼神的杰作。最重要的就是发生在孟津区的"河出图"的故事。黄河长度约5464公里，为什么偏偏在这一段出现"河出图"的传说，这绝不是偶然的。因为这一段是中华民族文化的圣地，有蟜氏、女娲氏、皇帝、炎帝、伏羲等都在这一带频繁活动，留下许多遗迹及传说,而"河出图"则是文化发展到一定阶段的产物。

关于河出图,说法很多,如星汉图、图腾崇拜、八卦图、数字推演、文字雏形等,不一而论。从文明发展的进程来看,河出图是远古文明的一种表达,一种由结绳记事到更高文明程度的一种表达,一种初级记事向高级记事的一种表达。由于掺杂了太多的东西,让人们看起来充满了迷雾及神奇,实际上,透过现象看本质,它远没有那么复杂,它就是早起先民的一种文明的表达形式。

河图表达的东西很多,比较复杂,经过后人的加工后更加复杂。河图表达的是数字、表达的是方位、表达的是图形、表达的是地理、表达的是天文、表达的是事物之间的关系等,这些东西,在远古时代,是人们认识的最高水平,其中包含了朴素的辩证法、包含了时人的世界观等。这些东西,是人类进步的阶梯,为后人提供了了解世界的方法甚至范式等。

黄河进入孟津,有著名的柏崖城遗址。柏崖城在现在的孟津区小浪底镇河清村西,是一座历史名城、军事要塞。柏崖城因柏崖山而得名,柏崖山为河清村西之高山,为寺院坡村与河清村交界的一座名山,位于小浪底大坝南岸。柏崖山海拔500余米,扼黄河进入华北平原最后一道峡谷出口,因山北悬崖壁立千仞丛生古柏而得名,是享誉中原的文化名山、军事要塞、道教圣地。

柏崖城是西魏枭将河南王侯景为控制黄河南岸小浪底河清两个渡口而建。公元602年隋大将黄君汉率军守柏崖城,秦王李世民将克洛阳,黄君汉献城降唐;唐高宗咸亨四年(公元673年)在此置柏崖县;公元733年,度支裴耀卿在柏崖城下筑柏崖仓创建东西两京漕运的重要官仓;公元761年,唐朝大将李光弼修葺加固柏崖城抗拒叛将史思明,由此可见柏崖城军事地位、经济作用之重要。

柏崖山、柏崖城是黄河岸边重要的军事据点，乃至发展为地方政治中心，先后设柏崖县、河清县等治理孟津等区域。在柏崖山东侧，还有著名的关隘——窄口关，窄口关在孟津小浪底镇李家岭村北窄口村，历史上这一带是驻军的地方。窄口关向南直达北马屯、长袋、南麻屯、望朝岭，是洛阳北边的门户及官防大道、战略通道。

河清县曾是孟津县的别称之一，顾名思义，黄河之水到此清澈了，也寓意天下太平了，海晏河清大致说的就是这个意思。唐先天元年（公元712年）方有河清县之名，属河南府管辖，宋开宝元年（公元968年）徙县治于白坡镇（孟津区吉利域内），仍属河南府；金熙宗天眷三年（公元1140年）河清县改县名为孟津，县治从黄河北岸白坡镇迁至孟津渡（河南孟津县会盟镇花园村）。

孟津河清一带人文积淀深厚，有柏崖山及柏崖城，还有许多非物质文化遗产方面的东西，如李家岭村的"竹马"表演远近闻名，每年正月十六、正月十七演出，已传承了几百年，据说传自明代此地屯守的守卫河防的军队，后来这支军队留下来了，成为了当地的"土著"，这门绝技也流传下来了。李家岭的"竹马"就像折子戏，能表演很多项目，全村的年轻劳力大都会表演。

孟津区小浪底镇李家岭村是传统文化名村，除了有黄河岸边重要的关隘——窄口关，非物质文化遗产——"竹马"表演，还有民国时期的重要建筑——戏台等，此外还出现了一位重要人物——李春松，人称"活神仙"。李春松是清朝末年人氏，以给牛、马、骡治病名扬黄河两岸，留有专门给牲畜治病的绝代专著——《世济牛马经》，填补了豫西乃至河南兽医医疗方面的空白，如今，在李家岭村留有纪念李春松先生的纪念亭。

谢家庄石窟是孟津区黄河岸边一座北魏小型摩崖造像石窟，石窟搬迁后坐北朝南,平面略成梯形,后壁宽3.80米,高1.66米,前壁宽4.60米,两壁长1.70米,总高约3.00米。石壁上方原有建筑遗迹(橡孔),即木构前室,现仅存橡孔。石窟主像是禅定结跏趺坐佛,坐于狮子座上,头已残,坐佛着双领下垂袈裟,内束一带,像高0.90米,座高0.60米。

谢家庄石窟主像之右胁侍似为一弟子,头已毁,弟子手持净瓶,立于圆形莲座上,通高1.14米;主像之左胁侍似为一菩萨,头已毁,仅存宝缯,立于圆形莲座上,通高1.14米。弟子之上浮雕3个供养天人,菩萨左右浮雕4佛。石窟北壁上方浮雕5人骑马出行及持伞侍从人物;东壁上方刻6人作供养姿态;西壁残存1坐佛2菩萨,风化破坏比较严重。整个石窟为北魏迁洛初期作品,距今约1500余年。

洛阳段黄河岸边的石窟寺还有吉利的万佛山石窟。万佛山石窟位于孟津区吉利乡柴河村北部的山岭上,"北依太行山,南近混流(黄河),左枕黄岭,右跨湛河",是说它北依太行山,南近混流黄河,东边是逶迤起伏的黄岭,当地人称北邙或紫金山,西有湛河水自北向南顺流而下。现存的万佛山石窟分为上、下两寺院,上寺院建在半山腰,下寺院在山崖下,现有窟龛6个,造像300余尊,洞窟大多坐北向南。

万佛山石窟上寺院有大佛龛、莲花洞、双窟、千佛龛;下寺院有神游洞、锣鼓洞。除千佛龛在开山取石修铁路时被毁坏,无法判断其开凿年代外,其他均为北魏孝文帝迁都洛阳后至宣武帝时期的遗存,略晚于龙门石窟的开凿;万佛山石窟造像一直延续到唐代,万佛山石窟尽管比龙门石窟稍晚,属于龙门石窟直接影响下的"卫星"窟,但该石窟群的窟型既非龙门石窟单一毗诃罗窟,又非巩县石窟寺单一的支提窟,而是二者兼而有之。

万佛山石窟从现有的窟龛来看,双窟、莲花洞、神游洞皆为以三世佛为主像的毗诃罗窟,而锣鼓洞则为支提窟。万佛山石窟的艺术表现手法更多地保留了大同云冈石窟的特点风貌，除锣鼓洞、大佛龛、千佛龛外，皆为三世佛窟，这是该窟群的显著特点。另外，一组双窟莲花藻井中的太极图，证明万佛山石窟与敦煌莫高窟、龙门石窟古阳洞一样，在清末是道教信徒活动的场所。

洛阳黄河段有许多著名的渡口，如西沃渡口、狂澜渡口、河清渡口、白鹤渡口、老城渡口等，这些渡口在历史上乃至今天发挥了极大作用，方便了两岸交通，有利货物往来，拉动了经济发展。当然，也有重要的军事意义，特别在乱世，在战火频繁的年代，渡口的作用、关隘的作用就极为明显。可以说，黄河就是洛阳北边的天然屏障，黄河安则洛阳安。

洛阳新安黄河段有著名的八里胡同。八里胡同是一段长达4公里的黄河峡谷，地势险要，是古代黄河漕运的一处瓶颈。其两侧栈道修凿于汉代，后经历代多次重修，至今尚有数百米遗迹留存。在栈道的石壁上，凿有大量的方孔洞、牛鼻孔，纤夫遇到风急浪高等险情时，可以用来挽系纤索。如今，八里胡同已成黄河有名的景观，乘船荡漾其上，心旷神怡，蔚为壮观。

黄河在新安县的古渡名气比较大的有西沃渡口与狂口渡口，是沟通黄河两岸的重要渡口。西沃古渡位于黄河八里胡同东出口，是许多历史事件的见证者。过去，这里是晋南、豫北与豫西之间的重要通道，如今已成小浪底万山湖景区的一部分。这里过去有西沃石窟，因修建小浪底水库的缘故，西沃石窟已整体迁移至千唐志斋。

黄河新安段有著名的北魏石窟——西沃石窟。西沃石窟位于新安县正北40公里西沃村东、黄河南岸的垂直峭壁间。西沃石窟是1975年开山修路时被发现的，1984年洛阳市文物普查中被命名为西沃石窟。西沃石窟距今已有1400余年的历史。因为这里处于小浪底水库淹没区，后将石窟整体搬迁到千唐志斋，进行了异地复原。

新安西沃石窟由两部分组成，一部分稍大，长宽高各约2米，内有石雕佛像11尊，顶部有浮雕莲花、飞天，题记为"邑主王俊达发愿修造"，建于北魏孝昌年间；另一部分稍小，内有石雕佛像7尊，建于北魏普泰元年。窟外有浮雕石塔4座。附近石壁间还有大量浮雕石佛、宝塔，总计浮雕佛像达278尊。雕凿时间与龙门石窟及巩义石窟相近，具有独特的造像风格及较高的艺术价值。

狂口古渡在西沃渡口东边，亦是黄河新安段的重要渡口，位于黄河南岸的仓头镇狂口村，如今已淹没在小浪底库区的水面之下。狂口得名，与明代河南巡抚李宗枢有关，李宗枢在晋豫边界的险要之处筑城设关，"扼要害，禁侈奢，画便宜"，以保河南即洛阳安全。狂口地处晋豫要津，他在此设立城垣，并在南北城门皆题"天限狂澜"4个字。从此，这里被称为狂澜镇、狂口渡。

狂口历史上名气很大，据《新安县志》记载，清乾隆年间当地曾设狂口镇，民国时称挽澜镇，后改称狂口村。这里出产优质硫黄，采煤业也很发达，长期以来贸易繁荣。如山西垣曲的棉花、陕州的食盐、新安的瓷器等，都先在这里汇集，然后被运往洛阳、郑州等地。由于水运便利，客商络绎不绝，狂口古渡日渐繁忙，当地的商行、客栈等也越来越多，仅大型山货铺就有20余家。每到秋末冬初的农闲时节，这里有持续多日的古庙大会，人头攒动，一派热闹景象。

汉末到明清，狂口一直就是黄河中下游著名的千船竞发、万商云集、日进斗金的重要渡口，素有"天下有两口，数罢汉口数狂口"之誉。1947年，刘邓大军（晋冀鲁豫野战军）所属陈谢兵团，执行中共中央、毛主席"强渡黄河、夺取南征胜利"的伟大战略部署，于8月22日至23日凌晨从狂口强渡黄河天险，分别进军新安、横水、洛阳、铁门、渑池等地，揭开了中国人民解放战争战略进攻豫西的序幕，为中国人民的解放事业作出了历史性贡献。

洛阳市范围的黄河段重要渡口比较多，除提到的新安县的西沃渡口、狂口渡口外，孟津区境内至少有河静渡口、白鹤渡口、铁谢渡口、花园渡口等。渡口是两岸交往的重要通道，是物资交流的必由之路，因孟津诸多渡口的缘故，诞生了一个重要的地方——海资，就是各色物资像大海一样充裕，后来改为"朝阳"，即孟津区的朝阳镇。海资是渡口经济、集市经济发达的产物。

过了小浪底，黄河有著名的河清渡，也叫峡石津，位于今孟津区白鹤镇河清村，为历史上著名的河清城所在地，亦是历史上风云际会之处，既是黄河两千年名渡峡石津（河清渡），又是京都洛阳极为重要的黄河门户之一，为军事渡口和交通、漕运要地。自秦汉以来为原孟津古县治所在，更是漕运粮仓唐柏崖仓所在，历史悠久，文化深厚。如今河清村尚存城池渡口遗迹。

孟津河清得名是有讲究的，河清，取之于"海晏河清"，意为天下太平，黄河澄清，有美好的寓意。从自然地理来看，河清位于小浪底以下，水流趋于平缓，泥沙沉积，河水变得清澈。河清村位于孟津区白鹤镇的最西边，西与小浪底镇的寺院坡村接壤，南与牛王村交界，东邻曙光村，北临黄河。河清村是孟津最古老的村之一，是洛阳市新石器时代古文化遗址之一，是孟津古县城所在地。

河清在公元前21年为平阴县城，三国魏文帝黄初元年（公元220年）在此设河阴县，公元713年改为河清县。历史上黄河船运繁忙，河清位于黄河中下游衔接处，河清渡口历史上曾起到过重要作用，是华北通向中原黄河上的重要交通线，历来就是兵家争夺之地。在抗日战争和解放战争中，它是我党我军战略上的生命要地，皮徐支队就是从这里渡过黄河，在黄河以南开辟抗日根据地及投入解放战争的。

河清渡口顺流而下,有著名的白鹤渡口。白鹤渡口位于白鹤镇鹤西村,相传是七古津中的"平阴津"所在地。公元前205年,汉高祖刘邦从黄河北岸南渡平阴津抵洛阳。宋开宝元年(公元968年),孟津县城迁到此处,白鹤古渡开始繁荣,宋朝还把官方驿站设在白鹤渡。白鹤渡口最繁荣时,设有造船厂、修造厂、冶铁社、装卸社、转运社、骡马市、大型仓储等。配套的还有各种服务业态如饭馆酒馆旅店裁缝店等。

　　黄河洛阳段全长97公里,孟津段全长59公里,占黄河洛阳段的几乎三分之二。孟津黄河段历史上有七大古津,即盟津(亦名孟津)、富平津、小平津、碛石津、平阴津、委粟津、冶坂津。而孟津,是当时这一带渡口群的统称。历史上,孟津古渡群有极重要的地理价值,黄河自潼关到三门峡段为豫西大峡谷,河势险峻,水流湍急。至孟津以北河道展宽,水流缓慢,利于通航,黄河孟津段被称为孟津河。

　　黄河洛阳段渡口众多,白鹤渡以下就是著名的铁谢渡。如今此地名气比较大的是铁谢羊肉汤,铁谢羊肉汤是伴随着铁谢渡口的繁盛而兴起的。包括铁谢地界著名的皇陵——汉光武帝陵,这些都与渡口有关,至于此地是否汉光武帝陵已不重要,在百姓眼里,"刘秀坟"就在这里,铁谢渡就在这里,这就是历史,这就是口口相传的历史,尽管它与正史还有距离。

　　清代河南知府张汉认为,冶坂津就是铁谢古渡,"或云即古践土"。所谓古践土,就是春秋时期举行践土之盟的地方。铁谢古渡的繁荣,则在明代中叶之后。据《孟津县志》记载,明嘉靖年间,作为"官渡"的孟津渡曾移至铁谢镇,渡口设有官船和民船,为行人往来和商品运输等服务。到民国时,因为官船被毁,铁谢古渡改为民用渡口。抗日战争时期,由于这里有军队驻扎,古渡再次繁荣起来,号称"四省交通要道"。

黄河还有著名的花园渡口，在铁谢渡口东边，其位置在孟津区会盟镇花园村村北，黄河孟津段七古津中，小平津的位置就在这一带。"喧喧洛水滨，郁郁小平津。路傍桃李节，陌上采桑春……"在南朝人岑之敬的《洛阳道》一诗中，人们可以领略到小平津的风光之美。不过，更多时候，它的名字与战争连在一起，在古代是各方争夺的重点。

在全长97公里的黄河洛阳段中，偃师段只占1公里，却拥有一个十分重要的黄河渡口——杨村古渡。杨村位于偃师区顾县镇东北，坐落在伊洛河畔，南临310国道，北和偃师市城区隔河相望。杨村渡口，历史上有着特殊的重要位置，为出轩辕、通颍许的必经之处。系古时洛阳往南方域外的交通要道，是兵家必争之地，为偃师向南方的重要渡口。过去该渡口非常繁华，这里茶肆饭庄皆有，商家店铺云集。"杨村晚渡"被称为偃师八大景之一。

（下）

黄河是洛阳诸河中最重要的河流，黄河新安段、孟津段、偃师段，重要的事件及景观还是比较多的，"八百诸侯会孟津"应该是影响比较大的事件之一，也是孟津得名的来历。公元前1048年，周武王为了检验自己的号召力，试探各诸侯国的态度和商王纣的反应，举行了大规模的军事演习。周武王在孟津举行了浩大的阅兵仪式，史称"孟津观兵"。周武王在孟津检阅军队，一下竟然聚集了八百诸侯，但是武王发现几个大的诸侯国没有前来，于是毅然收兵回师，继续积蓄力量等待时机。

八百诸侯会孟津，或曰孟津观兵，实际上是一次周武王为灭商而做的军事演习和军事检阅。诸侯均力劝武王立即向朝歌进军，武王和姜尚则认为时机还不成熟，在军队渡过黄河后又下令全军返回，并以

"诸位不知天命"告诫大家不要操之过急。又过了两年,武王探知商纣王更加昏庸暴虐,良臣比干、箕子忠言进谏,一个被杀,一个被囚。太师疵、少师强见纣王已不可救药,抱着商朝宗庙祭器出逃。这种情况下,武王与姜尚认为灭商条件已完全成熟,遵照文王"时至而勿疑"的遗嘱,果断决定发兵伐商,并一举拿下朝歌。

洛阳黄河段的3个县,都是历史上有名的县城,历史悠久,文化积淀深厚,孟津很大程度上与八百诸侯会孟津有关,偃师亦是。偃师源于"掩师",即偃旗息鼓,不让人看出军队征战的端倪。《史记·周本纪》:"(武王伐纣回师途中)营周居于洛邑而后去,纵马于华山之阳,牧牛于桃林之虚,偃干戈,振兵释旅,示天下不复用也。"至唐朝德宗贞元十七年(公元801年),宰相杜佑在他编著的《通典》中说:"偃师,武王伐纣,回师息戎,遂名偃师焉。"

黄河途经的新安,顾名思义,"新治久安"也,简称"新安",当然,还有一种说法,秦始皇二十六年(公元前221年)始置新安县,以"新安"名县,以示"安定"。为什么取名新安县呢?大概因为该县设县时晚于周边的渑池、宜阳、孟津等县,故取名新安。秦朝就设置了新安县,已有2200多年历史了,应是名副其实的历史名县。新安、孟津、偃师濒临黄河,是洛阳北边的天然屏障,而且,这3个县都与军事及洛阳安稳有很大的关系。

黄河是洛阳的"天堑",即天然的防护屏障,洛阳屡为帝都,这也是优势条件之一,西有崤函,北有邙山黄河,南有嵩岳,东有虎牢成皋,洛阳城固若金汤,加之洛阳又为天下之中,在漫长的封建社会,此等地理位置,放眼中国,实乃罕见,故而洛阳之治乃天下之治,洛阳之乱乃天下之乱,洛阳之安乃天下之安……洛阳是天下的"心脏",洛阳虽历经波折,但洛阳是永不陨落的太阳,屹立在祖国的中央。

洛阳名人与文化遗存 | 89

孟津黄河岸边有著名的东汉光武帝陵,尽管对此陵是否是光武帝陵有争议,但清代河南知府张汉对此有认定,加之民间已约定俗成,因此此处还是被认定为光武帝陵。汉光武帝陵,古谓原陵,当地亦称"汉陵",俗称"刘秀坟",是东汉开国皇帝刘秀和皇后阴丽华合葬的陵墓,位于河南省孟津区白鹤镇铁谢村。据记载,汉光武帝陵始建于公元50年,由神道、陵园和祠院组成。光武帝陵南倚邙山,北临黄河,近山傍水,翁蔚肃穆。

汉光武帝陵阙门巍峨,气势壮观,神道宽阔,直达陵前,两侧石刻林立、碑碣参差。陵园呈长方形,占地6.6万平方米,墓冢位于陵园正中,为夯土丘状,高17.83米,周长487米。光武祠,位于陵园西侧,为光武帝的祭祀祠院,面积2万平方米,由阙门、碑廊、二十八宿馆、光武殿等组成,构成一鳞次栉比的汉代建筑群落。它位于邙山脚下,黄河岸边,呈"枕河蹬山"之势。

汉光武帝陵一反帝王选陵常规,为2000余年封建历史之殊例,其寓意如何至今仍是一个谜。园中至今保存有1500棵隋唐古柏,拔地通天、庄严肃穆,它们巨大的轮廓形成了清晰可辨的人形卧像,俗称"汉皇仰卧"。每当汉陵晓烟出现时,陵园之中紫烟袅袅、宛如仙境。人在鸟柏下拍手时,柏树间会发出"啁啾"的鸟鸣声,令无数游人甚感神奇。

洛阳北邙山,古代的万吉之地。"生在苏杭,葬在北邙"是人生的极致要求。邙山古陵墓群,被称作东方的金字塔,是洛阳继夏都、商都、韩国故城、汉魏故城、隋唐故城之外的另一处古代大型遗址。邙山陵墓群,是中国最大的陵墓群遗址,是全国重点文物保护单位。邙山陵墓群位于黄河南岸东西长近50公里、南北宽约20公里的邙山上,涵盖了孟津、偃师、西工、老城、洛龙5个区20多个乡镇。陵墓群西至孟津县常袋镇酒流凹村—洛阳市郊红山乡杨冢村一线，东至偃师区山化镇光明村—山化镇忠义村一线，大致呈东西向长条形分布。

邙山陵墓群面积为756平方公里，有大型的封土墓970多座，古墓葬有数十万之多。陵墓群已经探明的帝陵包括东汉帝陵5座，曹魏帝陵1座，西晋帝陵5座，北魏帝陵4座，五代后唐帝陵1座。是中国埋葬帝王最多、最集中的地方，加上皇族、大臣的陪葬墓，总数在千座以上。邙山陵墓群是世界上古代陵墓分布最为集中的地区之一，堪称世界之最。

邙山古陵墓群中有著名的"三汉冢"。分别称作大汉冢、二汉冢、三汉冢，位于洛阳城东北20公里处孟津区汉魏故城西北邙山上。由北向南，一字排开，高大巍峨，雄伟壮观。清代洛阳知县龚崧林分别定为汉明帝（刘庄）显节陵、汉章帝（刘炟）敬陵、汉和帝（刘肇）慎陵。陵前石碑为乾隆时龚崧林所立。显节陵高约25米，底部周长377米。陵南不远处象庄村南，留存有高大的石像一尊，雕工古朴，形象雄浑，为东汉石雕艺术佳作，可能原来即为东汉皇陵神道两侧所置之石兽作品。

北魏迁都洛阳后，把洛阳当成了自己的故乡，不仅定都洛阳，还把王室的根脉扎在了洛阳，在邙山之巅，瀍河之西，留下了数座北魏帝王陵寝，最著名的当属北魏孝文帝的长陵。长陵位于今天洛阳市孟津区朝阳镇官庄村南，现存两个大型封土，大者高35米，底部周长141米；小者高23米，底部周长110米。两冢相距约100米，当地俗称"大小冢"。比较大的一座，是北魏孝文帝元宏的陵墓，小一些的，是他的皇后，文昭皇后高氏的陵墓。

北魏孝文帝是历史上不得了的皇帝，迁都洛阳，实行汉化改革，促进民族融合、社会进步，彪炳史册，千古流名。北魏皇家墓葬，在瀍河以西的邙山上，贵族墓葬大都在瀍河以东邙山上。北魏皇家墓葬孝文帝长陵外，还有魏宣武帝的景陵、魏孝明帝的定陵、魏孝庄帝的静陵。宣武帝元恪死于延昌四年（公元515年），葬景陵。据《资治通鉴》记载，唐初秦王李世民在洛阳讨伐王世充时，"登魏宣武陵以望之"，可见景陵应在邙山之巅，即现在的冢头村。

北魏元氏宗室、王公嫔妃陪葬景陵者甚多。宣武嫔司马显姿墓志出土于伯乐凹村东偏南，志称"陪葬景陵"；宣武嫔李氏墓志出土于南石山村南，志称"葬于洛阳景陵垣"，这些都是就整个陵区而言。另外，冯邕妻元氏墓志出土于东陡沟村西，志称"葬于景陵之南岗"，正是在冢头正南。元玮墓志出土于盘龙冢村东南，志称"归窆于景陵东山之阳"；元朗墓志出土于后李村，志称"葬景陵东岗"，该二村均在冢头以东。穆纂墓志出土于水泉村，志称"迁窆于景陵之右"，正处在冢头村西北三里许。元则墓志出土于安驾沟村，志称"窆于景陵之东北"。可见今洛阳市北郊冢头村东之大冢当为宣武帝景陵。

宣武帝陵墓虽曾遭到盗掘，但墓葬形制与结构基本完整。1991年，考古工作者对其进行了发掘。从总体来看，它是一座坐北面南的砖室墓，全长54.8米，由墓道、前甬道、后甬道、墓室4部分组成，平面略呈"甲"字形。墓室平面近方形，原铺有石板。墓顶作四角攒尖式，高9.36米。整个墓室结构严密，坚固华丽。从墓室内发掘状况看出，墓室分作东西两部分，东边摆放随葬品，西边为石棺床，该墓因盗掘严重，随葬器物仅剩下一小部分，多不在原位，计有青瓷器、釉陶器、陶器、石器、铁器等。如今，宣武帝陵是洛阳古墓馆的一部分。

邙山古陵墓群还有西晋帝陵。西晋帝陵，是指埋葬在邙山的西晋皇帝之陵墓。葬于北邙山的西晋皇帝分别是武帝司马炎（峻阳陵）、惠帝司马衷（太阳陵），还有追封的宣帝司马懿（高原陵）、景帝司马师（峻平陵)、文帝司马昭（崇阳陵），这些陵墓离都城洛阳都很近，其中峻阳陵离洛阳仅20多里。而"近国都"是西晋皇陵的显著特点，并为后来的东晋所承袭。

史料记载，西晋的帝陵区在都城洛阳东北的北邙首阳山一带。北邙山位于黄河南岸，"地势轩然，风景绝佳"，是中国古代营建阴宅的最佳风水宝地之一，埋葬着众多的帝王将相和风流人物，有"生在苏杭，死葬北邙"之说。唐代诗人王建《北邙行》一诗中所谓"北邙山头少闲土，尽是洛阳人旧墓。旧墓人家归葬多，堆着黄金无买处。"说的即是邙山作为万吉之地的宝贵。

首阳山，是邙山的一段，洛阳城东的制高点，是迎接第一束阳光的地方，故而谓之"首阳"。西晋名士阮籍《首阳山赋》："朝出上东门，遥望首阳基"，指的就是这座位于汉魏洛阳城上东门外10里的名山。《晋书》对于司马懿埋葬的地点，是这么叙述的："九月庚申，葬于河阴，谥曰文贞，后改谥文宣。先是，预作终制，于首阳山为土藏，不坟不树；作顾命三篇，敛以时服，不设明器，后终者不得合葬。"

在中国古代帝王陵寝中，元代的帝王陵是最难找的，曾因此掀起了一波又一波的考古热。成吉思汗到底葬在哪儿，成了最具悬念的考古话题之一。次之的则是曾为中国统一作出贡献的晋帝王的陵建，其陵址、陵主都是考古界苦苦探求的项目。西晋、东晋有名可考的帝王陵共有15座，晋帝王们都葬在哪儿，并不是什么悬念，但其具体位置，墓中埋葬的是哪位皇帝，属何人之陵，则是一个谜，令人难以破解。

晋陵如此神秘？原因在奠定晋室基础的宣帝司马懿身上，司马懿曾立下了"三不"遗嘱——"不坟""不树""不谒"。司马懿是曹魏谋臣，与曹操可以说是老朋友。虽然史称"宣帝"，实际上司马懿一天皇帝也没有当过，甚至连其大儿子——景帝司马师、次子——文帝司马昭，也没有做过皇帝,是他孙子司马炎从曹操孙子曹奂那里夺了龙椅后分别给他们追封的。

洛阳西晋皇陵尽管大致位置清楚,但哪个陵墓安葬哪个皇帝,考古界虽有些成果,但一一准确对照,还需要进一步研究,之所以出现这种情况,与历史上晋陵被盗,甚至故意毁坏有关。十六国时期的永嘉五年(公元311年)、建兴四年(公元316年),北方汉始主刘渊侄子、大将刘曜(后改汉为赵,自己当皇帝)先后在洛阳、长安俘虏了晋怀帝司马炽、晋愍帝司马邺,灭了晋室。太兴二年(公元319年)正月二十五,刘曜就开始盗掘北邙山上的晋帝王陵了。当时刘派兵先挖了崇阳陵,五月再挖太阳陵。

刘曜为何急于盗晋陵?他并不是贪图随葬宝物,因为晋帝都是薄葬,陵内也不会有多少好东西。刘曜的动机是想破坏司马家的风水龙脉。刘曜盗墓不同于一般的盗墓贼,摸了宝物即走,因为带着破坏风水的目的,刘曜把西晋帝王陵挖掘得一塌糊涂,甚至捣毁陵内器物。特别是能证明陵主身份的哀册、墓碑都被砸了,而这些东西正是考古专家眼里的能确定陵主身份的"宝物"。

继刘曜盗墓之后,仅仅过了32年,即晋穆帝司马聃在位时永和七年(公元351年)九月,又有盗墓贼去挖了峻阳陵和太阳陵,造成二陵地宫严重崩塌。接到凶讯后,司马聃自然也如司马睿那样"素服三日",并派太常赵拔,想尽办法前去修葺被盗二陵。但是,司马睿和司马聃可能不曾想到,包括自己的陵寝在内,分布在都城附近的东晋帝王陵,也未能躲过盗墓贼的铁铲。

邙山陵墓群位于洛阳市的北部、东部和东北部。这里属于低山丘陵地带,地势起伏平缓,高亢空旷。黄土土层深厚,黏结性好,坚固致密,适于营建墓茔。至迟从东周时期开始,邙山便成为人们理想的安息之地,此后的两千多年逐渐形成了崇尚归葬的习俗。久而久之形成了冢台林立,松柏郁郁,墓碑高耸,石刻成群的历史人文奇观。

黄河洛阳段文化积淀深厚,人文景观丰富;与此相适应,黄河洛阳段的自然风光亦堪称绝佳,随着小浪底水利枢纽的建成及使用、随着西霞院反调节水库的投入及使用、随着黄河岸边生态景观道路的开通,洛阳北部生态廊道、旅游廊道、观光廊道闪亮登场,黄河是洛阳北部的护城河、景观河、文化河、血脉河……

洛阳的发展,要有颠覆性思维。过去在黄河上做文章不多,没有尝到这篇大文章的甜头,如今,是要审视新的发展战略了,要跳出洛阳看洛阳,跳出几条小河看大河。黄河是母亲河,凝聚了国人多少精神守望与寄托;洛阳是天下之中,且又濒临黄河,有发展的广阔与纵深,有历史的积淀与现实的呼唤,洛阳破茧重生,重要的驱力之一就是黄河!

洛阳域内黄河的资源是比较多的,无论从旅游角度、文化角度、研究角度、产业角度、协同角度等,都是大有潜力可挖的。如小浪底水利枢纽工程竣工以后,形成的小浪底水面景区,可谓"北方的千岛湖",水面之大、景色之美、形态之多,中国北方第一。这一块怎么发挥作用,是篇大文章,需要顶层规划,综合发力,协调推进。黄河之美丽、黄河之厚重等,突破点可能就在洛阳一带。

洛阳旅游,洛南白云山、龙峪湾、重渡沟、天池山等是一大块,目前已初具规模,往成熟方面发展。洛阳黄河一带还是藏在深闺少有人知。这一块单兵作战估计不行,要新安、孟津、偃师、济源、焦作、三门峡、山西、陕西诸地及黄委会等协同"作战"。这个大景区涉及国家战略,涉及郑洛西、涉及秦晋豫等,铺设到位就是一等一的大旅游、全域旅游的大格局,在这个大格局中,洛阳要奋勇争先,拔好头筹。

洛阳名人与文化遗存 | 95

黄河洛阳段距离不算长，但她是黄河的精华，由此诞生了河洛文化，出现了"三代之居"，有了绵延不绝的"十三朝古都"甚至"十五朝古都"等。在今天对历史及文化、大河与"小河"、过去与发展的检视中，我们要看到历史的优势、现实的优势及未来的优势，在竞争激烈残酷的情况下寻找一条对洛阳、对河南、对全国乃至对世界有借鉴意义的不同于一般的路子！

洛河漫记

（上）

洛河是洛阳乃至河南标志性的河流。提到"洛"，就像提到"河"一样，是个专用名词，就是指洛河、洛阳。当然，"洛"有时也作"雒"，指的同样是"洛河"和"洛阳"，也作"雒河""雒阳"。当然，"雒"的意思更复杂一些，是一种鸟，"雒鸟"的称呼，也是一种姓，"雒"姓的称呼。自然，"雒"姓与"雒鸟"也有关系，以"雒鸟"为图腾的这支氏族后来就以"雒"作了姓。

洛河是历史名河、文化名河、军事名河等。洛河，古称雒水，黄河右岸的重要支流。因河南境内的伊河为其重要支流，亦称伊洛河，即上古时期河洛地区的洛水。南洛河为洛河在水文上的名称。源出陕西省渭南市华州区西南与蓝田县、临渭区交界的箭峪岭侧木岔沟，流经陕西省东南部及河南省西北部洛阳市境内，在河南省巩义市注入黄河。河道全长447公里，陕西境内河长129.8公里，其余均在河南境内，流域总面积18881平方公里。

洛河是洛阳的母亲河，同时也是华夏文明的摇篮。洛河的主要源头有两个,一个源自陕西蓝田县木岔沟的西源,另一个源自洛南县草链岭的北源。两条源头河在洛南县秦岭深处的洛源镇交汇,向东南流入洛南县,在沙河口附近流入河南省卢氏县境,经洛宁县、宜阳县、洛阳市区、偃师区,由巩义市东北注入黄河。陕西省商洛市洛南县因国家级非物质文化遗产"仓颉传说"被誉为汉字故里。仓颉是黄帝时期造字的左史官,见鸟兽的足迹受启发,分类别异,加以搜集、整理和使用,在汉字创造的过程中起了重要作用,被尊为"造字圣人"。

据《河图玉版》《禅通记》记载,仓颉曾经自立为帝,号仓帝,是上古时期的一名部落首领。仓颉在位期间曾经于洛汭之水拜受洛书。仓颉也是道教中文字之神。据史书记载,仓颉有双瞳4个眼睛,天生睿德,观察星宿的运动趋势、鸟兽的足迹,依照其形象创文字,革除当时结绳记事之习,开创文明之基,因而被尊奉为"文祖仓颉"。在洛水流域的洛宁亦有许多仓颉的传说,并有仓颉造字之台遗迹。

仓颉当时造出的形象,称为文字。仓颉所创的文字有6大类,一是指代事情的字,如"上、下";二是指形象字,如"日、月";三是指形声字,如"江、河";四是指会意字,如"武、信";五是指转注字,如"老、考";六是指假借字,如"令、长"。指事情的文字,在上为上,在下为下。指象形的文字,日满月亏,仿照其形也。形声的文字,以类为形,配以声。会意的文字,止戈为武,人言为信也。转注的文字,以老寿考也。假借的文字,数言同字,其声虽不一样,文意相同。所以自黄帝到夏商周三代,文字一直沿用。

洛河自陕西入豫,在三门峡卢氏县流域长达133公里。卢氏县历史悠久,是河洛文化的重要发祥地之一。自西汉置县,卢氏县名未改,城址未移,是全国为数不多的双千年古县。卢氏县先后出土了恐龙、卢氏跗猴、洛河中兽、卢氏智人等一大批古生物化石,是有化石实物可考的"人猿相揖别"之地；有新石器时代文化遗址、商代文化遗址等一大批遗迹遗址。

卢氏原属洛阳地区，后划到三门峡市。卢氏洛河断块盆地被誉为古生物化石宝库，已出土古化石器物1400余件，其中智人头骨及牙齿、汉代彩绘骨尺为稀世珍品。分布在卢氏境内沿洛河两岸的有63处古文化遗址、8处新石器时代和商代文化遗址、40余处仰韶及龙山文化遗址，彰显着河洛文化发祥地的文明魅力。

流经卢氏的洛河岸边有著名的"神禹导洛处"遗址。"神禹导洛处"位于卢氏县城东北15公里的范里镇山河口。《尚书·禹贡》载："大禹治水，导雒自熊耳"，相传大禹凿山导洛于此，悬崖上的古"雒"字相传为大禹亲手篆刻。为纪念其功德，在当年大禹导洛居住的洛水北岸禹王沟口及山河口南的金斗山等处建庙祭祀。唐宋等历代游人在此处崖壁留有题记多处，清知县刘应中书"神禹导洛处"5个大字刻于石壁，至今犹存。

洛宁段洛河最重要的文化事件就是"洛出书"。洛出书出自《易·系辞上》："河出图，洛出书，圣人则之。"相传伏羲时，在"河出图"的同时，在洛河上出现了神龟献书，龟背上全是赤文绿字，当时人们难以辨认，伏羲就用烀炭把它画在一块平端的大石上，这就是"洛书"。多数学者认为：洛书出于河南省洛宁县龙头山下西长水村的洛河上。该地现有两通记有"洛出书"的古碑。两碑并排面南而立，相距3.18米，正处于洛河上下游的分界线处。

关于"河图洛书"有多种说法：一是，远古时，有龙马负图从黄河出现，是为河图，神龟负书在洛水出现，是为洛书，伏羲根据图、书画成八卦，就是后来《周易》的来源。二是，禹治洪水时，上帝赐给他《洪范九畴》（即《尚书·洪范》），刘歆认为《洪畴》即洛书。三是，宋朱熹在《周易本义》中首列"河图洛书",以九为河图,十为洛书。

洛书,是远古文明的产物,是一种关于天地空间变化脉络图案。它是以黑点与白点为基本要素,以一定方式构成若干不同组合,并整体上排列成矩阵的图式。洛书1—9数是天地变化数,万物有气即有形,有形即有质,有质即有数,有数即有象,"气、形、质、数、象"五要素之间巧妙组合,融于一体,以此建构一个宇宙时空合一,万物生成演化运行模式。

洛书,它的内容表达实际上是空间的,包括整个水平空间、二维空间,以及东西南北及4个角度的方向。洛书上,纵、横、斜3条线上的3个数字,其和皆等于15。大千世界,万事万物,八卦五行是分门别类;如何组织成有序运作整体,就是洛书之功用。一般认为河图为体,洛书为用;河图主常,洛书主变;河图重合,洛书重分;方圆相藏,阴阳相抱,相互为用。太极、八卦、周易、六甲、九星、风水等皆可追源至此。

洛河流域有一座重要的水库,故县水库,是洛河流域的一颗明珠,水质甘甜、景色美好,与洛宁的上戈苹果形成了洛阳旅游的一个新的增长点,每到春秋两季,特别是秋季,游客如织,采摘苹果,品尝故县水库三文鱼,欣赏周边山水美景。故县水库位于洛宁县故县镇、黄河支流洛河中游,距洛阳市165公里,水库工程以防洪为主,兼有灌溉、发电、工业供水和生产饮用水等综合效益。故县水库属深水峡谷型水库,水质清新,无污染,悬浮物少,达到国际二级饮用水标准。

宜阳洛河之畔有著名的韩都故城。宜阳韩都故城是战国七雄之一韩国的早期都城,位于今宜阳县城西25公里的韩城镇东侧,是当时韩国的政治、经济、军事、文化、交通中心。该都城遗址2013年5月,被国务院核定公布为第七批全国重点文物保护单位。遗址规模巨大,布局完整,结构严谨,保存完好,出土文物丰富,是东周时期韩国历史沿革的客观见证,对于研究当时的政治制度、经济水平、建筑艺术、丧葬习俗、社会风俗以及古代都城发展史都具有重要价值。

韩国宜阳故都遗址还可见到宽阔的城墙,城垣均系由夯土筑成,东、北两面城垣保存较完好,现存城垣残高3至8米,上宽约4米,下宽约8米,西南角被水冲毁。《战国策·东周》记载:"宜阳城城方八里,材士十万,粟支数年。"可见宜阳在当时已是一个十分繁荣的通都大邑,单是强兵劲卒就有10万,这从侧面印证了韩国宜阳故城的巨大规模。

据史书记载,韩国的开国君主是韩景侯,韩景侯先建都阳霍(公元前408年,今河南省禹州市),传位于韩哀侯时(公元前375年),又迁都新郑。相当长一段时间,人们只说韩国的国都在禹州、新郑,这是以周天子正式承认韩国为诸侯国算起的。事实上,韩国自立应从公元前424年韩武子封地东迁算起。

韩都宜阳故城也是韩国的军事要塞。据史料记载,公元前308年,秦武王"欲车通三川,以窥周室",派相国甘茂"攻宜阳,五月而不能拔","秦死伤者众"。这说明了宜阳形势险要、城池坚固、易守难攻。大量史料也证明,该城不仅在战国时期战略地位显著,在之后的两汉、两晋及南北朝时期仍然是军事重镇。

韩都宜阳故城还是我国古代重要的交通枢纽。历史上,曾有3条交通要道在此交汇。其一为两京大道:从春秋战国至唐宋时期,连接洛阳、长安两京,出函谷关、自陕往东南走崤山南麓,经雁翎关、宫前、河底、韩城,东至洛阳,或者至郑、宋、齐鲁等地,这是一条东西大道。其二为秦楚孔道:自秦出函谷关,沿崤山南麓东下,在韩城南渡洛河,再渡伊水,可达南国。这条大道西通秦陇,南下吴楚,是一条商旅大道。

韩国故都的第三条大道为晋楚通道。自晋南下,从今三门峡北岸过河,沿陕县、韩城到达南边楚国。历史上,河东的池盐便是经过此路运销到南方的。以上所述三条大道都是以韩城为枢纽,直到民国初年陇海、京广铁路通车前,韩城的交通枢纽地位都未曾变化过。

洛河过了洛宁,进入宜阳,这里有很多令人探究的地方。例如福昌阁,福昌阁位于宜阳县城西30公里处的福昌村。据《宜阳县志》记载,隋朝曾在此建福昌宫,为帝王行宫,唐太宗、唐高宗巡幸于此。《隋书·地理志》河南郡宜阳县:"有福昌宫。"唐福昌县即以此宫为名。现存建筑始于明代,清嘉庆二十四年(公元1819年)后曾进行过全面修葺,近年又重新翻修。歇山式重檐四方形建筑,面阔5间,四周斗拱,飞檐翘角悬铃垂挂。阁顶黄绿琉璃瓦覆盖,东西脊各有一大龙吻。正面雕花门窗,门楣之上有"福昌宫"大匾。

宜阳福昌阁最独特之处在于其包容,道、释、儒众神在此荟萃,随台阶而上,阁基两侧有很多神洞,分别为财神洞、老君洞、鲁班洞、西佛洞、药王洞、吕祖洞、五瘟洞、城隍洞、洪钧老祖洞、天尊洞、玄帝洞、菩萨洞、南极仙翁洞、华佗洞、十二老母洞等。福昌阁留有十几块古代碑刻,其中《燕堂记》为北宋著名宰相富弼撰写,有很高的艺术价值。福昌阁每逢农历三月初三都举行福昌阁古刹大会,供奉福昌阁祖师爷。届时,商贾云集,百货如山,赶会人数常达数万。

宜阳洛河岸边有著名的"召伯听政处",地点在宜阳县城西北甘棠村,村子不大,但在宜阳众多村名中,恐怕没有比它的历史更久远的了。在该村有一通高大的石碑,上刻"召伯听政处"5个大字。据记载,它由宜阳知县郭朝鼎立于清雍正二年(公元1724年),为纪念勤政爱民的西周政治家召伯而立,"召伯听政处"5个大字是由时任河南府尹张汉题写。召伯是周文王姬昌的庶子,因为他的封地在岐山西南,当地古称召地,故其称为召公,百姓尊称召伯。

相传召伯受命营造洛邑、协助周公镇守东都洛阳期间，经常步行乡间体察民情，处理民间诉讼，调节民间纠纷，深受黎民百姓爱戴，召伯以德政治天下，应天时、顺民心，时间不长，这一带社会安宁，民风淳朴善良。人们一直思念着召伯的恩德，把召伯处理民间事务的地方称作"召伯听政处"。召伯听政处实际就是勤政爱民的丰碑。百姓感其恩德，编了一首民歌赞颂召伯的功绩，于是就有了脍炙人口的《诗经》名篇《召南·甘棠》。

李贺故里，位于宜阳县三乡。宜阳三乡乡村东的连昌河源于陕县，自西北向东南穿谷而过，经洛宁县东北境入宜阳三乡，注入洛河，昌谷就在连昌河与洛河的汇合处，昌谷之名即以连昌河谷而得。李贺的故居离连昌宫不远，就在三乡乡上庄村。西有"汉刹云山"即光武庙，南有女几山隔河相望，有名的五花寺塔矗立于连昌河西岸。当年的众多权贵名人，如武则天、唐玄宗、张九龄、岑参、韩愈、白居易、元稹、杜牧等，在这里都有吟咏唱和的诗文。

《宜阳县志》载："长吉（李贺）多才，栖息昌谷"。在李贺的诗歌中，有不少直接以昌谷为题的作品。据《南园十三首·其二》的"宫北田塍晓气酣"句，宫即连昌宫，为唐高宗显庆三年（公元658年）所建（一说隋大业年建），又有玉阳宫、兰昌宫之称。连昌宫是唐代皇家最大的行宫之一，从隋朝大业年间初创，到唐代肃宗年间废置，连昌宫见证了约150年的历史变迁，也留下了许多动人的传说。张云容兰昌逢春的故事，就是在这里演绎出的人鬼爱情传奇。

李贺（公元790—816年），字长吉。河南府福昌县昌谷（今河南省宜阳县）人，祖籍陇西郡，唐朝中期浪漫主义诗人，与诗仙李白、李商隐称为"唐代三李"，后世称李昌谷。李贺出身唐朝宗室，门荫入仕，授奉礼郎。仕途不顺，热心于诗歌创作。作品慨叹生不逢时、内心苦闷，抒发对理想抱负的追求，反映藩镇割据、宦官专权和社会剥削的历史画面。诗作想象力极为丰富，引用神话传说，托古寓今，后人誉为"诗鬼"，27岁英年早逝。

李贺是继屈原、李白之后中国文学史上又一位颇享盛誉的浪漫主义诗人，有"太白仙才""长吉鬼才"之说。作为中唐到晚唐诗风转变期的代表人物，李贺与"诗仙"李白、"诗圣"杜甫、"诗佛"王维齐名，留下了"黑云压城城欲摧""雄鸡一声天下白""天若有情天亦老"等千古佳句。著有《昌谷集》。

连昌宫在宜阳，其具体方位，宋代邵雍《故连昌宫》一诗写得明白："洛水来西南，昌水来西北。二水合流处，宫墙有遗壁。行人徒想像，往事皆陈迹。空余女几山，正对三乡驿。"这首诗把连昌宫所在的具体位置写得很清楚，即在洛水与昌水的合流处，也就是今天三乡镇的东柏坡村。从邵雍的诗来看，连昌宫到了宋代已经仅余"遗壁"，成了行人"徒想像"的"陈迹"。

唐诗人元稹写过《连昌宫词》，这是一首长篇叙事诗，描述了唐玄宗和杨贵妃来此游玩时的情形："连昌宫中满宫竹，岁久无人森似束。又有墙头千叶桃，风动落花红蔌蔌。"这是说连昌宫里的绿植好，桑竹遍地，但在诗人眼中，因"岁久无人"之故，昔日繁华的行宫，已呈现乱竹丛生、落花满地的破败景象。

唐玄宗和杨贵妃在连昌宫通宵行乐，让琵琶高手贺怀智现场演奏，又命高力士寻找著名歌女念奴唱歌助兴，一片歌舞升平的景象！然而乐极生悲，唐玄宗和杨贵妃的忘情享乐，终于引发了一场社会大动乱——就在他行幸连昌宫的第二年，安史之乱爆发，所以这诗歌的后半部分，就借老翁之口，叙述了安禄山叛军攻破东都洛阳，沿着洛阳—宜阳—陕州方向西取长安，使百姓们颠沛流离，受尽了战乱之苦。

安史之乱后，连昌宫成了废墟。元稹诗写玄宗战后又一次路过连昌宫，看到的是玉榻倾斜，香案生菌，贵妃当年梳洗化妆的端正楼，珠帘反挂，人去楼空。玄宗睹物伤情，挥泪离去，从此连昌宫便彻底荒芜了，以致"夜夜狐狸上门屋"，盛唐时代结束了。自古行宫易荒废，仿若一本兴废书，一个个王朝的背影，也就这样从行宫的废墟中渐渐隐去了。

古代的时候，洛阳长安陆路互通大致有两条道路，一条是北线，称为"北崤道"，是从洛西（谷）水出发，经新安，过渑池，穿崤山，直达陕州；另一条是南线，称为"南崤道"，是从洛阳出发，沿着洛河北岸，经韩城，过三乡，然后拐向西北，过雁翎关，抵达陕州。这两条大道，在陕州交会后，沿黄河西上，经桃林塞和华山北麓，最后通往长安。这两条道路连接了两京，使两地相互依托，有了攻防的纵深及治理的经济基础，保证了政治中心、核心地带的稳定。

两条古道相比，南崤道地势相对平缓，沿路又有诸多山水名胜，如雁翎关东南的响屏山，宜阳境内的女几山（今花果山）、锦屏山，都是林木苍翠、风光绝佳的旅游胜地，因而途经宜阳的南崤道，要比北崤道上的人员流量大。唐代安史之乱期间，由于洛阳、宜阳频受战火蹂躏，南崤道渐渐荒芜，客商往来多走北崤道，新安境内的交通更受官方重视。

实际上崤函古道还有一条，是除陆路之外的黄河漕运古道。西起三门峡谷，东出渑池与新安县交界处的八里胡同，其间两岸的崖壁上至今仍有很多古栈道遗迹，岸边有多处仓储遗址。这条水路最晚疏通于秦代，汉唐达到繁忙漕运，是陆上崤函古道功能不足时的补充通道。

崤函古道历史悠久，作用重要，至少有以下几个特点：一是开通早，其开通时间至迟从新石器文化中期开始，约6000年左右。二是线路长,《读史方舆纪要》中有"自新安以西,历渑池、硖石、陕州、灵宝、阌乡而至潼关,凡四百八十里"的记载。三是使用久,从几千年前刀耕斧凿的崎岖小径到当代的通衢大道,一直延续使用。四是地势险要,行走充满艰辛。崤函古道之险,《水经注》载:"车不并辕,马不并列";唐太宗李世民诗称"崤函称地险,襟带壮两京";清代曾任陕州知州的张天德在《硖石山修路记》中称"其山尽石,险山戏巉岩,峣山角崎岖……望之,且魂摇而目悸。"五是战略地位重要,崤函古道在历史上是交通咽喉,两京锁钥,险关要塞。

洛水流经的宜阳,名山胜水很多,如著名的女几山。女几山又名花果山,距宜阳县城50公里,距洛阳90公里,相传是吴承恩《西游记》中花果山的创作原型。在古代史书中,女几山与江西庐山、湖北武当山、河南嵩山等并称为"七十二福地"。清乾隆15年重修庙宇碑记:"斯山也,即西游记所称齐天孙佛成圣处。"历代达官显贵,文人墨客慕名而至,留下文采飞扬的题咏之作和种种逸闻趣事。

花果山,又名女几山、姑瑶山、石鸡山等,被古人喻为仙山。花果山属冰川期地貌,群峰点点,林涛起伏,重岩叠嶂,山石奇特,目前中国最大的飞来石即在此地。主要景区有北部、南部、石院墙、七峪沟、大里沟、岳顶山等,景点以天然石猴、水帘洞、唐僧石、摞摞石、寒心石、登云梯、玉皇顶等甚为出名。

花果山古时就是一个游览胜地,唐代大诗人白居易、韩愈、刘禹锡、裴度、李贺,宋朝司马光,金末元好问,明人唐伯虎等历代文人墨客为它题诗作画,留传至今。就连风流皇帝唐明皇也曾为花果山俏丽自然风光所倾倒,挥毫写下千古绝唱。花果山人称"雄峻赛五岳,奇秀冠中原",是中原地带不可多得的天然森林公园。

女几山得名传说很多。唐代诗人李贺写"兰香神女庙"、"白兰香神女上升遗几在焉"。《名胜志》载女几山为"晋女彭娥汲器所化"。明代顾达的《谒女几祠》记述了彭娥宁死不受辱的故事。宜阳县志《轶事》中有女几山的传说。女几是一卖酒的妇女。"作酒常美。仙人过其家饮酒，以素书五卷质酒钱。几开视之，乃长生之术"。几得书自学，苦练而后成仙。鉴于以上传说，女几山得名应在唐以前。

花果山有著名的水帘洞，水帘洞深6米，长约15米，高2.5米，洞口不足1米，洞内四壁光滑，可容40余人。洞上有一溪水，经洞口飞流而下，状如珠帘，五光十色。洞外沟谷纵横，树木纷披，芳草葱翠，景色秀丽，夏无酷暑，冬无严寒。真乃"花果山福地，水帘洞洞天"。《西游记》中美猴王诗："刮风有处躲，下雨好存身。霜雪全无惧，雷声永不闻。烟霞常照耀，祥瑞每蒸熏。松竹年年秀，奇花日日新"。

宜阳洛水之滨有著名的灵山寺，灵山寺原名报忠寺，又名报恩寺、凤凰寺，全国重点文物保护单位。根据司马光《灵山寺》《灵山寺流泉》两首诗推断，灵山寺的创建最晚也应在宋真宗年间，甚而可能在北宋之前，还有学者从寺院殿堂布局和鉴真和尚在日本所建寺院殿堂基本相同判断，灵山寺极有可能是唐初建筑。灵山寺的主体建筑是坐南向北，按前后顺序是山门、天王殿、大悲阁、大雄殿、藏经楼。寺院两侧建有僧房禅院，总计建筑近百间。灵山寺的山门别具一格，整体建筑有很高的历史、艺术研究价值。

现今灵山寺的建筑布局，大体为金代创建，经明清两代整修后保留下来。灵山寺因山势而建，南高北低，殿堂楼阁都建在由北而南逐渐升高的地形上，为一长方形院落。寺院分东、中、西三部分。东侧是塔林、凤凰泉和圣母祠；西边是别院，亦称观音院、西院；中间是寺院的主体建筑。

灵山寺建筑颇有特色，大门前有一迎壁，上面书写"灵山寺"3个字。寺院为四进建筑,殿阁红墙绿瓦,寺门内一进为天王殿,殿门前有一古银杏树;二进为大悲殿,殿顶飞檐歇山,属于金代建筑;三进为大雄殿,五脊庑殿顶,殿内中间供奉"释迦"、右侧"药师"、左侧"弥陀",均系明代塑像。殿前竖七级石塔一座,塔上刻有大罗汉、石佛像计30尊,殿前石碑林立,从金、明至清光绪年间有重修寺院碑记;四进为藏经楼、名人题记及塔林。

灵山寺后院有藏经楼,楼下为法堂,东西两廊,排列相对。中间又筑一门楼,两旁有围墙,墙两侧均砌有历代名人题写的诗碑,寺东围墙外,有泉池,因山而易名"凤凰泉",水深三丈许,泉水主流入寺东水池,支流入寺内养鱼池,最终合流,顺山坡流下,泉东南有排列有序的塔林,遗存有17座明、清两代的和尚砖石墓塔,该塔群是中国现存的8处塔群之一。

在宜阳洛水之南,有著名的锦屏山。锦屏山,东西走向,长约2公里,南北宽约500米,属断裂突起的石灰岩质地壳外貌。山势紧贴县城,拔地而起,高耸峻峭,陡如直立,蔚为壮观,是宜阳城的天然屏障,也是历史悠久的旅游胜地。据传,百年前这里柏林如海,古木参天,因而俗称柏杷山,此山"体如雕琢,色如翡翠,峭如立壁,峻若岩墙"。登高俯瞰,县城东西及洛河沿岸山水之美,尽收眼底。

宜阳锦屏山自东向西一字排列的12个山峰,依次为桃花、奎壁、烟霞、老人、玉柱、香山、书带、栖云、文笔、双壁、左狮、夕阳诸峰。俨若12幅锦缎条屏,凌空垂挂,峻美壮观。女皇武则天赐名"锦屏",并亲笔题写"锦屏奇观"4个大字,刻碑立于最高的玉柱峰之上,可惜后被雷雨击毁,今仅存一"奇"字残碑,字大如斗,笔力雄健。

凡到宜阳县城的人,大都以望锦屏、登锦屏为快事。历代文人墨客纷至沓来,登高远望,即兴咏怀。据县志"艺文"粗略统计,自唐至清,涉足锦屏的著名诗人40多位,留下歌颂锦屏山的诗词百十首。过去有人列出玉柱青霞、仙楼夜月、学院书声、云亭远眺、雉蝶炊烟、藻沟流云、陶洞秋风、香山梵呗、古柏浮岚、丹台昭晖十大胜景。

洛河流经的宜阳,文物古迹众多。除上述提到的韩国故都、五花寺、李贺故里、连昌宫、两京古道、三乡驿站外,还有著名的佛教石窟寺——虎头寺石窟。虎头寺石窟位于宜阳县城东12.5公里苗村南虎头山脚下,因山崖形状似虎头而得名,寺也随山名而称虎头寺,石窟因寺而得名虎头寺石窟。石窟内有近千尊佛像,故又名千佛寺。这一石窟造像的最早开凿年代是在南北朝时期北魏孝明帝正光元年(公元520年),现为河南省重点文物保护单位。

虎头寺石窟内刻造佛像7尊,正中供奉为释迦牟尼佛,高1.8米,肩宽70厘米,石座宽1.2米,两侧分别竖立着阿难和迦叶两尊佛像,各高1.3米,肩宽35厘米。右侧石壁上立着菩萨7尊,高1.23米,肩宽29厘米。武士左侧又刻造小菩萨2尊,仅高35厘米。石窟南面系悬崖峭壁,高约10米,上伸下收,向前倾倒,若屋檐之势,可避风雨。石崖上下倾斜度在30度左右。就在石崖之上刻造佛像近千尊,现在能看的有780余尊。

虎头寺石窟释迦像龛下的造像题记是研究该石窟的关键所在。该摩崖题记宽44厘米,高20厘米,正中是双手托举摩尼珠的地鬼,地鬼左右为供养人像龛,供养人像龛左右分别为题记正文和邑子姓名。在题记后半段有一句较为清晰的刻字,写着"大魏正光□年七月十五日□","正光"是北魏孝明帝的第三个年号。题记的末尾还刻有"名匠孟僧密"5个字,这种刻有工匠姓名的情况,在洛阳地区诸多北魏石窟中仅此一例,非常罕见。

（中）

洛河进入洛阳市区，在河之北有东周的著名陵墓区——周山。郦道元所著的《水经注》记载："洛水流经周山，上有周灵王陵"。周山因山阜上有周灵王墓冢，周代称冢为山，故名曰周山。周山西起崤山，东止洛阳，蜿蜒起伏，海拔366.94米。周山又是洛阳扼阻关陇的咽喉之地。周山主要由周三王陵（东部）与周灵王陵（西部）组成。周山之巅的为周灵王陵，冢高38米，直径115米。陵前有清代乾隆年间洛阳知县龚松林所立"周灵王陵"石碑一通。

周灵王葬在周山。周灵王，姓姬，名泄心，是周简王之子，东周第11代国王，在位27年。灵王有二子，太子晋，次子王子贵。《列仙传》中记载：周灵王的长子太子晋天性聪明，善吹笙，立他为太子，不幸早逝。公元前545年十一月的某天夜里，周灵王梦见太子骑着白鹤来迎接他。遂传位于次子贵，癸巳日，病故。姬贵即位，是为周景王。周灵王在位期间，周王朝国势日益衰败，周天子威信日益低落，各诸侯国通过战争扩张势力，大诸侯国无视周君。强国伐弱国，连年战争，民生疾苦。

周灵王陵东约750米处有三陵并列，称为"周三王陵"，俗称"三山陵"。中间的一座高34米，直径76米；东侧的一座高30米，直径65米；西侧的一座高26米，直径61米。据考证，三王应为定王、悼王、赧王，但陵中墓主尚待考证。周山之上广植松柏，郁郁葱葱。如今的周山建有国际森林公园，该公园的建设，不仅为洛阳城市增添了"绿肺"和"制氧机"，改善了城市生态环境，而且为市民提供了一个旅游、休闲、健身、赏景、览古的好去处。

洛河过了周山，就遭遇到了涧河，形成了洛河涧河的交汇地，目前交汇地建有彩虹桥,此处河面开阔,两岸建筑鳞次栉比,甚是壮观。历史上涧河这一段也叫"瀔水",现简写为"谷水",如今在王城公园西门中州桥北边还建有"瀔水亭"。因"瀔水"缘故,在涧西西部还形成了一个著名的村庄"谷水村",该村过去是洛阳西边的门户,是历史文化名村。

  洛河涧河现在看起来比较温顺,历史上瀔水也是比较大的水流,曾出现"瀔雒斗"的情况,洛水阻遏,瀔水下不去,把周的王城一角给冲毁了。如今,洛阳五河同治,从七里河涧河入洛口,可顺着步道一直通达到新安县函谷关,其中最精彩的一段是新安磁涧境内的洛科院河段,这里涧河绕了太极图状的一个湾,号称"柴湾",也是"财富"之湾、"太极"之湾。

  洛河在市区段除了这些年新建的牡丹、王城等几座大桥外,还有一座"短桥"。这座"短桥",是北洋军阀时期一位著名的人物吴佩孚主导所修建的,老百姓俗称为"老吴桥""天津桥",念转了也叫"老虎桥"。"老吴桥"是河南省近代建成的第一座钢筋混凝土桥梁。民国十年(公元1921年),著名实业家、教育家张謇组织上海北方工赈协会到洛阳举办工赈,吴佩孚劝说张謇资助建桥。张謇在西工兵营南的洛河上设计建造了一座双柱式钢筋混凝土简支梁桥,共23孔,总长205.2米,宽6.10米,桥墩是青石包边,地下基础约6米,用水泥混合石料浇铸。桥面两侧有水泥护栏,吴佩孚命名为"天津桥"。

  "老吴桥"修建不久,民国十一年(公元1922年)6月,洛河暴涨,将桥两端引道及南部3孔正桥冲毁。洪水过后,吴佩孚下令修复北端引道,将南端筑成土坡,维持临时交通。民国二十六年(公元1937年)洛河下游修建了林森桥后,该桥遂废弃,遗留废桥20孔。1980年7月,为了顺利泄洪,两端9孔残桥被炸毁,残存中间的11孔。1997年由于沿洛河修建洛浦公园，残存的11孔桥现存3孔，就是现在的样子，成为近代洛阳的一个缩影。

实际上，吴佩孚在洛阳"练兵"时留下的遗迹很多，有"小街"、有"阅兵台"、有直鲁豫巡阅府"大营"、有西关以西，涧河以东的赫赫有名的"西工地"，简称"西工"，即现在的西工区，还有最早的航校之一——洛阳航校的机库及停机坪遗址等。总而言之，吴佩孚是洛阳近代的大名人，是名副其实的"洛阳王"，那个时期，据说吴佩孚打个喷嚏，北京就要感冒。

洛河是条航运之河，从隋炀帝开凿大运河后，洛河就是京杭大运河的一段。如今，在老城区洛河岸边还存有"洛汭严关"的古建及石刻。"洛汭严关"始建于清代，一说建于明代。二层砖石结构，进深5米，宽6米，高近7米，大青砖所砌，二层起楼为守夜者把望。关口南、北上方各嵌1×0.5米石碑一方，书"洛汭严关""村保"。该关旧时所处位置为洛河南关码头，傍晚码头收船后即闭关门。现关门无存，仅存两侧碗口大门闩臼。

"洛汭严关"距离洛河大堤不足50米，位于老城南关和洛河之间，是一个比较重要的水陆货运码头。过去，该码头十分热闹，人来车往，很多从外地运至洛阳的货物或是从洛阳运往外地的货物很多都走水路，在南关码头进行集散。运输的货物，有木材、竹子、煤炭、山货，也有布匹、百货等，如当时从洛宁运来的竹子都扎成一排排的竹筏，到码头后卸下来拆开运到城里，路途远的，还有人在竹筏上生火做饭。当时"洛汭严关"附近还有很多大大小小的木材厂、煤厂、盐铺、杂货店等，这些店铺都是靠这个码头疏散货物。

洛河有著名的洛神传说。洛神即宓妃，是中国先秦神话中，司掌洛河的水神。在中古时期洛神形象得以丰富和发展，逐渐变身为世俗的美人，成为男性文人寄托情感的对象。在曹植人神相恋的千古名篇《洛神赋》中，洛神被作为理想美神的化身。洛神赋也奠定了传统东方美学的基础。张衡的《东京赋》曾记录了周成王择地洛阳建都的原因：除自然环境的优势外，一方面，宓妃曾在洛阳定居，作为神女能庇护此地；另一方面，大鲟鱼畅游、龙马传卦于伏羲、神龟负文赐大禹等祥瑞之象也都在洛阳发生，使得洛阳成为建都的不二之选，同时也让宓妃"坐稳"了洛阳守护神的芳座。

洛阳市内，洛水之北有著名的上阳宫遗址。上阳宫，唐朝皇宫，位于唐神都洛阳西北侧的洛水高地，始建于唐高宗上元二年（公元675年），南临洛水，北连禁苑，富丽堂皇，地处正宫紫微城以西，故称西宫、别宫。上阳宫的出现是隋唐洛阳城进入"两宫制"的标志。上阳宫大致面积约8平方公里，"万方朝谒，无不睹之"，上阳宫曾是世界历史上面积最大的皇宫。

上阳宫是唐高宗时期司农卿韦弘机奉诏建造的。唐高宗、武则天、唐玄宗均曾于此设朝听政，唐代宗李豫出生于此；安史之乱时，上阳宫被严重破坏。此后大唐政治中心迁回长安，东都洛阳地位随之下降，上阳宫亦逐渐荒废，直至唐德宗时废弃。至宋代，被称为"上阳故宫"。上阳宫建筑奢华，风景秀丽，被誉为"人间仙境"，备受唐代帝王将相和文人墨客的吟诵。唐朝诗人王建有诗赞曰："上阳花木不曾秋，洛水穿宫处处流……曾读列仙王母传，九天未胜此中游。"白居易亦发出"瞻上阳之宫阙兮，胜仙家之福庭……"的感慨。

上阳宫傍城依水，地势开阔，地理环境十分优美。隋炀帝令宇文恺筑东京（公元609年改称东都），以洛水贯都，为河汉之象。终隋唐两代，洛河两岸，天津桥畔，是神都洛阳著名的览胜之地。从这里极目向西，坐落在洛水北岸的上阳宫宛若人间仙境。在上阳宫居住过的皇帝有3位最为有名，唐高宗、武则天、唐玄宗。上阳宫建成以后，以其雅致甚得唐高宗之心，凡高宗莅临东都，常居此宫。史载唐高宗晚年即居此宫听政。

垂拱年间，唐睿宗、武则天曾于上阳宫中听政，武则天还常在上阳宫中宴飨群臣。相传武则天在上阳宫，隔河遥见积善坊中其母荣国夫人宅及太原寺，心常凄感，后下令移寺于城东积德坊。天授元年（公元690年），群臣进言："有凤凰从明堂飞入上阳宫，落在左台梧桐树上。"武则天急忙率众观看，凤凰东南飞后，大量朱雀云集朝堂，翩然起舞久久不肯离去。神龙政变后，武则天移居上阳宫，后在上阳宫仙居殿病逝，享年82岁。一代女皇在她眷恋的地方走完了人生之路。

唐玄宗亦非常钟情上阳宫，唐玄宗经常在上阳宫处理朝政和举行宴会，还曾有十日一朝于上阳西宫之惯例。开元年间，上元节，唐玄宗移仗上阳宫，大陈影灯，设置宫廷火炬。从禁中到外殿，都燃起蜡烛，连绵不绝。唐玄宗还曾在上阳宫化城院举行殿试，亦把吐蕃遣使朝贡的特产金银器玩数百件，展示于上阳宫提象门外等，足见唐玄宗幸临洛阳时对上阳宫的喜爱。

上阳宫究竟怎么样？且看当时几位有名诗人所写的有关上阳宫的诗句。唐宗楚客《奉和幸上阳宫侍宴应制》："紫庭金凤阙，丹禁玉鸡川。似立蓬瀛上，疑游昆阆前。"唐王建《上阳宫》："上阳花木不曾秋，洛水穿宫处处流。曾读列仙王母传，九天未胜此中游。"唐罗邺《上阳宫》："春半上阳花满楼，太平天子昔巡游。千门虽对嵩山在，一笑还随洛水流。"

洛浦秋风是历史名景，也是今天洛阳城市的亮丽风景线。洛浦自隋唐直至北宋500余年，经过千百万劳动人民的治理，既有舟楫之便，又有风景之胜。那时的洛河，桃李夹岸，杨柳成荫，长桥卧波，一年四季风景如画。特别是"金风消夏""半月横秋"的时节,更是充满诗情画意。千余年来,洛滨景色便使许多诗人流连忘返,故就有了"洛浦秋风"之美景。如今的洛浦公园规模宏大,水域开阔,是融园林绿化、古典建筑、景观名胜、旅游文化于一炉的新型开放公园,再现"天下名园重洛阳"的盛景。

在洛阳"八景"中,有关洛河的除洛浦秋风外,还有天津晓月、铜驼暮雨等一些著名的景点。天津晓月与隋唐有关,隋炀帝于大业元年(公元605年)在洛阳城南洛水渡口上建一桥,以铁索构连洛水南北,并隔江对筑四楼。古时帝王尊为"天子",渡口称"津",故所修桥名曰"天津桥",为洛城之胜。桥上设一亭,每当皓月当空,于黎明前登桥临亭俯望,四周碧水皆能见月,这就是洛阳"八景"之一"天津晓月"的由来。

"天津晓月"是洛河美景。历史上"天津晓月"由3部分组成,因唐代曾将天津桥地段的洛河分作3股,分设3桥,天津桥居中,桥上有四角亭,桥头有酒楼。其北是黄道桥,其南为星津桥。命名依据的是天文学名词。因此,"灼灼临黄道"是说天枢立于洛河旁黄道桥北,在日色辉映下光彩闪射。天津晓月遗址已经考古发现,在今洛阳桥附近。往昔天津桥畔,万国舟帆,南北两市胡人商旅充斥,抬头北望即是煌煌紫微宫,当年神都之盛实在令人难以想象。

大唐盛世,洛阳天津桥更是繁盛之地。皇帝后妃、王公贵族、文人墨客等,每至春夏,亦多从游其上。李白的"忆昔洛阳董糟丘,为余天津桥南造酒楼"的诗句,说明李白曾在桥南董家酒楼饮酒。白居易则有"津桥东北斗亭西,到此令人诗思迷"的诗句。李益更有"何堪好风景,独上洛阳桥"的咏赞。有个建议,从继承文化,发展经济来讲,河洛董氏文化研究会应在洛阳桥合适的地方恢复董家酒楼,续写好洛阳的故事。

天津桥凌晨的景致最美：晓月挂在天空，两岸垂柳如烟，桥下波光粼粼，四周风光旖旎，城中不时传来寺庙钟声，遂使"天津晓月"成为"洛阳八大景"中最静谧的风景。为此，白居易在《晓上天津桥闲望》写道："上阳宫里晓钟后，天津桥头残月前。空阔境疑非下界，飘飘身似在寥天。星河隐映初生日，楼阁葱茏半出烟。此处相逢倾一盏，始知地上有神仙。"

"铜驼暮雨"是洛河岸边的历史名景，也是颇有烟火气的景观，在洛阳八大景中是最后一景。洛阳城东关外的中通巷，隋、唐、宋时叫"铜驼陌"，位于隋唐城的城东北隅，当时的国际贸易市场"丰都市"一带。它西傍瀍河，南临洛水，桃柳成行，高楼瓦屋，红绿相间，每当阳春时节，桃花点点，蝴蝶翩翩，莺鸣烟柳，燕剪碧浪，其景色之美，别有洞天。隋唐时期这里人烟稠密，每当暮色苍茫，家家炊烟袅袅而上，犹如蒙蒙烟雨，纷纷扬扬，这就是人们赞不绝口的"铜驼暮雨"。

关于"铜驼暮雨"，古人留下了许多诗句："落魄三月罢，寻花去东家。谁作送春曲？洛岸悲铜驼。桥南多马客，北山饶古人。客饮杯中酒，驼悲千万春。生世莫徒劳，风吹盘上烛。厌见桃株笑，铜驼夜来哭"。这是唐朝李贺所写。"金谷园中莺乱飞，铜驼陌上好风吹。城中桃李须臾尽，争似垂柳无限时"。这是唐朝刘禹锡的。"铜驼陌上桃花红，洛阳无处不春风。重来羞见水中影，鬓毛萧飒如秋蓬"。这是宋朝司马光所作……

洛河古代有名，由此诞生了洛阳，近现代同样有名，就拿洛河上的民国时期的桥来说，除了吴佩孚建的中国近现代意义上的第一座钢筋水泥桥以外，国民政府主席林森也在洛河上建了一座桥，人称"林森桥"，位置在现在洛阳桥的东边不远，目前还留有残存的桥墩桥梁，该桥是在抗战时期为防范日寇进攻由国民党军队人为炸毁的。一·二八事变后，洛阳曾是国家的战时首都，或曰陪都，国民政府、军事委员会等纷纷迁洛，一时间洛阳又跃上了政治及舆论的焦点位置。

林森桥也算是近代名桥，是洛阳至韶关、洛阳至界首、至嵩县的公路通过洛河的重要桥梁。2007 年，该桥被洛阳市人民政府公布为洛阳市第三批文物保护单位。林森桥当时由河南省公路局豫西桥梁工程处督办，私商复元公司承建，承包价 20 万元，桥长 380 米，有 9 孔，桥面宽 6.9 米，于民国二十五年（公元 1936 年）2 月 15 日动工，民国二十六年（公元 1937 年）年 8 月建成。建成后以南京国民政府主席林森的名字命名为"林森桥"。

在林森桥上游不远处，有拱桥一孔，传为宋代天津桥遗迹，建林森桥时将其改建为亭。时任河南省政府主席商震撰有《创建天津桥新亭记》，刻碑立于亭中，作为桥的附属建筑，至今尚在。1940 年洛河涨水，将桥北段冲毁 100 多米，同年 10 月修复。民国三十三年（公元 1944 年）5 月 9 日，日军进犯洛阳，国民党第一战区长官司令部所属工兵 13 团团长方松龄于 5 月 7 日现场监督将林森桥炸毁，至今残桥遗迹尚存。林森桥从建到毁，是民国社会、交通及抗战的一个缩影。

林森是民国名人。林森（公元 1868—1943 年），原名林天波，字长仁，号子超，福建闽侯人，近代政治家。辛亥革命中，领导九江起义，并促使海军反正，派兵援鄂、皖，稳定革命大局，被举为民国开国参议院议长。1928 年 2 月，林森被选为国民政府委员，10 月当选为立法院副院长，接着又选为中国国民党中央监察委员。1931 年 12 月 23 日，接替因九一八事变下野的蒋介石而任国民政府主席。1937 年全民抗战爆发后，林森于 11 月 20 日宣布迁都重庆，1941 年 12 月 9 日林森代表国民政府对日宣战。1943 年 8 月 1 日因车祸在重庆逝世，葬于重庆歌乐山。

一条洛河给洛阳带来无数精彩，洛阳白马寺更是洛河岸边的明珠，亦是洛阳名景之一"马寺钟声"的由来。白马寺是佛教传入中国最早的官办寺庙，被称作"祖庭"与"释源"。白马寺坐落在洛河北岸，距洛河距离很近，白马寺的"甜榴"、白马寺的清凉台、白马寺的夹纻造像、白马寺的竺法兰、摄摩腾墓、白马寺的白马、白马寺的钟声……已成为洛阳乃至我们民族深深的文化印记。

一条洛河，穿过了隋唐洛阳城、汉魏洛阳城、夏商周洛阳城等。在白马寺对面，即洛河的南岸，有著名的洛阳"太学"遗址。洛阳太学遗址、东汉皇家大学遗址，是全国重点文物保护单位，位于洛阳伊滨区佃庄镇太学村，汉魏洛阳故城南郊。据记载，太学始建于光武帝建武五年（公元29年），后几经扩建，至顺帝阳嘉元年（公元132年）而完备。熹平四年（公元175年）灵帝诏令蔡邕等以隶体书丹儒家经本，刻石碑46块立于太学讲堂前，称"熹平石经"或"一体石经"。

熹平石经是中国历史上最早的官定儒家经典刻石，刻成后立于当时的汉魏洛阳城开阳门外洛阳太学所在地，所以人们又称这部书为"太学石经"。石经是用隶书一体写成，字体方平正直、中规入矩，极为有名，故也称为"一字石经"。刻写的是儒家七经，即《鲁诗》《尚书》《周易》《春秋》《公羊传》《仪礼》《论语》。一共刻了8年，刻成46块石碑，每块石碑高3米多，宽1米多。当年，熹平石经轰动京师洛阳，甚至轰动全国。石经刻成，被竖立于太学门前，"其观视及摹写者，车乘日千余辆，填塞街陌"，蔚为壮观！

曹魏在洛阳立国后，太学再度繁荣。齐王曹芳继承皇位后，整理《熹平石经》碑石，并刻经石作为补充。新刻石叫《正始石经》，亦称《三体石经》，刻于公元241年，原立于魏都洛阳南郊太学讲堂西侧。因碑文每字皆用古文、小篆和汉隶三种字体写刻，故名。石经刻有《尚书》、《春秋》和部分《左传》，是继东汉《熹平石经》后刻写的第二部石经。《三体石经》在中国书法史和汉字的演进发展史上具有非常重要的意义。

北魏佛教盛行，官府建寺缺乏石料，便就地取材，用了部分石经的石碑。东魏建都邺城，统治者欲通过水路将两种石经一起从洛阳搬迁到邺城，但运至今孟州市境内时，遭遇塌堤，近半石经掉入黄河，运到邺城时，《汉魏石经》只剩下52块了。公元579年，北周统治者又将石经从邺城迁回洛阳。隋朝建立后，统治者又将部分石经从洛阳运入长安，不久被政府衙署改制成柱础。到唐朝初年，魏征收集石经时，已"十不存一"了。

在太学遗址还发现有著名的《辟雍碑》。《辟雍碑》是刊刻于西晋咸宁四年（公元278年）十月的一方碑刻，全称"大晋龙兴皇帝三临辟雍皇大子又再莅之盛德隆熙之颂"，又称"皇帝三临辟雍碑"，无撰书人姓名，属隶书书法作品。《辟雍碑》高322厘米，宽110厘米，厚30厘米，围绕碑首正、侧面雕有龙纹浮雕图案，碑座刻有孔子及其弟子像，额题"大晋龙兴皇帝三临辟雍皇大子又再莅之盛德隆熙之颂"23个字。碑阳30行，每行55字，记述晋武帝司马炎设立学官、兴办太学、亲临辟雍视察讲演以及皇太子司马衷再次莅临之事。

汉魏故城洛河南岸还有著名的灵台遗址。灵台遗址是东汉国家天文台遗址，也是全国重点文物保护单位，位于洛阳伊滨区佃庄镇岗上村与大郊村之间，汉魏洛阳故城南郊、明堂遗址西侧。始建于东汉建武中元元年（公元56年），延续使用至公元4世纪初。史载灵台属太史令下属机构，设灵台丞、舍人、候星、候日、候风、候气、候晷景、候钟律等工作人员。东汉著名科学家张衡先后两次出任太史令，亲自设计制作浑天仪和候风地动仪等。

东汉灵台遗址南北残长约41米，东西残长约31米，残高约8米。文物工作者曾进行过发掘。遗址平面呈方形，面积约4万余平方米，周围有筑墙，中央有高台，台四周房屋墙壁上涂有青、白、红、黑之色，是按青龙、白虎、朱雀、玄武分别代表四方而设计。据记载，高台顶部是"上平无屋"，以便观察天象。灵台简单说神的精明叫灵，四面方正高大叫台，灵台的作用是观测云气物候，察看祥瑞，占候灾害变异。

东汉灵台是国家级天文观测台，也是当时最大的天文台，距今已有1900多年的历史，一直沿用到西晋，毁于西晋末年的战乱。东汉灵台分上下两层平台，下层平台为环筑回廊式建筑，上层平台为观测天象的场所。东汉天文学家张衡曾主持与组织灵台的天文工作。至曹魏、西晋时，灵台仍继续使用，作为国家天文台长达250年之久。按东汉时的地望讲，它位于平城门外御道西侧，平城门正对皇宫，在诸门中最尊贵，皇帝多由此出入，足见其位置及作用重要。

灵台在汉魏西晋时期是非常重要的。皇帝出了平城门，南行三里，西边是灵台，东边是明堂，再向东依次是辟雍、太学等。遥想当年，这里是神圣庄严之地，每年国家都要在这里举办大型国事活动，成千上万的太学生充当礼生，三公九卿、文武百官、冠带缙绅熙熙攘攘，皇帝"坐明堂以朝群后，登灵台以望云物，袒割辟雍之上，尊事三老五更……济济乎！洋洋乎！"岂不伟哉，岂不壮哉！

我国古代天文学成就卓然，其中最突出的成就就是对天象的周密观测和记录，世界上最早的日食、流星雨、地震记录等，都出自中国。灵台，就是用来观测天象的高台建筑。天象在上，登高始能望远，所以要筑高台，相传这种高台夏代叫清台，商代叫神台，到周代始称灵台。按照儒家的解释，"灵者精也，神之精明曰灵"，"四方而高曰台"，因此称为"灵台"。但并不是观测天象的高台都可以叫灵台,《五经通义》明确规定,只有承受天命的人,才有资格建灵台,"王者受命而起,所以立灵台","天子曰灵台,诸侯曰时台"。

在东汉灵台历史中,最杰出的人物当属张衡。张衡曾两度出任太史令,主管灵台工作,他一生最杰出的成就,就是在此期间完成的。张衡是东汉太学培养出来的人才,其成长过程是"入京师,观太学,遂通五经,贯六艺"。在博览群书的基础上,对天文、阴阳、历算等产生了浓厚的兴趣,遂致力于此道。有了在洛阳打下的基础,他后来隐居家乡南阳,潜心钻研,终于厚积薄发。张衡第一次担任太史令是在汉安帝时,他"遂乃研核阴阳,妙尽璇机之正,作浑天仪,著《灵宪》、《算罔论》"等。

张衡第二次担任太史令是在汉顺帝时,他"造候风地动仪,以精铜铸成,员径八尺,合盖隆起,形似酒尊……如有地动,尊则振龙,机发吐丸,而蟾蜍衔之,振声激扬,伺者因此觉知。虽一龙发机,而七首不动,寻其方面,乃知震之所在。验之以事,合契若神,自书典所记,未之有也",东汉灵台,使张衡成长为中国古代最伟大的科学家之一;因张衡,这座灵台闻名于世。斯人已逝,突立于河洛大地的灵台,恰如他留下的无字丰碑。

(下)

北魏是一个崇尚佛教的王朝,洛河岸边的永宁寺只是一个缩影。北魏佛教注重于石刻造像,泥塑绘画,在早期的都城平城开凿举世闻名的云冈石窟、定都洛阳后开凿了龙门石窟等,并修建了当时天下最大的寺院——永宁寺,其中的永宁寺塔高 300 余尺,为天下第一。据史书记载,北魏末期,全国僧尼已多达 200 多万,仅洛阳地区就有佛寺1376 所,各地寺庙竟达 3 万有余,可谓盛极一时。北魏用佛教信仰的形式为当时各民族的融合提供了一定的思想基础，一定程度上促进了社会的稳定与发展。

永宁寺中永宁寺塔最为有名。据杨衒之《洛阳伽蓝记》记载，永宁寺塔为木结构，高49丈，合今136.71米，加上塔刹通高约为147米，是古代最高的佛塔。永宁寺塔平面正方，每面各层都有3门6窗。塔刹上有相轮30重，周围垂金铃，再上为金宝瓶。宝瓶下有铁索4道，引向塔之4角，索上也悬挂金铃，每当夜静，铃铎为风所激，清音泠泠，声闻10里。

永宁寺被焚后，寺内建筑、佛像等难逃厄运。在后来的考古发掘中，出土了部分残片，这些残片从某个侧面反映了北魏佛教艺术之精美。其中，最具代表性的就是1980年出土的泥塑佛面相，它残高25厘米，面相中只残存了下眼睑、鼻、口、下颌及脸颊等部分。虽然无法看见它的"全相"，但其丰腴圆润、微微上扬的嘴角流露出神秘而含蓄的笑容，极富艺术感染力，这种残缺的佛像，给人留下无限的想象空间。但可以肯定的是，它虽然残缺，但充满"众相"，堪称"最美东方微笑"。

洛阳汉魏故城南，洛河南岸还有全国著名的夏都二里头遗址。二里头遗址是全国重点文物保护单位，中华文明探源工程首批重点六大都邑之一，遗址位于洛阳盆地东部的偃师区境内，遗址上最为丰富的文化遗存属二里头文化，其年代约为距今3800—3500年，相当于古代文献中的夏、商王朝时期。二里头遗址对研究华夏文明的渊源、国家的兴起、城市的起源、王都的建设、王宫的定制等重大问题具有重要的参考价值，学术界公认是中国最引人瞩目的古文化遗址之一。

1959年夏，中国著名考古学家徐旭生先生率队在豫西进行"夏墟"调查时，发现了二里头遗址，从此拉开了夏文化探索的序幕。经考古工作者对二里头遗址数十次的考古发掘，取得了一系列重大收获，

1977年，夏鼐先生根据新的考古成果将这类文化遗存命名为"二里头文化"。二里头遗址范围为东西约2公里，南北1.5公里。包含的文化遗存上至距今5000年左右的仰韶文化和龙山文化，下至东周、东汉时期。此遗址的兴盛时期的年代为公元前21世纪至公元前16世纪的夏文化时期。

根据史料记载，夏都斟鄩的位置大致在伊洛平原地区，洛阳二里头遗址的考古发掘也基本证实了这一点。经碳14测定，二里头遗址绝对年代，在约公元前1900年左右，相当于夏代，距今有4000多年的历史，总面积为3.75平方公里，内有大型宫殿遗址。众多考古学家认为，二里头文化遗址就是夏代都城遗址，即夏都斟鄩所在地。

二里头遗址的考古发掘持续了40多年，遗址内发现的二里头文化遗迹有宫殿建筑基遗址、交通路网遗址、平民居住遗址、手工业作坊遗址、墓葬和窖穴等；出土的器物有铜器、陶器、玉器、象牙器、骨器、漆器、石器、蚌器等。遗址的中部发现有30多座夯土建筑基遗址，是迄今为止中国发现的最早的宫殿建筑基址群。二里头遗址的宫殿建筑，虽时代较早，但其形制和结构都已经比较完善，其建筑格局被后世所沿用，开创了中国古代宫殿建筑的先河。

二里头遗址的手工业作坊，包括铸铜、制玉、制石、制骨、制陶等作坊遗址，清理出大量青铜器、玉器、骨器、陶器制品。其中青铜爵、青铜鼎、青铜斝形制古朴庄重，这是中国发现最早的青铜容器，用合范法铸造。这些青铜器的铸造，标志着中国青铜器铸造进入了新纪元。这里出土的青铜器是中国最早的一批青铜器，也是世界上最早的青铜器。

二里头遗址中还出土数件镶嵌绿松石的兽面铜牌饰，制作精美，表现出了极其熟练的镶嵌技术，是中国最早的铜镶玉石制品，也是不可多得的艺术珍品。其他铜器还有生产工具刀、锛、凿等；武器戈、戚、镞、乐器铃等。二里头遗址的玉器数量丰富，风格独具，器形有圭、璋、琮、钺、刀和柄形饰等，多为礼器。

二里头遗址建有气势恢宏的夏都遗址博物馆。二里头夏都遗址博物馆共有5个基本展厅，系统展示了夏代历史、二里头遗址考古成果、夏文化探索历程、夏商周断代工程和中华文明探源工程的研究成果，博物馆内共有馆藏文物2089件，主要为青铜器、陶器、玉器、绿松石器、骨角牙器等。博物馆整体形象就像一条盘旋的龙，最高处的中央大厅隐喻了方形的龙头，把盘龙作为博物馆形体的概念解读，准确地表达了二里头在早期中国研究中的独特地位。

伊河洛河汇流后叫伊洛河，在伊洛河北岸有著名的石窟寺。石窟寺建于北魏熙平二年（公元517年），一说景明年间（公元500—503年），原名希玄寺，宋代改称"十方净土寺"，清代改名石窟寺，是河洛地区重要的佛教石窟。唐玄奘出家之地。唐太宗李世民等不少皇帝在此礼佛的圣地。寺后有120米长的石窟群落，有上万尊佛龛佛像，而第一窟中的"帝后礼佛图"是国内保存最完整的孤品，堪称无价之宝。

巩义石窟寺是继洛阳龙门石窟之后开凿的，它把佛教艺术的外来影响同中原汉族艺术相结合，摆脱了北魏早期深目高鼻、秀骨清瘦的特点，代之以面貌方圆，神态安详，多呈静态造像风格。因此，这里的雕刻既保留着北魏浓重的艺术特点，又孕育着北齐、隋代的雕刻艺术萌芽，形成由北朝向唐朝过渡的一种艺术风格，在雕刻艺术史上占有重要地位。

巩义石窟寺是北魏皇帝、皇后举办礼佛的场所。唐太宗李世民及北宋皇室亦曾在此举行佛事活动，留下了大量珍贵的造像、碑刻等。历经1500多年的风雨，现存洞窟5个，千佛龛1个，摩崖大像3尊，佛像 7743 尊,造像题记及其他碑刻 186 种。该石窟造像雕刻细致,内涵丰富,翩翩飞天,自然生动,超凡脱俗。尤其是帝后礼佛图构图完美、保存完整,充分表达了北魏皇室前往石窟寺礼佛的宏大场面,是北魏石刻艺术的代表之作,堪称国家珍宝,艺术绝品,令人叹为观止。

历史上洛河是条漕运之河,围绕漕运洛河岸边兴起了康氏家族,留下的庄园人称康百万庄园。康百万是明清以来人们对"中原活财神"康应魁家族的统称,康氏家族前后 12 代人在这个庄园生活,跨越了明、清和民国 3 个时代,共计 400 余年,庄园也从最初的山腰建至山顶。康百万庄园既保留了黄土塬地民居和北方四合院的形式,又吸收了官府、园林和军事堡垒建筑的特点。全庄园占地 240 余亩,保存下来的主要有寨上住宅区、寨下住宅区、南大院、祠堂、花园、栈房等十大部分,有 33 个庭院、53 座楼房、97 间平房、73 孔窑洞等。

康百万庄园背依邙山,面临洛水,因而有"金龟探水"的美称,是全国三大庄园(康百万庄园、刘氏庄园、牟氏庄园)之一。与山西晋中乔家大院、河南安阳马氏庄园并称"中原三大官宅"。康百万家族自明初从山西迁居河洛汇流处的巩县(今巩义市)康店镇,以地利起家,因"大河行船"造就"富甲三省、船行六河"的庞大商业帝国,三省指的是豫、鲁、陕,六河指的是黄河、洛河、隋唐大运河巩义段、泾河、渭河、沂河。

康百万庄园的建造,以邙山为骨架,以洛水为血脉,依山傍水,依天、地、人三才合一的理念,它靠山筑窑洞,临街建楼房,滨河设码头,据险垒寨墙。明清时期,康百万、沈万三、阮子兰被尊为"民间三大活财神"。民国时期,"康百万"仍是中原三巨富之一,民间流传着"东刘西张中间夹个老康"的谚语,"东刘"指开封尉氏刘(小五)家,西张即新安张(钫)家,中间的"老康"就是康家了。

巩义地处洛阳郑州之间，有"东都锁钥"之称，又地处河洛汇流处，从康店乘船不过半个时辰就能进入黄河。入黄河后，可以"上溯陕西，下浮济南，时或远达海口，南入江淮"。现代铁路未通之前，水运是巩义最重要的交通运输方式。后来康家能大河行船造就庞大商业帝国，正是充分利用了这一地利优势。

洛东独特的地利，又造就了巩县康氏的"人和"优势。康家始祖康守信及其子孙耕读之余，在洛河边开了饭馆兼旅店的"康家店"，生意兴隆，与南来北往客的接触，造就了康家人的开阔视野，增强了人际交往能力，锻炼了捕捉商机的眼光，这些均内化为独特的康氏家族文化。康家世代读孔孟之书、行孔孟之礼，康百万庄园中随处可见的匾额、楹联等，都体现出深厚的儒家文化。

1861年，太平军经龙门入偃师，来势凶猛。1862年前后，清政府封锁黄河、运河等河道，并烧毁、凿沉大河上所有来往船只，希望以此阻断太平军进攻步伐。航运业是康家的支柱产业，"大河沉船"，断绝了它的航运盈利之路，对它是致命打击，这一事件，是康家由盛转衰的转折点。到了20世纪初，现代铁路运输兴起，"汴洛铁道，横贯县中"，水运地位下降，康家地利彻底丧失，遂走向衰落。

伊洛河边有著名的粮仓——洛口仓。洛口仓建于隋朝，洛口仓也叫兴洛仓，位于今巩义河洛镇七里铺村以东的黄土岭上。这里地处丘陵，形势险要，土层坚硬、干燥，又有水路运输之便。自洛河逆水而上可达当时的首都东都洛阳，逆黄河而上可达陕西潼关和当时的西京长安，顺水而下可达山东至海口，同时与大运河相通，还能南到江苏、浙江，北到河北等地。

隋大业二年（公元606年），在巩县兴建洛口仓，把从江南经大运河运来的粮食囤积于此。当时洛口仓的仓城周围20余里，共有3000

粮窖,每窖藏粮8000担,设官兵千人防守粮仓。按此记载计算,洛口仓约可容纳粮食2400万担,是当时全国最大的粮仓。古代粮食是战略物资,有了洛口仓,加上洛阳城的回洛仓,东都洛阳、西都长安固若金汤。

古代的洛口仓不仅容量大,而且具有重要的战略价值。瓦岗军李密曾向翟让献计说,洛口仓粮食数量巨大,如果瓦岗军号召天下英雄就仓用粮,天下的各路起义领袖一定响应瓦岗军,听命于翟让,然后翟让就可以称帝号,平定中原。这说明得洛口仓就能称帝,失之便会丧邦。翟让采纳了李密的意见,立即派精兵7000人,袭击洛口仓,大业十三年(公元618年),终于攻克洛口仓,此举对隋朝灭亡影响巨大。

瓦岗军占领洛口仓后,立即开仓放粮,赈济饥民,瓦岗军的队伍也得到迅速发展,短时间内猛增至几十万人。李密又令增筑兴洛城,周围40里,使洛口仓扩大了几倍。瓦岗军在这里建立了农民政权,李密自立为魏公。唐代开元二十一年(公元733年),复置洛口仓。如今尚存留长100多米、宽10余米的隋唐城墙及粮窖,这就是隋唐洛口仓的遗址,见证着历史的兴衰。

唐三彩是中国古代陶瓷烧制工艺的珍品,全名唐代三彩釉陶器,是盛行于唐代的一种低温釉陶器,釉彩有黄、绿、白、褐、蓝、黑等色彩,而以黄、绿、白三色为主,所以人们习惯称之为"唐三彩"。因唐三彩最早、最多出土于洛阳,亦有"洛阳唐三彩"之称。1905年陇海铁路洛阳段修筑期间,在古都洛阳北邙山发现一批唐代墓葬,后来人们习惯地把这类陶器称为"唐三彩",并且一直沿用,享誉中外。

史籍中关于唐三彩的记载甚少,所以被人们遗忘了1000多年。19世纪初,陇海铁路修筑到洛阳邙山时毁坏了一些唐代墓葬,发现了为数众多的唐三彩随葬品。常见的出土唐三彩有三彩马、骆驼、仕女、乐伎俑、枕头等。尤其是三彩骆驼，背载丝绸或驮着乐器，仰首嘶鸣，那赤髯碧眼的骆俑，身穿窄袖衫，头戴翻檐帽，再现了中亚胡人的生活形象，使人联想起当年骆驼行走于"丝绸之路"上的景象。

洛阳出土的唐三彩，古董商们将其运至北京，引起了著名学者王国维、罗振玉等的高度重视和赞赏。之后，洛阳一带不断有唐三彩出土，数量之多、质量之美令人惊叹。洛阳出土的唐三彩系本地烧造，一则因为洛阳北边的邙山就有生产唐三彩的原料——白色高岭土；二则因为距离洛阳不远的巩义大、小黄冶村发现了烧制唐三彩器的窑址、窑具、模具和三彩器等，从而证明了唐代三彩的烧造及技术的成熟。

唐三彩的生产已有1300多年的历史。它吸取了中国国画、雕塑等工艺美术的特点。唐三彩制作工艺复杂，从高岭土坯体，含铜、铁、钴、锰、金等矿物釉料，到釉中加入适量的炼铅熔渣和铅灰作为助剂等，加之二次烧造，再上釉彩，再次入窑烧制等，由于铅釉的流动性强，在烧制的过程中釉面向四周扩散流淌，各色釉互相浸润交融，形成自然而又斑驳绚丽的色彩，是一种具有中国独特风格的传统釉陶。

唐三彩的制作工艺十分复杂。首先要将矿土经过挑选、舂捣、淘洗、沉淀、晾干后，用模具做成胎入窑烧制。唐三彩的烧制采用的是二次烧成法。从原料上来看，它的胎体是用白色的黏土制成，在窑内经过1000—1100℃的素烧，将焙烧过的素胎经过冷却，再施以配制好的各种釉料入窑釉烧，其烧成温度约800℃。釉烧出来以后，人物还需要开脸，所谓的开脸就是人物的头部产品如俑、马上人等是不上釉的，它要经过画眉、点唇、画头发这么一个过程，如此，一件唐三彩产品就算完成了。

洛阳的唐三彩已成为洛阳的文化标志之一。目前，洛阳的唐三彩烧造有几个比较成熟的流派。高水旺为代表的是仿古三彩派，以仿古三彩为主，独占市场鳌头；郭爱河为代表是三彩壁画派，以大小壁画为主，引领三彩壁画方向；还有李学武、宋胜利等牡丹瓷派，把有关技法用于牡丹瓷创研，在市场上有相当份额。洛阳三彩是个大市场，有继承的问题、有研发的问题、有创新的问题，站位高、思路巧、做得好是个相当能量级的项目或曰产业。

唐三彩在洛阳名气非常大，可以说是洛阳的一张名片，但三彩的烧造窑场，尽管有大小黄冶的窑址，但专家认为，就隋唐当时的需求，洛阳及周边更近的地方应该有窑址，其规模、烧造水平应不亚于黄冶遗址。当然，这只是理论上的说法，洛阳市内及附近，唐白瓷遗址、隋青瓷遗址、钧瓷遗址、宋代陶瓷遗址等发现比较多，但截至目前，还没有发现唐三彩窑址，但不能说洛阳没有唐三彩窑遗址，历史往往就是这样，眼睛盯的时候它可能不出现，但不留神的时候，奇迹就有可能发生。

唐三彩是陶器，是上了一面釉的釉陶。唐三彩更大意义上是明器，是做随葬品用的。古人的观念是事死如事生，因此明器图的是个意蕴，大多并不是实用器，故做的样子上像就行了，甚至更加好看，唐三彩就是这类器皿。当然，有人说它是实用器，这可能是对葬俗不了解造成的。为故人做的东西，更多的是寄托哀思，因而在造型、构思、色彩等方面就少了些束缚，让艺术的张力得到了最大限度的发展，这就是唐三彩不同于一般陶瓷艺术的地方。

伊洛河附近还有著名的双槐树遗址。遗址东西长约1500米，南北宽约780米，残存面积达117万平方米，处于河洛文化中心区。双槐树遗址是迄今为止在黄河流域仰韶文化中晚期这一中华文明形成的初期，发现的规格最高的具有都邑性质的中心聚落，被专家学者称为"早期中华文明的胚胎""河洛古国"等。

双槐树遗址经考古勘探发掘和科学测年确认，该遗址距今5300

年前后,是经过精心选址的都邑性聚落,填补了中华文明起源的关键时期、关键地区的关键材料。正因为如此重要,双槐树遗址入选了"2020年度全国十大考古新发现",入选全国"百年百大考古发现",是考古界、我国古代文明探源工程中具有非常意义的重大考古事件。

双槐树遗址有仰韶文化中晚期大型环壕,具有最早瓮城结构的围墙,封闭式排状布局的大型中心居址、大型夯土基址、采用版筑法夯筑而成的大型连片块状夯土遗迹。还有3处共1700余座大型公共墓地,这批墓葬是目前已知黄河流域仰韶文化中晚期规模最大、布局结构最为完整、最具规划性的墓葬区。

双槐树遗址的大型夯土建筑群采用版筑法夯筑而成,其中1号院落为高台式建筑;2号院落共发现门道3处,其中1号门道位于南墙偏东,被门柱分为3道,形成"一门三道"现象。专家认为,这与后来中国古代大型宫殿式建筑一脉相承。其标志性的"一门三道"门道遗迹,凸显出大型建筑基址高度礼仪性和宫殿建筑源头性。"一门三道"门道遗迹与二里头1号宫殿建筑、偃师商城3号宫殿与5号宫殿的门道遗迹基本相同,与更晚的一些高等级宫殿也一致。

在双槐树遗址,发现了珍贵文物——我国最早的蚕雕艺术品。其长6.4厘米,宽不足1厘米,厚0.1厘米,用野猪獠牙雕刻而成,仿佛一条正在吐丝的家蚕。这枚牙雕蚕雕刻精美,惟妙惟肖,腹足、胸足、头部组合明晰,和现代的家蚕极为相似,同时背部凸起,头昂尾翘,与蚕吐丝或即将吐丝时的造型高度契合。牙雕蚕的发现意义重大,因为双槐树遗址的发掘初衷就是寻找丝绸之源,与附近青台遗址等周边同时期遗址出土的迄今最早丝绸实物一起,实证了5000多年前黄河中游地区的先民已经掌握了养蚕技术。

双槐树遗址是迄今为止在黄河流域仰韶文化中晚期这一中华文明

形成的初期,发现的规格最高的具有都邑性质的中心聚落。而以其为代表的"中原文明发展模式"、天地之中的宇宙观、合天命而治的礼仪性思维等,具有引领性的文明发展模式,中国地理中心最早城市群中的核心位置等,呈现出古国时代的王都气象。尤其是北斗九星以及诸多凸显礼制和文明的现象,被后世夏商周等王朝文明所承袭和发扬,5000多年的中华文明主根脉在此体现的比较充分。

洛河在河洛镇汇入黄河,在此形成一浑一清的河水太极景观。此处是观水的极佳之地,已形成著名的风景区。两河汇流之处,文化积淀深厚,代表景观有双槐树遗址、黄冶遗址、洛口仓遗址、巩义石窟等。此处历史上一直属于洛阳,新中国成立后才划归郑州。从文化发展的大格局来讲,此处是古都洛阳的门户,是河南文化发展、文化引领的关键,也是了解我国5000年文明的钥匙,挖掘得当,谋划得当,开发得当,将有不得了的"核"当量。

洛阳是中华文明兴起之地,洛阳是十三朝古都,而洛河则是古都洛阳的"营养"滋润之源,没有洛河就没有洛阳,反之,没有洛阳洛河也将失去了精神。一个城市与一条河流,关系竟是如此的密切、如此的奥妙,实在是耐人寻味,令人叹为观止,叹为敬之!洛阳近现代因各种原因发展缓慢了,表面看是"落后",其实不然,文武之道一张一弛,看似"落后",实际上是在"休养生息",涵养内功。江山代有才人出,各领风骚数百年!

对洛河文化的梳理,已经进行一段时间了,陆陆续续谈了些东西,有些方面可能认识到了,有些可能没有认识到,有很多遗漏的地方。但不管怎么说,洛河是一条名副其实的文化名河、经济名河、宗教名河、政治名河等,对洛河的了解,实际上是对中原的了解、河南的了解,乃至对中国的了解。

伊水漫漫　文化灿烂

（上）

古代的洛阳，是公认的帝王之都，是我国长期的政治、经济、文化中心。洛阳有一个非常优越的条件，就是群山环抱，水流充沛，大的方面讲就是"五水润洛"，即伊、洛、瀍、涧、黄滋润洛阳城。伊河，是黄河南岸支流洛河的支流之一，源于熊耳山南麓的栾川县陶湾镇，流经嵩县、伊川，蜿蜒于熊耳山南麓、伏牛山北麓，穿伊阙而入洛阳，东北至偃师注入洛河，与洛水汇合成伊洛河。全长264.88公里，流域面积6100多平方公里。伊河、洛河撑起了河洛文化厚重一翼，"伊洛文明"被国际上一些历史学家称赞为"东方的两河文明"。

伊河，古名鸾水，《山海经》载："蔓渠之山伊水出焉"。《淮南子》载："伊水出上魏山"。蔓渠山或上魏山，均为闷顿岭之古名。《地理志》曰："出熊耳山"。20世纪50年代后，地质工作者多次考察勘探，闷顿岭的山体结构及地质特点，均属伏牛山系，故所谓"出熊耳山"之说有误。伊河沿伏牛山北麓与熊耳山南麓之间，西东流向。由源头至潭头乡汤营村出境入嵩县，经伊川、龙门、偃师，在顾县镇杨村汇入洛河，洛河从这里开始称伊洛河,也叫大清河,而后汇入黄河。

"九洛韶光媚,山川物候新"。伊河流域文化遗存、文化名人、文化事件很多。栾川孙家洞遗址位于栾川县栾川乡湾滩村伊河南岸哼呼崖的崖头之上,栾川县曾发现多处旧石器遗址,该遗址是栾川县诸多旧石器遗址中的一处。孙家洞遗址现有洞口呈扁长形椭圆状,洞口宽 2.65 米,高 0.7 米。洞口距河岸地面 36 米左右。洛阳市文物考古研究院在该洞穴中发现的中更新世猿人化石,专家将其定为"直立人栾川种",简称"栾川人",该发现填补了中原地区未在洞穴中发现古人类的空白,为东亚地区人类起源及演化研究提供了重要材料。该遗址是 2012 年全国考古十大发现之一,亦被列为全国重点文物保护单位。

伊河流域发现有历史上著名的陆浑戎贵族墓地。2015 年 12 月,洛阳市文物考古院在洛阳市伊川县发现了 2500 年前的陆浑国贵族墓葬,并已发掘铜编钟、铜鼎等铜器,在陪葬车马坑中发掘出马匹车辆遗骸。此次发掘的墓葬地位于洛阳市伊川县鸣皋镇徐阳村,古老的伊河支流顺阳河从墓地中部穿流而过。从发掘情况分析,车马坑放置牛羊头蹄的葬俗与春秋战国时期甘青地区戎人埋葬习俗相似,而与中原地区埋葬习俗差别较大。

陆浑戎是一个原本在我国西北的戎人部族,据《左传》记载僖公二十二年(公元前 638 年)被强制迁徙到洛阳附近,《左传》载昭公十七年(公元前 525 年)为晋国所灭,然后举族迁往巴蜀之地的游牧部落。陆浑戎曾跟秦穆公、晋文公、楚庄王等过过招,洛阳的陆浑山、陆浑关、陆浑水库,以及湖北的安陆,都是他们留下的印记。作为游牧民族,戎人的流动性很强,但到了中原,在大国的夹缝中生存就十分困难。

伊河流域有著名的陆浑水库。陆浑水库位于洛阳市嵩县田湖镇陆浑村附近,黄河二级支流伊河上,距洛阳市 67 公里,控制流域面积

3492平方公里，占伊河流域面积57.9%。陆浑景区面积60平方公里。以陆浑水库为中心，包括湖滨县城、两程故里、伊尹故里等旅游区，该景区集人文、自然景观于一体，以水上娱乐为特色，5万亩湖面碧波荡漾、水上娱乐项目齐全，被誉为"中原红海湾"，是中原最佳水上乐园。

商代时期，伊河流域出现一位非常有名的人物，就是伊尹。伊尹（公元前1649—公元前1550年），已姓，伊氏，名挚，伊尹是商朝开国元勋，杰出的政治家、思想家，中华厨祖。经过成汤三聘之后，担任右相，联合仲虺辅佐商汤打败夏桀。商朝建立后，担任尹（相当于秦朝时期的丞相），用"以鼎调羹""调和五味"的理论治理天下。积极整顿吏治，洞察民心国情，推动经济繁荣、政治清明。伊尹辅政50余年，为商朝兴盛富强立下汗马功劳。

伊河两岸有诸多名人墓葬，如姚崇、范仲淹、邵雍等。姚崇墓位于洛阳市伊川县彭婆镇许营村北三里处，背靠万安山。姚崇（公元650—721年），三门峡陕县人。出身于官僚家庭。年轻时喜好逸乐，年长以后，才刻苦读书，大器晚成。历任武则天、唐睿宗、唐玄宗三朝宰相，有"救时宰相"之称，是中国历史上的著名宰相。特别是在玄宗朝早期为相，对"开元之治"贡献尤多，影响极为深远。毛泽东主席称其为"大政治家、唯物论者"。

万安山是洛阳著名的万吉之地，枕龙门山，蹬伊川河。姚崇葬在这里，范仲淹葬在这里，还有许多名人葬在这里。范仲淹墓在万安山，距姚崇墓不远。范仲淹墓位于伊川县彭婆镇许营村南侧。分前后两域，前为范仲淹及其母秦国太夫人、长子范纯佑墓，中设祭庙一所，内有殿房。殿中悬光绪皇帝御笔"以道自任"匾额；宋仁宗篆额"褒贤之碑"，高4.08米，宽1.41米，厚0.48米，碑文字迹大体清晰，另有翁仲、石羊、石狮等。后域为次子范纯仁、三子范纯礼、四子范纯粹及后代之墓。

占地 60 余亩,植有古柏千余株,规模之宏大史所罕见。

范仲淹没在洛阳做过官,死后葬在了洛阳万安山,其中原因可能与母亲先葬在这里有关。范仲淹是北宋著名的思想家、政治家、文学家,字希文,祖籍邠州。作为宋学开山、士林领袖,无论在朝主政、出帅戍边,均系国之安危、时之众望于一身,他倡导的"先天下之忧而忧,后天下之乐而乐"思想和仁人志士节操,为儒家思想中的进取精神树立了一个新的标杆,是中华文明史上闪烁异彩的精神财富。

邵雍是北宋五子之一,居洛阳桥南安乐窝,现仍有故居、祠堂。其墓地是自己卜选的风水宝地,坐北朝南,墓前石系清乾隆七年(1742年)嵩县知县徐玑督工于旧坊遗址新修而成,位于洛阳城南约 35 公里处伊川县平等乡西村西部的紫荆山中。墓地东临伊水,西依紫荆山,周围群峰拱围,草木茂盛。墓地境域偏僻,静谧幽深,确实为风水宝地,安乐佳城。

邵夫子墓现存建筑物有石坊、山门、飨堂等,四周建有围墙,并保存有石雕、石刻。石坊位于邵雍墓南,距山门 20 米。由青石砌成,底柱四根,呈正方形,底柱之座双侧均有石墩夹持,下为石鼓,上呈月牙样,坚固美观。上部有石梁横连四柱。石梁之上雕成筒瓦状,坊脊两头各雕一石龙头,并刻有楷书"安乐佳城",山门有石刻对联,上联"删后无诗啸月嘲风留青壤";下联"画前有易蹑根探窟见先天"。山门上方有石刻匾额,楷书"邵夫子墓"。

邵雍是两宋理学奠基人之一,他哲学上受《列子》及《庄子》影响很深,吸收了道家易学及汉代易学的思想成分,并在此基础上,形成了对《周易》十分独到的理解,他集一生精力创作出《皇极经世书》,其基本精神为质诸天道而本于人事。他对"道"的理解,超出历代以往所有的儒家学者,这在宋代理学形成及发展中有着十分重要的作用。

（下）

"悠悠涉伊水，伊水清见石"。伊河是条文化名河、景观名河、岁月名河。历史上在伊河流域活动的大家不可胜数。"老爱东都好寄身，足泉多竹少尘埃。"白居易深爱伊水，深爱香山，深爱龙门，伊水香山一带留下了他晚年活动的精彩足迹。白居易，字乐天，号香山居士。祖籍太原，后迁居下邽，今陕西渭南北。白居易的祖父白湟曾任巩县县令，与当时的新郑县令是好友。见新郑山川秀美，民风淳朴，白湟十分喜爱，就举家迁移到新郑城西的东郭宅村。唐代宗大历七年（公元772年），白居易在东郭宅降生，武宗会昌六年（公元846年）八月卒于洛阳，享年75岁。著有《白氏长庆集》七十一卷。白居易晚年官至太子少傅，谥号"文"，世称白傅、白文公。在文学上积极倡导新乐府运动，主张文章合为时而著，诗歌合为事而作，写下了不少感叹时世、反映人民疾苦的诗篇，对后世颇有影响，是我国文学史上相当重要的诗人。

白居易在伊阙开通八节滩，疏浚河道，自号"香山居士"并在龙门香山组建九老会，诗词唱和，焚香礼佛，把晚年生活过得有滋有味，不亦乐乎。晚年白居易的生活，大多是以"闲适"反映自己"穷则独善其身，达则兼济天下"的人生观和价值观。白居易去世后，唐宣宗李忱写诗悼念他："缀玉联珠六十年，谁教冥路作诗仙？浮云不系名居易，造化无为字乐天。"

白居易在洛阳的故居也在伊河边上，名曰履道里白氏故居。白居易故居目前已建纪念馆，位于洛阳市洛龙区安乐乡狮子桥村东，占地80余亩，整个布局按唐代东都的"田"字形里坊街道兴建，馆内有白居易故居、白居易纪念馆、乐天园、白居易学术中心、唐文化游乐园、仿唐商业街等建筑。其中，白居易纪念馆是一座仿唐式建筑，馆内有诗人的塑像，并陈列他的生平事迹、文献资料及有关字画、壁画等，是凭吊诗人的主要场所。

白居易在官场中浸淫多年，较深认识到官场的险恶。到了晚年，诗人仕途灰暗，不希望后代再步自己的后尘。于是，诗人留下遗嘱，后代不要做官。他见龙门东山琵琶峰前面陡峭，下临阔水，是块绝地，是选墓址的忌讳之处，于是就故意舍弃北邙人人向往的风水宝地，将自己的墓址选在这前临绝地的琵琶峰巅，以断了自家的官气。白居易的后代，不知是自觉遵守祖训，还是真让诗人断了官气，当官的还真是寥若晨星。此事令人唏嘘，也不禁让人敬佩白居易的宽阔胸怀及高远见识。

伊河边上还有北宋政治家、历史学家司马光活动的踪迹，其故宅独乐园名声尤大。独乐园遗址在洛阳城东南司马街村，独乐园是宋代司马光约在熙宁六年（公元 1073 年）修建的私人园林，虽非豪门大院，却因司马光曾在此编著《资治通鉴》而声名大噪，苏轼等人曾撰有相关诗文。李格非《洛阳名园记》对园中"弄水轩""读书堂""钓鱼庵""采药圃""种竹斋""见山台""浇花亭"7 景曾做过简要描述。琴界古琴谱中收录了以《独乐园》为名的古琴曲一篇。

司马光所创的古琴曲反映了他当时的生活，内容有三段，其一：山在屋上，流水在屋下。中有五亩园，花竹秀而野。花香袭杖履，竹色侵盏。樽酒乐馀春，棋局消长夏。其二：洛阳古多士，风俗犹尔雅。先生卧不出，冠盖倾洛社。虽云与众乐，中有独乐者。才全德不形，所贵知我寡。其三：先生独何事，四海望陶冶。儿童诵君实，走卒知司马。持此将安归，造物我不舍。名声逐我辈，此病天所赭。抚掌笑先生，年来效暗哑。

司马光最重要的贡献就是《资治通鉴》。《资治通鉴》是他主编的一部多卷本编年体史书，共294卷，历时19年完成。主要以时间为纲，事件为目，从周威烈王二十三年（公元前403年）写起，到五代后周世宗显德六年（公元959年）征淮南停笔，涵盖十六朝1362年的历史。在这部书里，编者总结出许多经验教训，供统治者借鉴，宋神宗认为此书"鉴于往事，有资于治道"，即以历史的得失作为鉴诫来加强统治，所以定名为《资治通鉴》。

在伊水之畔的龙门香山，有一段文人比诗的佳话。据记载武则天在洛阳的龙门香山寺游玩时，忽然一时兴来，让群臣以龙门为对象赋诗，先成诗者，赐以锦袍。赏令一出，百官伏案急笔。东方虬用最快的速度，占据第一名，被赐予锦袍。稍后，宋之问呈上他的长诗《龙门应制》，由上官婉儿朗诵："宿雨霁氛埃，流云度城阙。河堤柳新翠，苑树花先发。洛阳花柳此时浓，山水楼台映几重。群公拂雾朝翔凤，天子乘春幸凿龙。……"

宋之问的诗，出手不凡，上官婉儿刚一念完，百官称妙，颇有诗才的武则天也连连点头称赞。上官婉儿心领神会，于是便把锦袍从刚刚获胜的东方虬手里夺了过来，转身赐给了宋之问，群臣一片沸腾。龙门的香山便留下了"龙门赋诗夺锦袍"的佳话。宋之问的这首诗带有一定的功利性，这也是应制诗的基本特点。当然，凭宋问之的才华在这次大赛中拔得头筹也属自然。

伊河是条文化名河，流域不长，名人辈出，文化事件重要，亦有人把洛河伊河之交地带的文化称之为伊洛文化，伊洛文化是河洛文化的重要组成部分，中华民族灿烂文化的组成部分。其中除了上述叙述到的以外，还有许多可圈可点的内容，如伊河洛河形成的夹河滩文化，两河汇流形成的大清河文化，黄河到洛河伊河的漕运文化等，在历史上影响比较大，值得我们进一步去探讨研究。

瀍河缠绕　文化多娇

（上）

瀍河是洛阳名河，孕育了丰厚的河洛文化。笔者曾在瀍河上游的一个小山村插队落户，与瀍河结下不解之缘。瀍河的"瀍"同缠绕的"缠"，流域不长，缠缠绕绕，宽处数十米，窄处牛迈步即可过，故有"牛步河"之名。如今，引黄入瀍，瀍河的水多了，恢复了往日的勃勃生机，在瀍河入洛处，已是景色迷人的好去处。

瀍河是条季节河，发源于孟津县横水镇东边的寒亮村，途经会瀍沟、马屯、朱坡、相留、班沟、九泉、寺河南，由牛步河入瀍沟。进入瀍沟以后，依偎山崖，穿过刘家寨、前李、后李，由洛阳瀍河区的下园汇入洛河。瀍河全长大约20公里，穿行在孟津横水、小浪底、城关、朝阳等几个乡镇后进入瀍河区。瀍河是条历史文化名河，流域不长，故事颇多。

"孟津十景"中有"潜亭流碧"，说的就是瀍河源头的故事。位于今横水镇的潜亭山，古有潜亭，瀍水由此而出，汇聚众溪流入古都洛阳。早在汉代，这里就是今汉魏故城的洛阳都城通往陕西方向的驿站，很多历史事件与此地有关。

由横水潜亭山发源的瀍水,见于中国最早的历史典籍《尚书》。瀍河,与黄河、洛河、伊河、涧河,同称古代洛阳五大河流。瀍河沿岸,自古以来形成了底蕴丰厚的文化带。赫苏氏之墟、有蟜氏故里,相留、班沟、寺河南、大阳河、瀍沟等,人文遗址,星罗棋布,影响深远,跃然史册。

在瀍河源头一带,是远古时期有蟜氏的活动地区。有蟜氏既是人名也是远古的部落名,"远古"这里就是指伏羲和女娲时期。伏羲和女娲时期,这是母系社会向父系社会的过渡时期,有蟜氏相传就是女娲。有蟜氏是炎帝和黄帝的母亲,炎帝和黄帝的出生地炎帝窝就在孟津的龙马古堆。

有蟜氏长的什么样子?有蟜氏是崇拜蜜蜂的部落,图腾上绘的图案就是蜜蜂,后人以为有蟜氏长得就像蜜蜂。有蟜氏时期,蜜蜂是野生。野生的蜜蜂把蜂巢筑在山崖上,有蟜氏是中国最早驯化蜜蜂的人,孟津当地许多地名都和长有蜜源植物有关,如槐树庄、梨树窝、蜂王、梧桐庄等。

神话传说中女娲中的"娲"字,也写作蜗、蛙、娃,女娲是世界上第一位女性部落的首领。女娲部落之后,中国又诞生出夸蛾氏、虬龙氏、蚩尤氏、蛹龙氏、倮蝇氏等氏族部落,这些氏族部落的"氏"字前面字的偏旁都带"虫"字,这些部落都是有蟜氏部落的后代。夸蛾氏是有蟜氏的后代,愚公移山故事中的太行王屋二山与孟津隔河相望,移山人就是夸蛾氏的儿子。

孟津是古圣贤辈出之地,此前曾召开过"炎黄母族有蟜氏故里平逢山文化研讨会"。会议共收到论文数十篇,与会专家以史实为依据,一致认为:洛阳西北部的炎黄母族有蟜氏故里东连穀城山,西接青要山,南望伊洛,北至河曲,其地望与中国典籍的记载完全吻合,平逢山是一座文化名山,是中国唯一名实相符的炎黄母族有蟜氏的故里,这应该说是学术研究的一个突破。当然,对上古时代的学术研究仍在不断推进,平逢山有蟜氏故里还有一些新的观点。

洛阳地名中叫谷堆的不少,谷堆,就是大土丘。印象中有说头的有伊滨区的禹宿谷堆等,著名的当属孟津县的龙马谷堆。龙马谷堆位于孟津县横水镇西北,是平逢山的主峰,海拔451米。平逢山,据专家考证,是中华民族人文始祖炎黄二帝的诞生地。

关于平蓬山及炎黄二帝的活动情况,《国语·晋语》曰:"昔少典氏娶于有蟜氏,生炎帝、黄帝。"炎黄二帝出生于有蟜氏部落。有蟜氏部落在哪里活动?据《山海经》记载:"缟羝山之首曰平逢之山,南望伊洛,东望谷城之山,无草木,无水,多沙石。"有蟜氏部落在平逢山一带活动,专家根据《山海经》考证,平逢山就是以龙马谷堆为中心,西邻瀍河、北邻黄河这一区域的统称。

龙马谷堆的来历,跟黄帝有关。传说炎黄二帝联合打败蚩尤后,黄帝被拥为万国共主。那一年秋天,平逢山谷子获得丰收,晒场上谷堆如山。老天爷为人间的丰收而高兴,打发一匹龙马下凡,到平逢山祝贺。黄帝正带人在谷场视察,忽见一龙头马身的怪物不知从哪里钻了出来,径直来到谷场,献图给黄帝。黄帝示意龙马吃谷子,谁知龙马却吃起了谷秆。当人们闻讯赶来看稀奇时,龙马突然不见了。为了纪念龙马,晒谷之山被称为龙马谷堆。

关于龙马谷堆的来历,还有另一个传说,也和黄帝有关。在与蚩尤征战的过程中,黄帝骑的龙马阵亡了,被埋在平逢山顶。一段时间过后,龙马所葬之处,土地有凸有凹,成了一匹马的形状,当地人就叫它龙马谷堆。龙马谷堆的半山腰有一个天然凹地,依山面水,外阔内狭,形状像一个罗圈椅,是风水学上的藏风聚气之地,当地人称炎帝窝,据传炎黄二帝就诞生在这里。

瀍河上游还是著名的赫胥氏之墟,即赫胥氏的活动之地。赫胥氏,中国古代传说中的部落首领,后人追尊其为帝王。《庄子·马蹄》:"夫赫胥氏之时,民居不知所为,行不知所之,含哺而熙,鼓腹而游。"成玄英疏:"赫胥,上古帝王也。亦言有赫然之德,使民胥附,故曰赫胥。盖炎帝也。"古"苏""胥"通,赫胥氏亦称赫苏氏。由此可知,瀍河流域是我国进入文明开化最早的地区。

瀍河源头还有著名的文公村,据记载和唐代文学家思想家韩愈有关。文公村位于孟津县横水镇东部,地处宜苏山麓梓泽原,是瀍河的发源地。唐代以后,很多人认为,韩愈是孟津文公村人,韩愈青年时期还曾在文公村教书。韩愈是孟津人不仅是传说,而且在孟津县志和不少诗文典籍中都有印记。文公村因韩愈而得名,是孟津久负盛名的历史文化名村。

韩愈(768—824年),字退之,河南河阳(今河南孟县)人。世称韩昌黎。昌黎是今中国河北省的一个县,韩愈认为,昌黎是韩姓人的祖源地,韩愈自称为昌黎世第。韩愈死后谥号文,又称韩文公。唐德宗贞元八年(792年),韩愈考中进士,先后任监察御史、刑部侍郎等职。后因宪宗迎佛骨谏阻事,被贬为潮州刺史,不久回朝,历官国子祭酒、吏部侍郎等职,57岁时卒于长安。

韩愈是孟津人,应该是有依据的。清嘉庆版《孟津县志·流寓》中记载:"其先为孟津人,擢进士第。……汴军乱,愈从丧之至洛,还寓孟津"。宋朱子《韩文公集考异》载:"其诗曰:旧籍在东都,我家本瀍谷"。由此可见韩愈的先祖在孟津。后来其家族又从孟津迁到了今河南孟县。

韩愈的先祖是孟津人,也出自韩愈本人之作品。韩愈在他的诗作中说:"我家本瀍　,有地介皋巩。"(诗见《五百家注昌黎集》,又见《全唐诗》《会合联句》篇)。这两句诗的意思是说：我的老家在瀍河边，在巩义和荥阳一带有我们家的田地。上述两句诗后注解为：瀍，水名，在河南穀城也。可知韩愈祖籍在孟津。

韩愈官至吏部侍郎，卒谥文，后人称其为韩文公。孟津县横水镇文公村即因纪念韩愈而得名。为了纪念韩愈潜心育人的功德，后人们就把宜苏山北边的山称潜山，称苏山上纪念韩愈的庙为韩文公庙，庙下那个村子就叫文公村。文公村的韩文公庙遗址，后来改建为某家祠堂，再后来改建为文公村小学。新中国成立后，韩文公庙中仍然存有《韩文公德教碑》古碑，后来因故被毁。

韩愈祖籍孟津，其学术上的贡献是多方面的。他是唐代古文运动的倡导者，被后人尊为"唐宋八大家"之首，与柳宗元并称"韩柳"，有"文章巨公"和"百代文宗"之名。后人将其与柳宗元、欧阳修和苏轼合称"千古文章四大家"。他提出的"文道合一""气盛言宜""务去陈言""文从字顺"等散文的写作理论，对后人影响巨大。著有《韩昌黎集》等。

瀍河上游有著名的文化名村——明达村。清代时期该村有一个私塾叫"望椿轩"，培养出了许多饱学之士。那时明达村的贡生杨伯峰学力深厚，终生致力于教育，在家设私塾"望椿轩"教授生徒，望椿轩，也是晚清豫西地区最著名的一家私塾，因院中有株大椿树而得名。

望春轩初期学生较少，可在土房中讲课，后来学生越来越多，达六七十人，杨伯峰就在椿树下讲课。杨伯峰教出了众多弟子，成名者数十人。其优秀学生林东郊、许鼎臣、周维新、高佑等均成为名著中原的文化大家，其他弟子如刘仙卿、宋交泰、申万杰、孙贡九等也皆为饱学之士，名震河洛。

明达村是一个有故事的村庄。明达村位于孟津县小浪底镇。相传古时在小浪底南边有4个对称分布的村子。有个皇帝到民间察访，走到这里，在4个村子各歇息了一晚。之后，这4个村便分别被叫作北达宿村、南达宿村、东达宿村、西达宿村。后来，西达宿村改名为"明达村"。这里面还有个难忘的故事。

抗日战争时期，日寇进犯中原，洛阳城、孟津相继沦陷，日寇在马屯、横水也建立了据点。西达宿村距马屯不足3里，又处于马屯至横水的大路旁边。看到日本人的凶残行径，西达宿村人惶恐不安，于是，大家去找私塾学堂的教书先生杨文志，请他拿个主意。

教书先生杨文志想了一个办法，叫来村里有勇有谋的小伙子杨灵，让他在马屯通往西达宿村途经的杀猪沟里做些文章。沟里有个破屋子，屋顶上有个瓦盆大的马蜂窝。这天，一小队日本兵向西达宿村走来，在杀猪沟边放哨的杨灵见状迅速钻进破房里，戴上面罩，待日本兵一进沟，便奋力将马蜂窝戳掉，扔到大路上。大群马蜂向日本兵头上飞去，吓得他们四处逃窜。

话说日本兵逃出沟口才摆脱了群蜂，有个汉奸用手一指说："太君，这个村子去不得呀，看！"只见沟口竖有一块一丈多高、三尺来宽的牌子，上面写着"命搭村"。汉奸把这几个字的意思翻译后，日本小队长想，本来就被马蜂蜇得鼻青脸肿，又看到这么不吉利的牌子，弄不好真会把命搭在这儿，于是日本兵不敢久停，撤走了。

原来，是教书先生杨文志让杨灵在沟口竖了这个牌子，避免了日寇进犯。于是，人们将村名改为"命搭村"。后来，有人嫌村名不雅，又将村名改为"明达村"。实际明达的意思是非常深刻的，就是对事理有明确透彻的认识，通达晓畅。《鹖冠子·道端》："圣人之功，定制於冥冥，求至欲得，言听行从，近亲远附，明达四通。"

明达村除了文化积淀深厚外，还是住房城乡建设部公布的全国第一批绿色村庄,明达村村容村貌整洁,行道树鳞次栉比,家家户户种植鸡冠花,每年都要举办小浪底鸡冠花节,百十余亩景观花田吸引了大批游客前来观光旅游,昔日的历史文化名村焕发出勃勃生机。

瀍河流域文风鼎盛,清至民国,瀍河边上有几位著名的文化人,人称"先儿",即先生,一位是北马屯镇明达村的杨伯峰先生,他秀才出身,满腹经纶,设馆授徒,培养出了洛阳乃至全国有名的举人、状元林东郊;举人许鼎臣、周维新、高祐等人,在中州一带享有盛誉。

瀍河之畔另一位重量级的文化名人是许鼎臣。许鼎臣家居马屯镇老龙嘴村,开办龙嘴山馆研修学问,教授学生,他一生著述甚多,在易学、训诂、义理、书法等方面颇有建树,其学术影响不仅在河南,乃至关中都享有盛名。他家境清寒,是杨伯峰看中并资助的学生,与著名书法家高祐是同学。如今他的后人在龙嘴山故地给他建了墓地和祠堂,以纪念他的生平及学术贡献。

瀍河之滨还有一座著名的书斋,瀍阳书斋。瀍阳书斋,又名"文昌阁"为清代义学建筑,始建于康熙五十五年(公元1716年)。此书斋为康熙钦点进士贾之彦归乡所建,位于今孟津区城关镇寺河南村南,瀍河左岸,目前义学旧舍尚存,距今已有300余年历史,是孟津文风之炽的一个缩影。

瀍阳书斋的创建人是贾之彦,字汉公,号瀍溪,孟津大杨河村人,该村因西河岸上曾有3株9丈9尺高的大杨树而得名,今称孟津区城关镇寺河南村,又名大阳河村。贾之彦为洛阳名宗、贾谊之后。康熙辛未年间(公元1691年)进士,做过甘肃会宁邑侯。康熙五十五年(公元1716年),辞官归里,在村中建立义学"瀍阳书斋",亲自启教后生。

瀍阳书斋为二层阁楼,下为券窑,上为瓦房,总面积约110平方米。其下层正壁上,嵌有"瀍阳书斋"一石匾。文昌阁中镶嵌着《瀍阳义学记》《训家要略》等多方石碑,碑文为贾之彦所撰。贾之彦先生于《瀍阳义学记》中表明了其办学宗旨:"学者也,非徒取荣名与厚禄,所以致知力行,求为圣贤也"。

贾之彦在《瀍阳义学记》中以深邃的眼界,讲明了义学所处位置:"河南天下之中也,而洛阳又居河南之中,自周公卜洛,历汉晋唐宋建都于此,乃四方清淑之气所会集,帝王将相之所钟也……"还用抒情的笔调赞美这里的学习环境:"瞻彼室号,瀍水之滨,山围水环,翼然中存"。对故乡的赞美跃然而出。

(中)

瀍河从马屯往东,经过了西相留、上村。上村是个小村庄,原来隶属于相留大队,后转隶朱坡大队。笔者当年在上村当知青,在那里度过了近3年的插队时光。上村南边就是连绵不断的瀍河,瀍河到了这里,河面开阔,一改缠绕弯曲的模样,大有一条大河波浪宽的气势。

瀍河边上的上村是个紧临庙护山坡的一个小村庄,当年人口不过百十口,但比较富庶,得益于瀍河,村里的土地在河滩的比较多,大都能浇到。当时,附近的其他村子干旱贫瘠,唯独临瀍河的上村、西相留等村得天独厚,地能浇上水,不是单纯的靠天吃饭。

上村虽然是个不大的村子,但因为是建在濒临瀍河的台地上,自古以来就是古人类居住的一方宝地。据洛阳市文物部门考古发掘发现,此地是著名的"上村遗址",同翻过去南面山的"班沟遗址"齐名。我们下乡插队期间,曾在附近农田里捡拾了许多新、旧石器时代的石铲、石镰、石斧等物件。

相留村名顾名思义是宰相在此停留的意思,是孟津县一个古老的村子,至于说是哪个宰相在此停留已不可考了,但名字流传了下来。

相留村乃至后分出来的朱坡村,陈姓、朱姓、赵姓、高姓居多,是个沿瀍河而居的村子,村子里能工巧匠比较多,打铁的、做木工的、印布、漏粉条的等,村里民风很好,不排外,故接受了一批又一批知青,成了下乡知识青年难以忘怀的家园。

农村插队的生活是艰苦的,但我们这一代知青人并没有被困难吓倒,当时的信念就是响应毛主席的号召,到广阔天地里滚一身泥巴,炼一颗红心。最令人难忘的就是在大寨田工地上干活,北风呼啸,天寒地冻,肩扛车推,耳朵冻烂了,手脚冻肿了,但一道道大寨田建起来了,我们很有成就感。

相留村以下的瀍河流域还有著名的班沟村。班沟是孟津县小浪底镇的一个行政村,位于瀍河中上游的右岸的台地上。班沟村的名称是一个谜,如今的班沟村有杨、王、许、李、宋、朱等六大姓聚居,却没有一户班姓后裔。班沟村缘何得名?是瀍河流域的一个待解问题。

班沟,原名班家沟。这说明班沟是以姓得名的,这里最早的主人是班姓。班沟村东数十步远是瀍河和它的两条支流之交汇处。瀍河自西方来到此偏转东南流,又有雅沟水、东达宿水西南来汇,三水交汇处有一座古寨,村民称为班寨。

在一个阳光明媚但寒风凛冽的日子,因写瀍河文化系列问题的缘故,笔者悄然到班沟探访。过九泉水库,过李家窑村,穿过瀍河古河道,班沟村豁然出现在眼前,村标、古寨、班超通西域微景观、班妤山、杨体锐故居等一一闪现。

班沟虽然不是第一次去,但还是有些陌生,首先看到的是班沟寨子的位置。班寨坐落在三水交汇处的东南台地上,寨呈长方形,占地约 10 余亩。寨子虽小,墙垣依然。寨墙均为夯土筑成。南寨墙长约百余米,基厚约 5 米,约 7 米。东、西、北均有残墙耸峙。四周寨墙上荆棘丛生，枯枝遍挂，蒿草枝蔓，随风摇曳。

　　班沟的班寨西、北两面，门阙通道宛若从前。班寨的南寨墙比较壮观，寨墙偏东南处留有一个豁口通道，这个通道仅能容一个人通过。南寨墙外原来是一条人工开挖的深沟，沟宽仅有一丈许，来自雅沟的水和东达宿的水就从这沟里流过汇入瀍河。有了这条沟，班寨就成了四面环水的小城堡，一旦有战乱匪患人们即可躲避于此，防攻自如。

　　班沟村南还有名字非常雅致的班妤山。班妤山原名班婕妤山，老百姓念着拗口，就叫班妤山。后来，人们为了好写好记，又叫作"卜鱼山"。班妤山海拔300多米，在邙山西部傲然挺立。班妤山的山脚下有班寨、班沟、雅沟等，山上有多处班家坟茔，坟丘硕大，紫荆笼罩。山西北半坡还有一口掩映在古槐下的班家井，文化遗存多有分布。

　　据孟津县名学者李根柱先生研究，班沟村的班姓，同东汉著名的班固、班超家族有十分密切的关系。班沟过去居住的班氏家族，是最早在洛阳瀍河流域定居的世家大族之一。班沟、班超墓、班家街是班氏家族在河洛大地活动的一条文化线索，班沟、班寨、班妤山等均因这个家族而得名，或是这个家族所命名。

　　班氏家族居住班沟、班寨，与班超墓有关。班超墓在孟津朝阳镇的张羊村，距此不远，或许班超后裔为了守墓、祭奠；或许为了避祸逃难；或许其他原因，才来到这远离洛阳都城又距班超墓不远的地方隐居。

　　班沟的班妤山或曰卜鱼山之得名，源之于班超兄妹之祖姑班婕妤。班婕妤，是汉代越骑校尉班况的女儿，班固、班超的祖姑。汉成帝时，班婕妤以美貌和文才被选入宫，择立为婕妤。婕妤为嫔妃中之第二级，地位相当于上卿。

　　由于赵飞燕入宫得宠，班婕妤不断遭到赵飞燕的诽谤。据《汉书·孝成班婕妤》载,赵飞燕诬陷班婕妤经常求助鬼神并暗中加害她,班婕妤因此受到汉成帝的拷问进而失宠。班婕妤曾悲伤而作《自悼赋》其言:"奉共养于东宫兮,托长信之末流;共洒扫于帷幄兮,永终死以为期;愿归骨以山足兮,依松柏之余休。"

"何事秋风悲画扇",这句话出自纳兰性德的《木兰词·拟古决绝词柬友》,这里用的是汉班婕妤被弃的典故。后有诗《怨歌行》,以秋扇为喻抒发被弃之怨情。南北朝梁刘孝绰《班婕妤怨》诗又点明"妾身似秋扇",后遂以秋扇比喻女子被弃。这里是说开始时相亲相爱,后来却成了相离相弃。

汉成帝死后,班婕妤自己提出守汉成帝陵园,直到老死以后,就埋葬在汉成帝陵园中。班婕妤的悲剧,历来是史学家和诗人同情吟咏的体裁。自古迄今,如《婕妤怨》《婕妤悲》《长信怨》等诗赋屡见书籍。班婕妤是班氏家族最早发迹的上层人物,对班氏家族后来的勃兴影响巨大。孟津班沟村的班好山,很有可能就是为纪念班婕妤而命名的。

班沟、班寨的主人可能不是一般的班氏后裔,很可能以避祸为主、兼顾守墓才择居此地。以班超为代表的班氏望族,不乏因功高而致祸者。班超之兄班固,因窦宪案受牵连死于狱中。班超嫡孙班始,因杀了妻子阴城公主而被腰斩于市。班超后裔之一支,居住在距班超墓不远之班沟,就有远离京城避祸的可能。

东汉时期,由于班彪及其子女班固、班超、班昭的惊世之才,盖世之功,班氏遂成京都洛阳的名门望族。今洛阳瀍河区的班家街、北邙山的班超墓、瀍河流域的班沟、班寨、班家坟等,均为班氏后裔在河洛大地留下的深刻印记。

班姓的源流比较复杂。班姓一大部分出自芈姓,是春秋时期楚国若敖的后代。班超(公元32—102年),字仲升。东汉时期著名军事家、

洛阳名人与文化遗存 | 149

外交家。史学家班彪的幼子,其长兄班固、妹妹班昭也是著名史学家。班超为人素有大志,不修细节,审察事理,博览群书。

据史书记载,班超为人有大志,不甘心当一个刀笔小吏,遂投笔从戎,出使西域。在 31 年的时间里,平定了西域 50 多个地方,为西域回归、民族融合作出了重大贡献,官至西域都护,封定远侯,世称"班定远"。永元十二年(公元 100 年),班超因年迈请求回京,永元十四年(公元 102 年)抵达洛阳,不久病逝,享年 71 岁。死后葬洛阳邙山。

班超墓位于孟津区朝阳镇张阳村西北,墓冢很大,据《孟津县志·名人墓葬》记载:朝阳乡张阳村西北有一大冢,当地世代传为班冢,为东汉定远侯班超墓。"文化大革命"时期,在班超墓的东北方出土一北魏墓志,志载:西南方距射声校尉班超墓 164 步,这进一步证明了此处确为定远侯班超墓。

"投笔从戎""不入虎穴,焉得虎子",这两句名言便是班超留下的。班超的一生是传奇的一生,他集勇猛与谋略于一身,以常人难以企及的功勋名垂千古。他以区区 36 人,驰骋边塞荒漠,诛寇擒奸,在西域各地游刃有余;他尊重他人,广交朋友,善于斡旋,让广袤的西域成为通途,美丽的丝绸广为播传。

班沟村不仅因班姓而闻名,近代还出了一个影响很大的人物——杨体锐。杨体锐(公元 1892—1913 年),字姿英,班沟村人。曾就读于河南陆军小学,1911 年,加入秦陇豫复汉军,任模范团大队长。二次革命爆发,任河南讨袁豫西民军司令,奉命回河南策动驻扎在豫西的镇嵩军起义。杨体锐冒着生命危险,奔走开封、洛阳、陕州、潼关等地活动。

杨体锐在"讨袁"斗争中四处奔波,不幸在洛阳赴孟津途中被捕。1913 年 8 月,河南巡抚张镇芳下令杀害了杨体锐。他在给祖父的遗书中写道:"孙未得为国杀贼,又被贼捕,死不足惜,家中万勿过于哀痛。人固有一死,此死固孙所乐。"杨体锐牺牲后,冯玉祥为其题词:"碧血丹心",表彰其革命精神。

瀍河到了班沟,因几股水交汇,河水曾经是比较大的。班沟的村民,前些年在清理瀍河故道的时候,曾在河床上挖出了铁锚、船钉等物件。据老辈人讲,瀍河水大的时候,曾经通过船,也曾有船家在瀍河流域搞运输,把粮食、干粉、土布、柿饼、荆编箩筐等物件运到海资集和洛阳销售。

瀍水流经的地方,还有著名的九泉水库,九泉水库是瀍河上为数不多的水库,位于孟津城西南3公里处,在县城到常袋的乡村公路上。因小浪底南岸引水工程已竣工通水,黄河水经瀍河河谷注入九泉水库,库区水面碧波荡漾,美不胜收。在库区西部,山脚下面,有九泉观一座,每年的农历二月一号至三号有庙会。九泉观始建何年,已难以考证。现存有三通石碑,最早的一块残碑,依稀辨得是明朝嘉靖三年(公元1524年)所立。

往瀍河下游走,岸边有一个著名的村庄牛步河村。牛步河属孟津区城关镇,是孟津的南大门。村名由来:相传老子离宫归隐,骑一青牛出关西游路过此地,青牛一跃过瀍河,留下"牛步河"之美称。据说周敬王四年(公元前516年),周王室发生内乱,王子朝率兵攻下刘公之邑,周敬王受困。当时晋国强盛,出兵救援周敬王。王子朝势孤,与旧僚携周王室典籍逃亡楚国。老聃蒙受失职之责,受牵连而辞职。于是离宫归隐,骑一青牛,欲出函谷关,西游秦国。

相传老子出了周王城北门,骑着青牛,踽踽北行,上了邙山。翻岭过洼之际,瀍水突现眼前。当时,瀍水水势很大,老子顺着河道看去,水上看不到渡船,更看不到桥梁。眼看天要黑了,总不能在河边露宿吧？老子沉吟片刻，让所骑青牛后退数步，然后朝牛背猛击一掌。只听青牛长"哞"一声，犹如腾云驾雾，瞬间便到了瀍河北岸。从此，该地便有了"牛步河"之美称。

瀍河岸边"牛步河"的传说无疑是"老子出关"的众多传说之一。"老子出关"的故事一直被人们津津乐道。鲁迅先生也对此发生过兴趣，还专门创作了故事新编《老子出关》。此外，老子出关中的"紫气东来"也成了中国文化中的一个受欢迎的名词，帝王之家将"紫气"当作祥瑞之气；平民之家也把"紫气"当作吉祥的象征，并常把"紫气东来"写在大门上。古人还认为，哪个地方有宝物，哪个地方的上空就会出现紫气。紫气就是运气，就是福气，就是祥兆！

有趣的是，老子骑坐的青牛也成了道教文化中的一个著名意象。青牛成了传说中神仙、道士的坐骑，后来又成为老子的代名词，如老子又被称为"青牛师""青牛翁"等。这青牛还被看作是神牛，据说老子当初过瀍河、出函谷是乘着青牛飞过去的，并又演绎出一段美妙的传说。中国文化、老子文化等就是这样一点一滴地积累起来的；瀍河文化亦是如此，这就是文化的精深与魅力。

瀍河流域有文人也有武将。牛步河村旁瀍河南岸的谷地中，有一座许氏祠堂，祠堂前有一通2米高的石碑，该碑是许氏后人为其先祖许震所立。碑文显示：许震，字仲威，原籍山东沂水县，明朝天顺年间，任河南军政管事；明朝弘治年间，被钦封为镇国将军。洛阳是军事重地，许震长期在洛阳管理武备，留下一段动人故事。

据当地村民讲，当年，许震将军本来居住在洛阳北门里。一天，他沿瀍河在邙山上部署军事防务，来到了牛步河。当时正值秋天，只见瀍河两岸满坡菊花盛开，金光灿灿，如锦似绣。那一刻，纵横沙场的将军被眼前的美景深深震撼，当即决定迁居这里。于是，碑文上有了"初居洛阳北门里,后建家于牛步河村"的记载。现在,村中的许姓人均为这名许将军的后裔。

牛步河村的姚姓也是一个大姓,他们是唐代名相姚崇之后。姚崇原名元崇,字元之,陕州硖石(治所在今河南省三门峡市东南)人,永徽元年(公元650年)生,历事武则天、唐中宗、唐睿宗、唐玄宗诸朝,任宰相,多次出任地方长官,为唐朝前期一名臣。据族谱记载,他的后人本来居住在洛阳城南,后整个村庄搬迁到牛步河村,自明朝至今已有400多年历史。

牛步河村另一大姓是张姓,祖籍远在四川绵竹,明初迁居洛阳,清朝初期,又迁居到牛步河村,这么多大姓迁往牛步河迁居住,这里也算一方宝地了。清朝嘉庆年间,牛步河村的王湾自然村出了一个"神童"——张玉麒。在牛步河村,提起张玉麒,上至耄耋老人,下至垂髫幼童,都能说出一两段故事。据传天资聪慧的张玉麒从小家境贫寒,上不起学,只好在私塾外旁听。先生发现后,喜其聪明好学,免费教授。8岁时,张玉麒就成了闻名洛阳的"神童"。

张公墓碑中记载,张玉麒曾任翰林院编修、吏部考功司主事等职;嘉庆十八年(公元1813年),他出任湖北乡试大主考,奉敕提督贵州学政、钦差户部坐粮厅监督;道光年间,他任过沂州、登州、天津、曹州、宣化等地知府。在官期间,他"抑强扶弱,听断明敏,培植孤寒,周恤茕独",深得百姓爱戴,有很好的政声。

张玉麒为官一任造福一方,而老百姓更加津津乐道的是张玉麒生活上的小故事。据说张玉麟小的时候,曾智断过一个案件:面坊老板的箩筐被盗了,怀疑是油坊老板偷的,油坊老板却不认账。张玉麒出主意说,把箩筐放在地上,蒙上布一阵痛打,箩筐就会告诉大家真相了。人们不解:箩筐哪会说话?但想不出来其他办法,只好将信将疑地按张玉麒的说法做了。敲打完毕，张玉麒走上前去看了看，就认定这个箩筐是面坊老板的，因为经过敲打，箩筐篾条缝里的面粉都抖落了出来，油坊的箩筐可敲不出来面粉！众人信服称奇。

牛步河村方圆十里八村流传着"前门上轿，后门上吊"的民谣，这与张玉麒的婚事有关。据说，张玉麒的老师姚万策住在王湾村东数里外的姚凹村，有一侄女叫月芰，与张玉麒年龄相仿。姚先生对嫂嫂说，月芰与张玉麒是桩好姻缘。嫂嫂嫌张玉麒家贫，不但不领情，还抢白姚先生：你为啥不让自己的女儿与张玉麒订婚呢？

在嫂子语言相激下，姚先生就以自己的女儿月秀相许，与张家订下了这门亲事。数年后，张玉麒衣锦还乡，完婚成礼。当天，四方乡邻都来观看翰林娶亲，从姚凹村到王湾村，一路都是看热闹的人。就在月秀上轿的同时，月芰对母亲的做法愧悔不已，竟于后院悬梁自尽了。当然，这个传说虚实莫辨，但它毕竟是流传在民间的故事。

张玉麒是个才子，也是一个有作为的官员，为家乡做过许多事。据史书记载：嘉庆十八年（公元1813年），张玉麒受邀校勘《洛阳县志》。地方志书是流传后世的珍贵文献，编修县志、校勘县志既是一种荣誉象征，更是对其人品和学问的肯定，事情不大，足见张玉麒在地方的声望和影响。

（下）

瀍河弯弯曲曲流到了孟津区朝阳镇，有一个村庄名瀍沟，在民国到新中国成立初期，出现了一位商界奇才，名曰陈敬初。目前，在瀍沟村留有陈敬初故宅，北依土岭，面对瀍河，青砖到顶的砖箍窑，内分二层，窑前的对厦做工精良，是孟津境内为数不多的豪宅大院，极具浓郁的地方特色。我曾在朋友陪同下参观过该院落，深为过去的建造技法而惊叹，更为陈敬初长袖善舞，精于理财，爱国爱家的精神所折服，陈敬初是爱国商人、爱国实业家，为国家的发展作出了很大贡献。

瀍沟陈敬初小名陈二泰，初出道时在洛阳益晋银号当学徒，当时我的爷爷董相成在该银号当掌柜。益晋银号就在当时繁华的南大街，如今的南大街76号院，一个四进院落的院，一个中西合璧的院，前面是账房，后面是会客及家眷居住的地方。益晋银号是民国时期洛阳一个重要的银号，在汉口、上海、运城等地开有分号，生意也做得风生水起。

陈敬初从义晋银号出来后，先在洛阳的另一家银号当掌柜，后又投资企业，在西安、郑州等地办了纺织厂、轧花厂等，公私合营的时候把棉纺织厂交给国家，由于他的贡献比较大，被选为河南省首届政协委员。瀍沟的房子是他在民国时期盖的，属洛阳北乡首屈一指的好宅院。他自己选定的墓地就在他宅子的后方，落叶归根返回到了生他养他的故乡。

瀍河过了牛步河，其右岸有许多重要的古代墓葬。首当其冲的是北魏孝文帝长陵。长陵位于洛阳市孟津区朝阳镇官庄村南，现存两个大型封土，大者高35米，底部周长141米；小者高23米，底部周长110米。两冢相距约100米，当地俗称"大小冢"。比较大的一座，是北魏孝文帝元宏的陵墓，小一些的，是他的第三位皇后——文昭皇后高氏的陵墓。

北魏孝文帝的陵墓，很长时间以来，人们不知道其位置，史书中虽然记载了孝文帝葬在洛阳附近的长陵，但要在邙山上众多墓冢中准确找出长陵，是非常不容易的事情。直到1946年2月，《文昭皇后高昭容墓志》在大小冢的小冢内出土，考古人员才终于解开了大小冢的神秘"身世"之谜。文昭皇后高照容（公元469—496年），是孝文帝的贵人、魏宣武帝元恪之母。她为孝文帝生了两男一女,即宣武帝元恪、广平王元怀、长乐公主元瑛。

公元496年,高昭容殒丧在前往洛阳的路上,谥号文昭贵人。宣武帝元恪追尊其皇后之位,后来孝明帝元诩更追尊其为皇太后。高昭容初葬终宁陵(即今瀍河回族区盘龙冢村附近之盘龙冢),后迁至孝文帝长陵。《文昭皇后高昭容墓志》的出土确定了小冢即文昭皇太后之墓冢,根据墓志上记载的"祔高祖长陵之右",人们才明白,小冢东南的大冢就是那位迁都洛阳、推动民族大融合的魏孝文帝的长陵。

千百年来,洛阳最被人称道的就是洛阳作为帝都的历史。其中在洛阳执政的皇帝,真正有名的并不多,但北魏孝文帝应该算一个,同汉光武帝、女皇武则天等齐名。北魏孝文帝是推动历史前进的皇帝,他执政时实行的汉化政策,把落后的鲜卑王朝向前推进了一大步,促进了政治及社会的发展。

北魏孝文帝迁都洛阳,励精图治,力行改革。在亲政之初,即整顿吏治。对官吏实行三年一考,经三考,"升贤明有绩者,退庸劣无功者"。魏孝文帝颁布了均田令,使北方经济逐渐恢复和发展起来。他还提倡思想解放,带头学习汉文化知识,采用汉族统治阶级的政治制度,与汉族通婚,他迁都洛阳后,又下令改穿汉服,改去鲜卑姓,自己首先改姓元,按一元复始之意,列为全国第一姓。孝文帝的改革,促进了北方民族的融合,出现了历史上的北魏盛期。迁都洛阳后,他大规模营造了龙门石窟,为人类留下了宝贵的文化遗产。

瀍河两岸,墓冢苍茫。经文物勘探,北魏孝文帝长陵陵园为长方形,其夯土围墙东西长440米、南北宽390米,陵园总面积达17万余平方米。长陵就位于陵园的中部偏北,圆形封土。根据长陵的封土形状、墓道朝向等特点,学术界专家认为,它继承了东汉的皇陵葬制,与少数民族葬制有明显区别,这也直接印证了魏孝文帝的汉化政策在墓葬中的体现。

洛阳铲是洛阳瀍河附近村民李鸭子在清末民初发明的,并为后人逐渐改进。洛阳铲是中国考古钻探工具的象征。最早广泛用于盗墓,后成为考古学工具。著名的考古学家卫聚贤在1928年目睹盗墓者使用洛阳铲的情景后,始运用于考古钻探,在中国著名的安阳殷墟、洛阳偃师商城遗址等古城遗址的发掘过程中,发挥了重要作用。如今,学会使用洛阳铲来辨别土层土质,是考古工作者的基本功。

"洛阳铲"既是盗墓工具,又是考古工具。"洛阳铲"已被正式作为田野考古工作者的特备工具,在教科书上划出图形,介绍其使用方法,向全国推广使用,并因此而形成了中国独有的考古钻探技术,也成了中国考古钻探工具的象征。可以说,在世界范围,"洛阳铲"也是最好的考古工具之一。洛阳铲更是被广泛应用于国家基本建设、科研和工业上。

洛阳是"洛阳铲"的产地。然而,长期以来,"洛阳铲"的生产经营一直处在民间手工作坊的原始状态,面临后继乏人的情况。一些考古专家呼吁对有着重要历史价值和社会价值的"洛阳铲"制作工艺进行科学整理和规模开发,甚至建议将"洛阳铲制作技艺"申报非物质文化遗产项目。目前,"洛阳铲"已注册了商标,洛阳铲博物馆也在洛阳师范学院建立,洛阳铲作为一个世界性文化符号亦迎来了发展的好时期。

洛阳铲在洛阳是个很特殊的话题,一方面它比较重要,和"生在苏杭,葬在北邙"有关,和古人的观念"事生如事死"有关,和古代的厚葬有关,和社会的贫富不均等有关,有厚葬就有盗掘,因而"洛阳铲"应运而生。李鸭子一不留神"发明"了洛阳铲,实际上历代的盗掘中,官方的抑或民间的都有一个"工具"的问题,笔者认为"洛阳铲"是事情发展的必然产物，盗墓发展的必然产物，李鸭子无意间成了这种"特殊工具"的"始作俑者"。

瀍河出了瀍沟以后，奔腾南下，直达洛阳。在瀍河的西岸高地，有著名的道教建筑吕祖庵，亦叫吕祖庙。吕祖庙位于老城区北部的邙山之上、邙岭大道东侧，建于清康熙年间，坐西朝东，现有建筑依山势起伏而建，由前至后呈台阶式上升。因道教称仙人住所为洞，而吕洞宾号"纯阳子"，所以洛阳吕祖庙也被称作"纯阳洞"。洛阳吕祖庙的山门为砖石结构，面朝东，应"紫气东来"之意。

吕祖庙山门两侧有配房，内有八仙彩塑，栩栩如生。入山门后拾级而上，穿过卷棚，就来到了洛阳吕祖庙的前殿。殿前古树环绕，青烟袅袅，朱窗若隐若现。殿内正中的方形供台上为吕祖阁，阁内供奉吕祖像。前殿后为正殿，两侧有配殿、厢房。此外，庙内还有石狮一对，古碑十多通。

吕祖庙相传是吕洞宾东游洛阳时在此建庙修道，后因朝代更迭、战乱频仍，古迹销毁殆尽。如今，庙内石碑记载可知，现存庙宇的建筑年代为清康熙三十二年（公元1693年），由当时的洛阳名士任仲芙带头捐款筹建。如今吕祖庙是在以后的扩建中逐渐形成规模的。为弘扬文化，发展旅游，有关部门曾多次对其进行修缮，恢复了庙内一些殿堂及内部塑像，山门两侧配房增添了八仙彩塑，前院院墙内壁增修了两幅大型青砖浮雕《吕洞宾与黄鹤楼》《老子出关图》等，吕祖庙是洛阳道教重要的文化遗存。

瀍河河畔重要的墓葬比较多，出土的王权重器亦比较多。如著名的"西周兽面纹方鼎"（俗称"洛阳鼎"）就出土在瀍河边上的北窑村。洛阳鼎1977年洛阳北窑出土，鼎的纹样庄重威严肃穆，是西周早期极为难得的上乘之作。该鼎双立耳，方腹，四柱足。方腹四面均为一高突棱为鼻梁的浮雕牛角形聚睛凝视、扩口露齿兽面形象，均以非常工细的云雷纹衬底，柱足顶端同样饰浮雕兽面。鼎为炊具，也是等级、身份象征的礼器。且铸作精工，造型俊美。兽面纹方鼎是西周青铜礼器具有典型意义的代表作。

青铜器（Bronze Ware）是由青铜合金（红铜与锡的合金）制成的器具，诞生于人类文明时期的青铜时代。青铜器在世界各地均有出现，是一种世界性文明的象征。中国青铜器制作精美，在世界青铜器中享有极高的声誉和艺术价值，代表着我国4000多年青铜发展的高超技术与文化。商晚期至西周早期，是青铜器发展的鼎盛时期，器型多种多样，浑厚凝重，铭文逐渐加长，花纹繁缛富丽。西周兽面纹方鼎，纹样独一无二，为洛阳独有，故被称为"洛阳鼎"。如今已成为洛阳当之无愧的文化标志。

青铜艺术领域，有"十五件夺人心魄的鼎"之说，认为在现存出土青铜鼎中，司母戊鼎等15件"最夺人心魄"，其中两件在美国，两件在台湾，其余的在中国内陆各大博物馆，而洛阳博物馆一家就有两件。一件是战国错金银鼎，出土于洛阳市西工区小屯村，因以错金银装饰，这件鼎被称为"错金银铜鼎"或"错金银团花流鼎"。另一件是西周兽面纹鼎，该鼎浅浮雕和高浮雕交相使用，通体以细致的云雷纹陪衬饕餮纹，装饰复杂而精巧。特别是其方腹四面牛角形兽面，牛角锐利飞扬，巨眼凝视，阔口怒张，在青铜色泽的衬托下，充满神秘感，仿佛在积聚着无限的能量，瞬间就会发出振聋发聩的咆哮。

洛阳出土了中国最早的鼎，这就是二里头方格纹铜鼎，该鼎1987年出土于偃师二里头遗址，是目前发现的年代最早的青铜鼎，号称"华夏第一鼎"。但随后洛阳地域的青铜器出现了长期"断档"。这里发现的商代青铜器极少，仅有的也被认为是西周初期殷商遗民的遗物，或周人的战利品。偃师商城基本没发现青铜器，因此有人质疑其不是商都，而是伊尹封地或军事重镇。二里头时期，河洛冶铜有了飞跃性发展。这时期不仅青铜器数量大幅增加，种类变得丰富，所用材料的铜、铅、锡的配比也已是青铜合金。而鼎、爵的青铜容器的出现，更意味着铸造技术的重大突破。

到了周代，洛阳与鼎的缘分再度密切起来。相传周武王灭商后找到传说中的九鼎，为了证明自己已取得合法统治权，便组织大量人力，要将其运往镐京。但途经洛阳时，人们怎么也拉不动九鼎了，周武王将此视为上天的旨意，因此下令将九鼎安置在洛阳，此即所谓"定鼎洛邑"。随后的年代，洛阳的青铜文化十分繁盛，出土的青铜器丰富多彩，最著名的有兽面纹铜方鼎、叔牝铜方彝、"王作"铜鼎、错金银铜鼎等。

西周兽面纹铜方鼎出土于洛阳北窑庞家沟西周墓，高36厘米，长33厘米，口宽25厘米。收藏界一向有"一方顶十圆"之说，方鼎往往高等级贵族才可以拥有，目前出土数量比较少，这件方鼎不仅体形较大，而且造型俊美，铸作精工，整饬庄严，有着王者的威仪和深刻的寓意，堪称是商周青铜器中的杰作。洛阳出土的方鼎中，这尊兽面纹方鼎无疑是精品中的精品，经典中的经典。

为了传承文化，提高城市的知名度，洛阳在许多重要的地方塑造了西周兽面纹方鼎，如王城公园、西关九龙鼎、定鼎门遗址博物馆等。目前，洛阳科技职业学院有一个大动作，就是以洛阳鼎为原型，设计出了具有继承与创新意义的"洛科鼎"及与之配套的两块铜浮雕壁画，河图洛书与丝绸之路。鼎与壁画，分别代表育人育才、文化传承与社会服务，目的在于以物载志，倾心打造扎根中原大地的高水平职业技术大学。

瀍河流域不仅出土了重要的青铜器"洛阳鼎"等，在其沿线还出土了著名的叔牝方彝。叔牝方彝即西周叔牝方彝,1924年洛阳小李村出土。叔牝方彝呈长方体,是一种典型的西周早期盛酒器,盖、身、座饰以云雷纹为地的三层半浮雕花纹,其盖、腹主体花纹为饕餮纹,唯口沿下、圈足及盖顶上饰一周凤鸟纹,纹样繁密工细,铸造精工。该方彝形制与著名的令方彝、折方彝极为相似。它的盖及腹内铸铭文3行12字"叔牝赐贝于王姒用作宝尊彝",学术大家郭沫若先生据器型和铭文认为"当是武王或成王时器"。

笔者曾在瀍河附近东新安街住,对瀍河有关传说及故事亦耳闻一些。如"勒马听风"的故事,为此,还有一条全国享有盛名的街道——"勒马听风街",就从这名称看,就非常有画面感及不一般的感触。勒马听风街是河南省洛阳市瀍河回族区瀍河边的一条街名,被网友誉为洛阳最好听的地名。"勒马听风"的名字来历有好几种说法,流传最广的是三国时期关羽和曹军对垒,关羽到此察看地形,勒马听风。由此,这个地名、这个街道流传下来了。

瀍河边还有九龙台遗址。九龙台是曹操的点兵台,它前面的广场是演兵场,地址在瀍河西岸,九龙台街路南,原来是一座高台,有台阶百级,占地约5000平方米,外面砖砌,内用黄土夯实,有长长的砖台阶。上面建有三:四进殿房、院舍、戏楼等,跨院有水井。它和开封的龙亭基本相似,只是九龙台上的殿房没有龙亭那么庄严华丽,台子高低却差不多。九龙台在民间名气很大,小时曾多次到九龙台玩耍,如今九龙台也只是一个文化符号了。

关云长勒马听风与九龙台有关,听风,就是刺探军情,他在瀍河东岸,探听的就是瀍河西岸九龙台曹操练兵的军情。勒马听风与曹操练兵是一个故事的两个方面,也是两个著名的典故。洛阳发展旅游,打造沉浸式旅游体验,在三国文化等方面还是有文章可做的。此外,还有妥灵宫、关公秉烛夜读春秋、关公"挑袍"等均可系统考虑。

瀍河附近的双龙巷名气甚大，在此诞生了宋代的两位皇帝——赵匡胤、赵匡义。双龙巷就是今天东关的爽明街，也叫"火街"、甲马营、夹马营。爽明街是宋、金、元、明、清、民国洛阳城通向东、北的交通要道，由于宋代开国皇帝赵匡胤诞生地得"火街"之名，又有"双龙巷"之称。赵匡胤、赵匡义的父亲赵弘殷，是河北涿州人，官宦世家，为躲父祸逃难来洛。因会武功参加了后唐禁军，作战勇敢，为人真诚，官升校级。后被家住附近的乡绅杜爽员外看中，招为赘婿，从此定居八孔窑，即后来的甲马营。

赵匡胤少年时就容貌雄伟，气度豁达，识者知其非常人。数年后又有了弟弟赵匡义。赵弘殷每遇大营无公务时，就一担两筐，一筐一儿，进洛阳城里闲逛，赵弘殷所挑的两个儿子。一次刚进东门，就被一算命先生拦住，算命先生围着挑子来回转了几圈，后急忙跪下，惊奇地说：都说皇帝少，一挑俩天子。后洛阳民间就有了"城西出了俩娘娘，城东一担俩皇上"的故事。

瀍河是条文化河，尤其进入洛阳后，文化遗存、文化景观比比皆是。著名的如老子故宅，老子东周时曾在中央机构担任过"图书馆长"，孔子也曾入周问礼乐。老子故宅就在瀍河边上，老子故宅，位于洛阳瀍河回族区东通巷北头西侧，今洛阳市第二十四中学校院内。东临孔子庙（即瀍东书院旧址），西傍瀍河。老子故宅由西向东，与孔子庙、三灵侯庙并行，均坐北向南，一字排开，这一带曾是洛阳文化的"首善之区"。

瀍河岸边有著名的潞泽会馆，即现在的洛阳民俗博物馆。潞泽会馆位于洛阳老城东关新街南头，俗称东会馆。原为山西潞安府、泽州府商人所建，是当时潞安府、泽州府在洛阳商人聚会之所。2019 年潞泽会馆被列为世界文化遗产"万里茶道"申遗项目遗产点,是全国文物重点保护单位,同时还是洛阳民俗博物馆、洛阳契约博物馆所在地。

潞泽会馆历史地位、经济作用比较重要。清代的洛阳为河南府治,虽然这时它已失去了全国京都的辉煌地位,但因其地处中原,西接陕、甘,东达齐、鲁,北抵燕、晋,南通吴、楚,直到清末民初京广、陇海铁路通车前,这里仍然是全国水陆交通的重要枢纽。潞泽会馆南行不远是洛河,东边是瀍河,洛阳南关、东关一带是水陆码头,山西商人长袖善舞,以此为据点,把生意做得风生水起。

明清时期,山西的"晋商",安徽的"徽商",南北相映生辉,在全国商业、金融交流中占有举足轻重的地位。洛阳则是晋商南下、徽商北上、陕商东进的必经要地。洛阳老城现存的两处古建筑群,一是始建于清康熙、雍正年间的山陕会馆,为山西、陕西两省富商大贾集资所建。一是始建于乾隆九年(公元1744年)的潞泽会馆,为山西潞安、泽州两府同乡商人集资兴建。

潞安府在今山西长治市,离洛阳约200公里。泽州府在今山西晋城市,离洛阳约120公里。两地都位于晋东南,与洛阳隔河相望。因此,清代潞、泽两府商人在洛阳营建同乡会馆,作为他们越王屋、渡黄河后,南下经略江淮的重要馆舍,是顺理成章的事。2001年6月,潞泽会馆被国务院公布为第五批全国重点文物保护单位。

在瀍河、洛河交汇处形成了一个著名的景点及景观区,朱樱塔景区,把过去比较一般的地方提升到了一个非常高的水平,成为洛阳的一个新地标。朱樱塔源自洛阳的八小景之一的"瀍壑朱樱"。在流经瀍河的邙山深沟里,有一个小村名叫樱桃沟,此沟正当瀍河流域,经过瀍河以及山洪的历年冲刷,形成一条南北深壑,两边土壁,高达数十丈,耸然屹立,如刀斧削成。村人在满沟遍植樱桃树,每当春天樱桃成熟时，满沟遍壑高高低低千红万绿，绵延数里，十分壮观，故被称为"瀍壑朱樱"。

朱樱塔实际上就是在述说瀍壑朱樱的故事。瀍壑朱樱是洛阳著名景观之一。瀍河流经邙山，年久成壑，两岸遍植樱桃树，距今老城东北数公里有樱桃沟。樱桃沟就是瀍水冲刷形成的最佳樱桃种植地，樱桃喜阳又怕阳，沟壑有阳又遮阳，尤为适合樱桃生长。时逢万木回春之际，极目远眺，绿树丛中樱桃露出朱颜，甚是奇秀，遂有瀍河朱樱之盛景。

《图经》记载："樱桃，其实熟时，深红者谓之朱樱"。中国历代封建帝王有用朱樱祭祀祖庙的礼节。《礼记·月令》说："仲夏之月，天之乃羞以含桃，先荐寝庙。"含桃即樱桃。这就是说，在仲夏之月，皇帝把樱桃作为珍馐之品，祭祀先王的陵寝和庙堂。由此看来，樱桃是皇家祭祀的佳果，自古以来享有盛名。

中国是礼仪之邦，"国之大事在祀与戎"。进入文明史以来，把祭祀看得很重。西周时代，国都在长安。春荐寝庙是用华山脚下上兰地方出产的樱桃。平王东迁定都洛阳后，派臣仆们四处寻访，最后选定邙山深处的樱桃沟所产的樱桃为祭祀珍品。据史料记载："樱桃沟，一在县东北5里瀍河东，名小沟；一在县西北30里，名大沟，各出樱桃……延10余里。"这就是洛阳历史上有名的"瀍壑朱樱"。

樱桃沟多樱桃，树大合抱，果实累累，历经两三千年，直到清代仍非常繁茂。历代的文人学士总喜欢到此一游，有诗赞曰："河水上北邙，渠畔柳成行。羊羔戏长坂，群鱼跃金塘。沟里谷黍秀，北上花果香。朱樱不少见，瀍壑尽阳光。"

这里的瀍指的就是瀍河。

瀍河之畔，大石桥东，还有著名的"孔子入周问礼乐至此碑"，高大巍峨，面南挺立，记载了中国文坛两位巨人深刻对话及交往的一段往事。孔子入周问礼既是考察，又是学习；老子赐教，苌弘赐教，既是教诲，又是交流，更是升华。文莫大焉，化莫大焉！此乃中国文化源远流长，博大精深，魅力、精髓之所在矣。

  瀍河在洛阳诸条河流中流域是最短的，季节河的特点也比较明显，但文化内涵相对还是比较深的，炎黄文化的遗存，河洛文化的遗存、汉唐乃至近现代文化的遗存等都是比较丰富的，了解瀍河文化的历史，就是在了解中国历史变迁的一个缩影。笔者有幸在瀍河之滨的一个小山村当了几年插队落户的知青，深深感到瀍河文化的大象无形，你越深入了解它，越觉得它奥妙无穷。在文化也是生产力的今天，许多有识之士已注意到了这个问题，相信在不久的将来，随着黄河流域高质量发展的升级迭代，瀍河的综合发展一定大有可为！

山涧穿行　终成大名

洛阳山环水绕,环境优美,有五河润洛之说。远古的时候,人是逐水而居的,黄河、洛河、伊河、瀍河、涧河等徜徉洛阳,为洛阳增添了浓厚的文化意蕴。其中,涧河可能提的不多。但涧河是一条很重要的河流,就洛阳来说,因涧河派生出了涧西区,因瀍河派生出了瀍河区,因伊河派生出了伊滨区,因黄河派生出了孟津县……不一而论,可见河流在城市中的作用。

涧河是黄河的二级支流。涧河发源于河南三门峡市陕县观音堂,全长104公里,流域面积1430平方公里,在洛阳市区的瞿家屯汇入洛河。东周灵王时,曾引涧河水或灌农田、或灌苑囿、或济瀍水、或济谷水、或流入京都,与古都人民生活和环境美化关系极为密切。

涧河不算长,其得名为涧河,大致有两种说法,一是其水流基本上是在东西向的山间谷地流淌,故名涧河、涧水;另一得名是其在"谷水"同谷水汇合以后,尤其是"王城"西边被阻南向汇入洛河这一段,流经南北向的深涧而得名,这一段同"谷水"合流,故称涧河,也叫"谷水"。

涧河、谷水尽管在下游有一段交叉,汇合在了一起,最后流入洛河,但确实是两条不同的河流。谷水出弘农渑池县南墦冢林谷阳谷。《山海经》记载：傅山之西有林焉，曰墦冢，谷水出焉，东流注于洛……今谷水出千崤东马头山谷阳谷，东北流历渑池川，汉景帝时期建城，徙万户为县，因崤黾之池以目县焉。抑或谓之彭池，故徐广《史记音义》曰：黾，或作彭。谷水出处也。

  谷水的原意是山沟中时断时续的流水。《管子·度地》："山之沟，一有水，一毋水者，命曰谷水。"这句话概括出谷水的特点，在山谷中穿行，时而大、时而小、时而隐、时而现。谷水在洛阳西北，又同金水河相遇，汇为一处，然后西北而下，经谷水、过深涧，流入洛河。谷水是历史名河，《山海经》等古籍有载，相对于涧河名气似乎要大一些，故洛阳王城公园西门右侧有亭，刻有"谷水亭"字样。

  由谷水进而引出金水河，金水河在魏晋时期就是著名的金谷园的所在地。唐诗人杜牧过晋石崇的金谷园时曾写下一首诗："繁华事散逐香尘，流水无情草自春。日暮东风怨啼鸟，落花犹似坠楼人。"抒发思古之幽情。金谷园遗址究竟在哪里？学术界有几种说法，金村说、送庄说、火车站金谷园村说、金水河说，等等。据洛阳著名学者李根柱先生考证，金水河说证据扎实，经得起推敲。

  涧河、谷水、金水河等到洛阳西北汇成一条河这是不争的事实，叫涧河也罢、谷水也罢只是一种地理现象。但地理现象背后蕴含着丰富的文化内涵。西周王城北依邙山，西边、南边就是以谷水、涧河为屏障，据洛而治。谷水、洛水均是洛阳名河，因水流问题亦曾发生过"谷洛斗"，冲毁城垣，甚至宫城。

  横贯洛阳的几条河，都是文化名河。河出图，洛出书，指的是黄河与洛河；真寒水也，勒马听风，指的是瀍河；实际上涧河文化也是非常厚重的。著名的汉函谷关就建在涧河边上。汉函谷关素有"中原锁钥，两京咽喉"之称，西汉时期是屏障关中地区重要的一道门户，东汉迁都洛阳之后，又为八关之首，是洛阳盆地周边防御体系的重要组成部分。

新安函谷关，史称汉函谷关，据《汉书·武帝纪》载：西汉元鼎三年（公元前 114 年）"冬，徙函谷关于新安。"函谷关为何迁往新安？东汉应劭注曰："时楼船将军杨仆数有大功，耻为关外民，上书乞徙东关，以家产给用度，武帝意亦好广阔，于是徙于新安，去弘农三百里。"于是，这座关隘成为了古代洛阳西去长安的通衢要道，至今已然矗立 2000 余年。

明代的时候，涧河之滨，新安县城还诞生了一位著名的理学家。他的名字叫孟云浦（公元 1545—1598 年），孟云浦，讳化鲤，字子腾，又字叔龙，新安县城北门里人，是著名理学家，后人将他与程颢、程颐、邵康节、司马光、曹月川、尤西川并称为"伊洛七贤"。孟云浦自己饱读诗书，满腹经纶，还积极倡导办学，体恤后生，曾与几位有识之士商议捐资，在城南涧河川上买地建学。学校建成后，取名为"川上书院"。该书院是当时豫西地区最大的私人书院，相当于现在的私立大学。

新安"川上书院"是当时豫西地区最大、最有影响的书院。明代文豪苏辑汝曾亲临书院，并为其题联曰："涧水西来，洙泗渊源学宗海；奎楼东峙，泰山气象耸文峦。"孟云浦的恩师尤西川也亲到川上书院祝贺并登台讲学。川上书院在当时名气很大，学子爆满。东来西往的行人走到函谷关时，常能听到从川上书院内传出的吟诗咏歌声。

孟云浦在新安创办川上书院，教书授徒，吸引了洛阳、渑池、孟津、永宁等地以及山西、陕西学子纷纷就学，流风所及，朝野倾动，大道阡陌，皆有学子负笈而来，培养和造就了一批国之重臣。其中有南京兵部尚书吕维祺，吏部尚书李日宣，太子太保、大书法家王铎，陕州学者王以悟，渑池学者张抱初，洛阳学者张孔训等。这些人都是明朝后期的政坛、文坛精英。

孟云浦是明万历庚辰进士,官至吏部文选郎中。明光宗称赞其"为官廉洁,浑金璞玉"。他是时人敬仰的理学大师,是"阳明心学"北传的代表人物。孟云浦主张"无欲为宗,慎独为要",强调养心集义,做人至易至简,其学术思想直接滋养了当时河洛一带的学术风气,对洛阳的文人士卿影响颇大,是河洛文化发展到明代著名的代表人物。

孟云浦当时办的另一件事是创办洛阳讲会。这是一种演讲式的学术讲座,规格高,听众多,皆由大师们演讲,重点宣扬王阳明哲学,遂使洛阳成为王学北移的重镇。除了本地学者讲学外,还有来自外地的像杨东明这样的大学者。也有本地学生出师后走上讲坛的,其中就有张抱初,他是孟云浦的学生,出师回到渑池讲学,从学者百人,声势颇大。

孟云浦学生中的佼佼者之一吕维祺是明史中有名的人物之一。吕维祺,明代著名理学家,其父为河南府名儒吕孔学。吕维祺自幼习理学,26岁中进士,授兖州推官,擢升吏部主事。因得罪魏忠贤,辞官还乡,设芝泉讲会,传播理学。崇祯元年复官,任南京兵部尚书。又因"剿寇"不力,归居洛阳,设立"伊洛会",广招门徒,著书立说。吕维祺著述丰厚,有《明德堂文集》《孝经本义》《孝经翼》《节孝义忠集》等传世。

吕维祺家族诗书传家,名人辈出。吕维祺之子吕兆麟,清顺治十八年(公元1661年)进士,历任监察御史等职。吕兆麟之子吕履恒,康熙三十三年(公元1694年)进士,是康熙年间著名诗人、剧作家、方志学家。诗作有《冶古堂文集》《梦月岩诗集》等。其诗师法盛唐,雄浑壮阔;其剧作有《洛神庙传奇》,是现存最早的豫西调剧本;另编著有《宁乡县志》等。吕履恒之弟吕谦恒,苦读40年,康熙四十八年(公元1709年)中进士,是著名文学家。其诗以抒情为主,有婉约之象。

吕谦恒之子吕耀曾,康熙后期进士,是著名诗人,著有《横山诗草》

《白燕诗集》等。新安吕氏世家从吕维祺起,到清乾隆年间,历5代,共有15人成为著名学者、诗人,至少有8人中进士,占明清两代新安县全部进士25人的三分之一,这不能不说是个奇迹! 究其原因,与其严谨良好的家风家教有莫大的关系。

因涧河与谷水汇合,引出一个著名的古镇——谷水镇。关于谷水镇的来历,有一种流行的说法是,谷水镇是因临近古时的瀫(gǔ)水(现今的涧河)而得名的,"瀫"与"谷"同音同意,后来人们为了简便,就把瀫水改称"谷水",一直沿用至今。历史上,谷水镇是洛阳四大名镇之一,商贾云集,车水马龙。据传,这里的商业贸易从明朝起已经初具规模,兴盛于康乾盛世。曾经的谷水街,店铺林立,招幌飘舞,热闹非凡。

涧河在由西往东的流淌中,还汇入一条比较重要的河流——磁河。磁河是流经新安县南部的一条小河,下游与涧河的汇流之地就是磁涧镇,这也是镇名的由来。现在的磁河已属季节性河流,雨季有水,旱季干枯,再加上流域内自然环境的恶化,磁河前景不容乐观。目前,随着涧河生态河谷的建设、河长制的实行,尤其是引轵济涧工程的实施,树绿、水清、环境优美的涧河即将呈现在洛阳人民面前。

由涧河、谷水又引申出洛阳一个赫赫的地名——七里河。七里河,就是涧河、谷水的合流河,也是人们习惯上说的涧河,由此引出了洛阳的一个区,涧西区。"一五"期间国家的10个重点工程大都放在了涧河以西地区,曾是国家的重点工业基地,号称"共和国的长子"。七里河是老洛阳的一个老地名,距洛阳老城七里路,同洛阳南边的八里堂、洛阳东边的十里铺一样,是洛阳附近的重要地标,深深刻写在老洛阳人的印记里。

涧河,在洛阳的诸条河流中是比较特别的,论流域不算大,但汇入的河流比较多,但最后的名称仍然是叫涧河;论作用,军事上的作用似乎更大一些,巍然矗立的汉函谷关就是最好的说明;论文化,涧河流域名人辈出,尤其是明清到近代,是洛阳文化史上的高峰,文化大家层出不穷……一条河,几条河,河流域,河两岸,涵养的不仅是文化,还有一座座城,一代代人……

风雨漫漫官场路　书法中兴说王铎

（上）

孟津历史悠久，人杰地灵，人才辈出，明末清初的王铎就是其中影响较大的一位。王铎，字觉斯，明神宗万历二十年（公元1592年）生于河南孟津县双槐村。父亲王本仁，以农耕读书为业，教子甚严。万历三十二年（公元1604年），王铎开始临王羲之《圣教序》帖，3年后，字字逼真。万历三十四年（公元1606年），王铎舅舅陈具茨于乡里组织办学，王铎从之学文。万历三十五年（公元1607年），王铎入庠读书，此时家境益窘迫，生计维艰。后与孟津花园村马氏之女结婚，妻马氏长王铎2岁。万历三十七年（公元1609年），王铎就学于山西蒲州河东书院。由此看来，王铎出身贫寒，求学之路艰难，但"痴"心不改，这是他后来考上进士的关键。

王铎家景一般，农田仅十三四亩，贫困时不能一日两粥，全靠舅舅陈具茨资助。万历四十年（公元1612年），王铎以廪膳生员赴乡试不中。第二年，他专心在嵩山读书，嵩山至今还留有王铎书屋。万历四十四年（公元1616年），王铎肄业于西烟寺，得大司寇乔鹤皋器重，令弟子受学于王铎,赖之资给,得以度过荒年。万历四十七年(公元1619年)秋,王铎读书于邑西谷献山陈荩吾山庄,书有《吴养充墓表》。天启元年(公元1621年),王铎中乡试。入冬,王铎来到京师,寓居于京城报国寺,准备参加会试。近10年时间,王铎一直在备考,真可谓"十年寒窗",为了科举,他内心忍受了不知多少煎熬!

明朝天启二年(公元1622年)三月,王铎科举考试胜出,殿试名列二甲第58名,赐同进士出身。与倪元璐、黄道周同改庶吉士,王铎与倪元璐、黄道周之交情即始于此,时有"三株树"与"三狂人"之谓。天启四年(公元1624年)正月,王铎受翰林院检讨,是年春,王铎返回故里,此时他的舅舅陈具茨患病,王铎病榻前伺奉,直至逝世。天启五年(公元1625年),王铎回到北京,留有墨宝《临王羲之修载帖轴》《为景圭先生临圣教序册》《兰亭序并律诗帖》等,在书界声名鹊起。

明代天启六年(公元1626年),王铎奉旨编修《三朝要典》。天启七年(公元1627年)五月,王铎出任福建考试官,从京城出发,经山东衮州顺运河达杭州府,沿富春江历岩州府之建德、衢州府之两安,后取陆路至玉山、广信、铅山而入福建境内。当年十一月二十三日早,启程返京。书有《南皮道上等七律诗帖》《临王羲之参朝帖轴》。天启八年(公元1628年)初春,王铎在京城充任"皇陵陪祀"一职,四月,升翰林院侍讲。夏天返回家乡,修整"再芝园",植以新竹,重命名为"拟山园",并为"文岳老父母"书《再芝园诗轴》,作《与大觉禅师草书启》,书法创作进入旺盛期。

明崇祯三年(公元1630年)三月,王铎作《太仆与嵩焦公祠碑》。五月,王铎告假归乡,作《游柳寺赋》《直隶凤阳府知府载富张公墓碑》。六月作《王觉斯太史初集·自序》《山西右参政夏衢董公合葬墓志铭》。九月王铎与张鼎延、邢舜玄二亲家登金门山顶,遇雨稍留山中,时有即兴吟咏诗作，后皆刻入《琅华馆帖》中。十月作《中岳神祝祠》《袁宜人合葬墓志铭》，还与亲友往游郾山龙洞，作《龙洞雪游记》，文笔质朴，叙事翔实，体现了王铎在诗文方面的深厚功力。

明崇祯五年（公元1632年）三月，王铎奉旨出使山西潞安府，事毕，经太行山返回故里。这一年，黄河在孟津决堤，百姓淹死无数，王铎写五言律诗14首叙述其事。崇祯六年（公元1633年）春暮，王铎携家人抵达北京，暂居于友人冯祯卿之绿雪园、书写《为公嫩书诗轴》。秋冬之际，担任右春坊左谕德一职。崇祯七年（公元1634年）五月，书《赠今础先生扇面八帧》，作《甲戌都下秋日》二首。书《题青阳山庄五律十首册》。此时，王铎生活悠闲，诗词、书法创作比较频繁。

明崇祯十四年（公元1641年）初，为父丁忧，王铎辞官服丧。书《柏香帖·思松涧书舍柬友诗四首》。刻石藏河南省沁阳县柏乡镇，此即为有名的《柏香帖》，同日，并跋《琼蕊庐帖》。三月，同亲翁张玉调、李庚生游月山寺作《月山寺录》。秋九月，书《奉景翁诗轴》。十一月，书《赠子房公草书卷》，十二月，黄道周戍辰州，王铎作《石斋谪楚南》五律一首，书《临王涣之等阁帖卷》《琅华馆帖册》。

明崇祯八年（公元1635年）春，王铎在右庶子任上，作《太子少保兵部尚书节寰袁公神道碑》《丁君两台墓志铭》等。初秋，王铎以同温体仁、吴宗达不好相处为由，自请调任南京翰林院，皇上恩准后，经河北涿县返回祖籍孟津。此时把临习"古法帖"的书作汇成《琼蕊庐帖》。深秋携友游"南山硐"（即邙山），作五律诗《家中南硐》。年底率家眷赴南京上任，始乘舟沿黄河东下，在河南东部虞城登陆，由虞城而夏邑，由夏邑而永城，由永城而宿州，崇祯九年（公元1636年）正月，王铎抵达南京，到翰林院任职。

到了南京后，是一个新的环境，王铎生活比较轻松。曾与张湛虚、屈静源聚集在陈春台小桃源，游历牛首山、燕子矶等名胜。还与南京国子监祭酒张诒白同游普德寺。五月，书有《临兰亭序卷》。王铎还与家人到池河游览，但路遇农民起义军，时值傍晚，且战且走，仓皇奔逃一夜，十分狼狈。后来友人朱五溪、长子无党从孟津来南京会晤王铎，王铎此时作《吴还澹传》《吊文湛诗》七律一首，在南京留下墨宝、诗文甚多。

（中）

王铎经历两朝，既有做官之荣光，又有官场之倾轧，更有乱世之艰辛，还有怀才不遇之郁闷。明崇祯十年（公元1637年）初，王铎《诗集》辑录成册，范文光为之作序。二月王铎携家人北渡长江，返京任少詹事职。行至江浦，书《临怀素草书轴》，于郞山之阴临古法帖轴，作《王氏子弟诫》。同年七月二十五日，王铎同家奴等十余骑陷农民起义军包围之中，突围而走，自汉光武陵之西牛庄附近，幸遇故人泛舟水上，始乘舟脱离。十月，经任县、柏乡、定兴等地返回北京，被预定为东阁侍班。

明崇祯十一年（公元1638年）正月，王铎晋升詹事职。二月七日，太子出阁，王铎任东宫侍班。二月十二日，帝御经筵毕，召封王铎为"保举考选孰为得人"。五月二十六日，王铎任礼部右侍郎，教习馆员。七月任经筵讲官。中秋日，作《王氏大传》。九月二十四日，京师戒严，王铎受命守护京城大明门，幼女佐卒于此。十月二十一日，作《铜雀瓦砚铭》。十二月，次女相卒。时间不久，两女相继殁去，王铎深受打击，两度上疏乞归省亲，皇帝批准，遂返孟津。

明崇祯十二年（公元1639年）春，王铎安葬女儿于孟津城东山北祖茔。十月，王铎重返北京，任翰林院学士。书《万骑争歌杨柳春诗轴》。

崇祯十三年（公元1640年）正月，书《洛州香山诗轴》。九月，王铎受命担任南京礼部尚书。十月，以家人先行，取路暂返孟津，王铎率家丁随后，行至卫辉张吴店，与农民起义军遭遇，王铎以25骑救出家人并突出重围，后有诗文纪其事。此时，王铎父病故，王铎为父服丧。携家人在怀州东湖岸边筑草堂居之，名曰"涵晖阁"。

明崇祯十五年（公元1642年）暮春，王铎在怀州书《赠张抱一草书诗卷》，五月，暂返孟津，安葬父母于祖茔。此时李自成农民义军抵达孟津，王铎率家眷近百人乘舟而东，到达封丘时，正赶上南京大理寺评事张如兰丧事，王铎修书请钱谦益作《南京大理寺南评张君墓志铭》。十一月，王铎携家人抵达江苏桃源，此时，王铎夫人马氏颠沛流离，病故于舟中，家人栖止小舟之内，倍极艰难，幸得朋友相助，在河边安葬夫人。

明崇祯十六年（公元1643年）春天，王铎于江苏浒墅关同故友袁枢相聚，为袁枢作《层峦丛树图跋》，同时，王铎三妹病卒于此。遂南下至嘉兴、王江泾、会稽及楚之漳水、黄冈、洞庭湖一带，幼子无争卒。秋天，王铎携家人北归，途经河南菊潭，览《峨眉山纪》，因作五律十首。身在乱世为官，王铎颠沛流离，其父母、其夫人、其妹妹、其儿女先后去世，其心情何等悲怆，但他对书法及诗文的钟爱丝毫没有受影响，一有闲暇，笔耕不辍。

王铎返回家乡后，故园庐舍毁于兵燹，乃投奔至河南辉县，在苏门山南10里孟庄山志园居住，将藏书数车存贮于孟庄山志园主人郭公隆之"玄览堂"。在孟庄山志园书《赠郑公度草书诗册》。此时，四子无技病故。十月，书《王维五言诗卷》。后与郭公隆、贵履吾、朱五溪往游"紫团峰"及西崖诸胜，留宿于友人维章之紫团山宅中。次子无咎率家丁自500里外之桃源迁母灵柩归，移葬于新乡城东二里水柳湾。

明崇祯十七年（公元1644年）正月，王铎移家浚城（浚县），寄寓于故友刘通政之"摄生阁"，书《隶书三潭诗卷》。二月，筹划买楫南下，时彭禹峰、张云斋远从数百里外来会王铎，遂一同乘舟至丰、沛、清江浦一带。书《隶书五律诗册》。五月三日，福王朱由崧称监国于南京。再推词臣姜曰广、王铎为东阁大学士，此时王铎尚未到达，在苏、杭一带活动，闻讯急忙赶往南京。

明崇祯十七年（公元1644年）六月十三日，王铎见朝。二十三日，授予王铎弟王镛，子无党世袭锦衣指挥使。七月二十日，夺故大学士温体仁、薛国观、周延儒及总督尚书熊文灿官荫，王铎拟旨削之。八月六日，加王铎太子少保、户部尚书、文渊阁大学士、荫中书舍人。上《目前急需三款以乞敕行求济时艰事疏》《为中州死难诸臣疏》等。冬夜书《寄金陵天目僧诗轴》。腊月，书《怀州作诗轴》等。

清顺治二年（公元1645年）二月，王铎晋升少傅，四月二十五日，清军攻陷扬州，福王逃往芜湖，留王铎守南京，大兵压境，他同礼部尚书钱谦益等开城门降清。后王铎被任命为礼部尚书、宏文院学士、充明史副总裁，其次子无咎亦考中进士。清顺治四年（公元1647年）三月，任殿试读卷官。王铎降清，作为"贰臣"，成为他历史上的污点，某种意义上也影响了人们对他人品和书法的评价。

清顺治六年（公元1649年）正月，王铎授礼部左侍郎；十月，加太子太保。清顺治八年（公元1651年）正月，王铎晋少保。三月，上疏言重道尊师；四月，受命祭告华山。六月初三日，祭毕华山，于旅途中作《临谢安帖轴》。九、十月间，由汉中取水路，经湖广郧阳府抵达光化。十二月初六，经裕州返河南孟津，时抱病服药。是年次子无咎始刻《拟山园帖》。清顺治九年（公元1652年）三月授王铎礼部尚书，同月十八日，王铎去世，享年61岁。赠太保，谥文安。

王铎是明末清初一位有代表性的书法家，书法造诣很高，名列我国古代一流书法家行列。但同时他也是一个有争议的人物，他生活在王朝更替时期，既有为官之荣，又有离乱之苦，既享受到了一般人享受不到的荣华富贵，也遭受了一般人没有遭受的刺骨冷遇。以中国传统的对官员的评价标准来看，他身上有不可原谅的污点，因为他毕竟"一臣事过二主"；同时他又有闪光的一面，在明季清初的书坛上独树一帜，是书界的"中兴之主"。

王铎死后，埋葬于偃师山化一个叫石家庄的村子南。北有凤凰山上的大宋会圣宫碑做伴，南有芝田附近的宋陵七帝八陵相陪，地望可谓极好。令人遗憾的是，当年因修建陇海铁路，王铎墓冢受到一定影响，如今王铎墓地里尚存一些遗物。在北临铁道处，有一对巨大的石马，石马高约二米有三，线条流畅，刀法遒劲，很有气势。墓地南端，有一赑屃，颇为巨大，王铎墓碑已移至村里，石碑是顺治时期的"谕祭碑"，碑上字体较大，依然清晰，书用颜体，雍容有韵。

（下）

王铎在书法上是一位诸体皆能、风格多样的书法全才。无论是伟岸遒劲的大楷、高古朴厚的小楷书，还是他那飞腾跳踯的行草书，在晚明书坛上都应该说是一流的。

正书在王铎作品中不多见，源于唐人而能自出胸襟。如《王维五言诗卷》，此诗卷前半部分，无论是字的大小、结体、字画、字距，皆给人一种奇特的感受。诗卷后半部分的行草在王铎作品中则不乏见，章法变化丰富，行笔能纵能敛，整体感强，结体欹正莫测，点画错综复杂，线条枯实互应，故其成就被人高度评价。

王铎是书法大家，尤工真、行、草书，得力于钟繇、二王、颜真卿、米芾，笔力雄健，长于布局。"书得执笔法，学米南宫，苍老劲健，全以力胜。"清代姜绍书《无声诗史》称王铎"行草书宗山阴父子（王羲之、王献之），正书出钟元常，虽模范钟、王，亦能自出胸臆"。有北宋大家之风。当时书坛流行董其昌书风，王铎与黄道周、倪元璐、傅山等人提倡取法高古，在当时的书风中独树一帜。近世对日本书坛书风有极大影响，被推崇为"明情调"。

王铎好古博学，诗文书画皆有成就，尤其以书法独具特色，世称"神笔王铎"。他的书法用笔，出规入矩，张弛有度，却充满流转自如，力道千钧的力量。王铎擅长行草，笔法大气，劲健洒脱，淋漓痛快，戴明皋在《王铎草书诗卷跋》中说："元章（米芾）狂草尤讲法，觉斯则全讲势，魏晋之风轨扫地矣，然风樯阵马，殊快人意，魄力之大，非赵、董辈所能及也。"他的墨迹传世较多，不少法帖、尺牍、题词均有刻石，其中有名的是《拟山园帖》和《琅华馆帖》等。

《拟山园帖》是王铎晚年汇聚自己多年来临摹精品和自家的得意作品而编就的。他曾嘱咐儿孙说："我一生别无所成，唯有书法一道小有所成。待我死后，可寻觅良工，将这些作品一一刻石镶置于中室四壁，传留后世。倘子孙后代有衣食不足时，亦可拓卖字帖，以济温饱。"20多年前的时候，只要来人给王家后人几元钱，即可随便拓帖，如今，这些石刻已经被全部保护起来。

拟山园帖由张缙彦题跋："文安公书法妙天下，藉茅太史括所藏书及墨苑家所流传汇集此本，有缺略模糊必求别本正字补之，备极龙跃虎卧猊攫象搏之致，文安四十年精力尽在此矣。近代玄宰、子愿两先生戏鸿、来禽二帖，坛坫海内，昔卫夫人见右军书叹：'此子必掩我名'，此本出，惜两公不及见也。"故此帖无论是所选之帖还是摹刻方面，都极为精妙，远胜《琅华》《银湾》《诗酒论》《二十帖》等帖，是王铎诸帖中的上乘之作。

王铎的《拟山园帖》共10卷，是王铎个人丛帖。清顺治八年至十六年（1651—1659年）王铎之子无咎撰集，古燕吕昌摹，张翱镌，帖名行书。此帖全刻王铎一人之书，共103种，其中大多为临古之书。其子无咎传留有大量的王铎书迹，因而所选皆属精品。刻者也是当时的名手，而其他王铎刻帖均不如此本为佳，帖后有张缙彦、龚鼎孳及王无咎的题跋。

在王铎的楷书中，他的小楷体现着淳厚又高古的感觉，而大楷则充满了强劲刚毅的感觉。字体上严肃中却不失典雅的气质，每一笔一划都强劲有力，一种强烈的气势扑面而来，每一个字与整体之间虽然聚集的比较近，但并不显得杂乱无章，而是章法有度，井然有序，让人赏心悦目，深深感受到中国书法的魅力。

在行书上，王铎用笔沉着又痛快，笔触线条流畅又充满了跳跃感，文字在他笔下的纸上疾骋。在用墨的方法上，王铎用墨可以用大胆来形容，让人感觉酣畅淋漓，而且文字之间过度很是自然。王铎草书书写的行笔速度是有节奏的，因为行笔速度快，所以节奏明显。文字线条的粗细变化随着节奏呈现一种渐变的方法，没有其他一丝一毫多余的动作，显得干脆利落。

王铎从小就模仿大家的作品，特别是"二王"，即王羲之、王献之，他前期的作品时常能见到"二王"的影子，他40岁之后又受到了书法家米芾的影响，笔风开始转变，再加上他一直学习其他书家的作品，将个中要道融会贯通，加上其一心研究书法，又有非比常人的更多经历，使他的作品收放自如、笔力苍劲、雄伟开拓，形成了鲜明的书风。

王铎书法得力于钟繇、王献之、颜真卿、米芾，笔力雄健，长于布局，有北宋大家之风。当时书坛流行董其昌书风，王铎与黄道周、倪元璐等人提倡取法高古,于时风中另树一帜。王铎书风多样,是一位书法全才,在晚明书坛上都应说是一流的。王铎降清后八九年时间,书风更趋成熟老辣,其狂草技法已臻化境。书法成了其"贰臣"心理矛盾和落寞情怀的排遣,显示的是理性、苦闷和孤冷。

王铎的草书造诣比行书更高,他的草书有行书的跌宕起伏、挥洒任性。人们都说字如其人,这可能跟他的经历有关吧。他的一生,也可谓历尽磨难了。王铎的草书以王羲之、王献之为基础,又渗入了唐人狂草的书法,还集合了黄庭坚等大家的特点,又取其精华去其糟粕,把草书推向了一个新的高度。他起笔有力,收笔干脆利落,用墨多变,从起笔时的浓墨重彩一直写到墨干,这起起落落,出神入化,有很强的节奏和视觉冲击力。

书法要的是真功夫,来不得半点虚假,随着时间的推移,王铎的书法拂尘生辉,越来越得到大家的推崇。吴昌硕赞其书法曰:"文安健笔蟠蛟璃,有明书法推第一。"孟海先生评价王铎书法:"一生吃着二王法帖,天分又高,功力又深,结果居然能得其正传,矫正赵孟 、董其昌的末流之失,在于明季,可说是书学界的'中兴之主'。"当代启功先生也有言曰:"觉斯笔力能扛鼎,五百年来无此君。"

王铎善于画山水和梅兰竹石,他的画主要继承了五代的靳浩和关同的风格,王铎的作品丘壑高峻,气势雄伟。同时他也吸收董源和王维的画法,主要以水墨晕染为主,皴擦不多,略施淡色,山川显得厚实雄伟,生机勃勃。他的山水画景色比较写实,山石的造型方峻,勾皴相间,他的山水画是以元人的笔墨技法画出了宋人味道。王铎的人物画极少见,而且画法比较简略、写意。

王铎所写的另一名帖为《琅华馆帖》,1958 年在当时的河南省洛宁县陈吴公社新寨村王铎的亲家张鼎延旧宅遗址发现。帖石为汉白玉条石,共有 12 方,长方形,宽 0.3 米,长 0.62—0.98 米不等,厚约 0.12 米。帖石侧置于约 2.5 米见方,深约 0.7 米的砖砌方池内,两石间有一青砖相间,似为防止两石相撞而设。正因为是埋在地下,《琅华馆帖》被完好地保存了下来。

"琅华馆帖"的石面(横置竖排)为汉白玉,上面镌刻文字,两面刻者 8 方,单面刻者 4 方,共 12 方,刻字 20 面。曾散失民间,据说有两块还作过牛槽槽底。全帖分一、二两册。一册 2800 余字,二册 3300 余字。有草书、行书、小楷 3 种书体。其内容绝大部分是王铎和其姻亲张鼎延往来书信和聚谈唱和之作,由当时名手张飞卿镌刻。

说到王铎,不能不说王铎故居。王铎故居位于洛阳市孟津老城村十字路东约 300 米处,由 2646 平方米的故居和占地 20 亩的后花园两部分组成。王铎于明崇祯元年在赗嵝山北麓建林苑别墅拟山园,拟山园集林苑建筑之巧,亭台楼榭,曲径回廊,奇花异草,布置精巧,匠心独具。园内种植有王铎喜爱的竹子、梧桐、梅花、藤萝等。他还亲自为各处景观命名。拟山园名冠当时,驰誉中州,盛名经久不衰。

王铎故居坐北朝南,南临老城大街,是一处深宅大院,整体为明清建筑。首排为临街大厅,面阔 5 间,进深 3 间,高大雄伟。院中央为二门,门前左右置有石狮。故居以前屋、客厅、中堂、后堂、后屋为主体,配以东西厢房,构成每进庭院的单独结构,每进庭院分别以青砖青瓦构建,青石柱础、台明、挑檐石、悬山、斗拱、五脊六兽、砖雕图案,细刻棂边门窗,古香古色,集中体现了明清建筑艺术风格。

王铎故居从整体上展现明清官邸建筑巍峨、壮观、肃穆的文化氛围。故居为了全面展现王铎书法艺术的风貌,以"神笔王铎""独尊羲献""五十自化""大哉斯道"作为轴线,以楷书、隶书、行书、草书诗画分设展室,以手迹、石刻、木刻、拓片的形式,鲜明直观地展示王铎的书画艺术思想和实践。王铎故居后花园原为"再芝园",是一座古典园林,园中因生两棵灵芝而得名。再芝园占地90亩,其中湖面占地54亩。园内种植有柳树、桃树、雪松、冬青、月季、牡丹、白玉兰、梅花、柏树等数十种花草树木。建有九曲桥、湖心岛、友声亭、读经堂、春兰阁、梅园等。此外,东侧还有荷塘。再芝园以泓涟碧水为中心,曲径回环,湖光翠色,叠石参差,花木扶疏,小桥横卧,兼容了北方园林的厚重、端庄与南方园林秀润隽雅之长。

河洛名儒孟云浦

洛阳新安县人杰地灵，名师大家、学界人才辈出。宋代以降，二程洛学表面看似无传人，其实不然。洛阳、新安等地继承其衣钵者有之、发扬光大者有之。新安孟云浦、孟化鲤即是二程洛学的传人之一，而且是集大成者。孟云浦（1545—1598），讳化鲤，字子腾，又字叔龙，新安县城北门里人，是明代著名理学家，后人将他与程颢、程颐、邵康节、司马光、曹月川、尤西川并称为"伊洛七贤"。

孟云浦聪颖好学，年17补诸生。何为诸生？明、清时经省各级考试录取入府、州、县学者称生员，生员有增生、附生、廪生、例生等，统称为诸生。孟云浦虽然年纪轻轻，但通晓古道，古道是对学术、政治、道理、方法等方面的通称，却常以"学无师承，终属懒散"为憾。后听说洛阳有位西川先生的名儒，便赴洛拜他为师。

西川先生姓尤，讳时熙，字季美，曾任户部主事，他满腹经纶，因厌倦官场，45岁时以乞养老母为由辞去官职，归隐洛阳。他一边著书立说，一边传播理学。在他辞官回到洛阳后的30余年，陕洛之间拜他为师的多达数百人。孟云浦投到尤西川门下后如鱼得水，学识与思想境界得到迅速升华。尤西川对孟云浦的才学和人品颇为赏识，把他视为得意门生,将自己毕生所学倾囊授之。

尤时熙是明代大儒,学宗王阳明,世称西川先生。嘉靖元年举人。官至户部主事。著有《拟学小记》等。孟云浦一生推崇和宣扬理学,以"无欲"为宗,以"慎独"为要,尤重于笃行。他从万历八年入仕,到万历二十一年致仕,先后在户部、吏部任职,掌过银库,管过税务,考察和推荐过官吏,这些都是肥差,然他两袖清风,一尘不染。

孟化鲤同传统文人一样,走的是科举之路,他是万历八年(公元1580年)进士,初授户部主事,后改吏部,任文选郎中。后来辅佐尚书孙鑨考察京官,正直无私,不迎合权贵,终因忤旨,被斥逐为民。返乡后,建立"川上书院",常年讲习理学,从者甚众。"川上书院"是新安县最早的书院,明嘉靖五年(公元1526年)在城南涧河岸边设立,是当时新安县文化的制高点,开创新安县书院教育之先河。

孟云浦创办的"川上书院"是当时河洛地区最大的书院,相当于今天的私立大学。明代文豪苏辑汝曾亲临书院,并为其题联曰:"涧水西来,洙泗渊源学宗海;奎楼东峙,泰山气象耸文峦。"孟云浦的恩师尤西川也亲到川上书院祝贺并登台讲学。川上书院在当时名气很大,学子爆满。

孟云浦是北方王阳明学的重要代表人物,他遵奉王阳明的"致良知"之说,"以无欲为宗,以慎独为本",但他在由虚返实的社会思潮中,能够与时俱进,"自得者为多"。他针对当时空谈心性的虚学,指出:"吾人须是朴实头做的去,始是实学。若只管讲说,却不躬行,岂不落在空言窠臼!"认为"绌虚谈,务实践,正今日固本回生要剂。"所以,他治学从"不为高深悬冥之论,至平至实,至易至简。"

孟云浦先生治学严谨,观点新颖,思想深邃,能结合社会现实把理学剖析得淋漓尽致,使人振聋发聩,耳目一新。对此,他的老师尤西川先生深感欣慰,曾高兴地说:"吾道大明于西方。"西方,指的是洛阳之西的川上书院。吾道,指的是理学,具体地说,就是尤西川之师祖王阳明提倡的"知行合一"的教育理念。

孟云浦先生建书院,研学问,育后生在当时及后世都有巨大的影响。他所推崇的"讲会"方式、"研学"方式亦是影响深远。所谓"讲会"就是邀请名家到"川上书院"上课,既有他的老师尤西川,还有他在京城做官时的同僚等,把扎实的知识、务实的理念带到洛阳,带到豫西;"研学"就是师生一同探讨问题,在研修中师生共同提高。

孟云浦先生生活十分简朴,致仕时却只有一驴一仆,别无长物。他为官20多载,家中未添建一间房屋,未购置一分土地,所居乃祖上所遗旧房3间。原吏部同僚张岐东到新安探访他时,看到其宅陈旧狭小甚为感动,曾写诗道:"不见孟公宅,数椽风雨颓。犹闻携一仆,燕地骑驴回。朝看石藓碧,暮看石藓碧,有心碧云外,常留一片白。"这就是当时心怀天下,以传授知识为己任的大文人的真实写照!

孟云浦先生潜心学问,精育后昆,桃李芬芳。他为河洛地区培养了许多理学人才,传承发扬了国学,他的学生最著名者当属吕维祺。吕维祺(公元1587—1641年)是明代著名理学家,他拜师孟化鲤,得孟师真传,26岁中进士,授兖州推官,擢升吏部主事。因得罪魏忠贤辞官还乡,设芝泉讲会,传播理学,在河洛乃至全国影响颇大。

孟云浦的著述多体现在《孟云浦集》一书中。该书共8卷,初刻于明万历年间,康熙癸卯其后人重刊。据其原目,卷一为《尊闻录》,皆所闻于时熙之语,卷二至卷五为文,卷六、卷七为杂著,卷八为诗。首冠以年谱,其门人王以悟所编。附刻《谥议》《像赞》诸作,则其后人所续辑。近年,该书由孟云浦后人孟昭德先生主持主编重新出版,扈耕田、曹先武点校,中国文联出版社推出。该书面世是对先贤圣哲的一份慰藉,也是对散佚传统文化的抢救和保护,同时也为孟云浦学问研究奉献了难得的原始资料。

孟云浦是明代洛阳学术方面的大家、大旗,从宋代二程开始,洛阳长时间是我国学术方面的制高点,后有朱熹、王阳明,学术南渐。到了明代,北方地区出现了尤西川、孟云浦、吕维祺等学者,河洛学派力量再盛,在中国学术史上出现亮丽之色,河洛文化、洛学、实学再现恢弘。在漫长的历史发展中,由于诸多原因,洛阳政治地位日渐式微,而文化出现难得的中兴,确实是一种独特复杂的现象,值得深思、值得探究,当然,这些文明瑰宝更值得继承与发展。

新安吕维祺　学养贯天地

新安县是文化名县，历史上人才辈出，吕维祺就是其中非常重要的一位。吕维祺（公元1587—1641年），字介孺，号豫石，明代著名理学家、政治家，其父为河南府名儒吕孔学。吕维祺自幼习理学，26岁中进士，后在兖州、吏部做官。因得罪权臣，辞官还乡，新安设芝泉讲会，传播理学。崇祯元年复官，任南京兵部尚书。后归居洛阳，设立"伊洛会"，广招门徒，著书立说。洛阳新安文风之盛，吕维祺是领袖级人物。

明天启三年（公元1623年），吕维祺中进士，不久，授兖州推官，后升任至南京兵部尚书。他一身正气，敢于直言上谏，崇祯元年（公元1628年），吕维祺任尚宝司司卿，多次上书，分析朝政得失。崇祯四年（公元1631年）冬，他又上书崇祯皇帝，就当政容易出现的一些问题逐条分析，并劝勉崇祯皇帝应防微杜渐，见微知著。吕维祺见解深刻，切中时政，故得到了崇祯帝赏识。

崇祯三年（公元1630年），吕维祺晋为南京户部右侍郎，总督粮食储备。他设立会计账簿，严厉追查侵吞行为，许多官员或被弹劾，或被下狱治罪。为保证粮源充足，他还严督屯田，从源头抓起。很快，国家仓库开始充盈。崇祯八年（公元1635年），吕维祺因镇压农民起义军失利,被革职返乡,定居洛阳。在洛阳,他建立了伊洛会,重新收徒授业,并著《孝经本义》。

崇祯十二年(公元1639年),洛阳一带发生饥荒。吕维祺劝受封洛阳的明福王朱常洵开仓放粮,散财饷士,赈济饥民,以收民心,福王不从。于是,吕维祺便将自家粮食全部捐出,设立赈济局,赈济灾民。崇祯十四年(公元1641年)正月,李自成所率农民起义军攻打洛阳,吕维祺在洛阳协助福王抵抗。不久,洛阳城陷,吕维祺被俘,在周公庙同福王朱常洵一起被农民军处死,终年55岁。后明廷追赠吕维祺为太子少保,谥曰忠节。

吕维祺是一个有气节的人,宁死不投降。洛阳城被李自成攻陷以后,吕维祺被俘,起义军中有人认识他,主动劝其逃离,吕维祺拒绝了。据记载,吕维祺与李自成之间有过一段对话。李自成劝吕维祺投降,吕维祺断然说道:"世宁有屈降之吕尚书哉!我当国家事,死不顾!今日之死,不辱圣贤,不羞见于天地。"遂从容就刃。

明末至清代前期,以吕维祺为代表的河南新安县吕氏家族是豫西世家大族。新安吕氏从明末的吕维祺到清初的吕兆琳及吕履恒、吕谦恒,祖孙三代的地位甚为显赫,最突出的当属吕维祺,其著述比较多。有《明德堂文集》《孝经大全》,民国《新安县志》记录的还有《存古约言》6卷、《四礼约言》4卷、《音韵日月灯》70卷等。吕维祺是明代河洛地区的大儒,基本继承了程颐、程颢一脉的思想。

吕维祺从政之余不忘治学,终生致力于传播研究程朱理学,创办了许多讲会、书院,讲学传道,著书立说。公元1622年,吕维祺在新安建立了芝泉讲会,以每月农历初三、十八日为讲学日。次年,吕维祺又建立七贤书院,七贤即北宋的程颢、程颐、司马光、邵雍及明代的曹端、尤时熙、孟化鲤,以七贤为榜样教授学生。

明崇祯十年（1637年），吕维祺在洛阳成立伊洛大社，又称伊洛会、伊洛社，讲学于程明道（程颢）祠，以每月农历初三、十七日为讲学日。据《明德先生年谱》记载："（伊洛会）从游渐众，至二百余人。"吕维祺创办讲会，使河洛地区的士人能够以文会友，相互切磋，扬名天下。吕维祺以砥砺后学为己任，乡居致仕者纷纷举办文社，以其声望吸引了大量士人前来集会、学习。

吕维祺终生研习《孝经》，重视礼法孝义。他在《孝经》作注的《孝经本义》中说："孝之道，本天地之性……为人君父者，不可不知《孝经》；为人臣子者，不可不知《孝经》。为人君父而不知《孝经》，则必无以立德教之极；为人臣子不知《孝经》，则必无以尽忠孝之伦。"吕维祺知行合一，对生病的父亲很孝顺，父病时，他"口尝汤药，衣不解带"，日夜侍奉在侧。出仕后，吕维祺化孝为忠，在明末大厦将倾的世局中，仍竭忠尽职，最后以身殉职，践行了《孝经》的精义。

吕维祺非常重视子孙后代的立德修身教育，期望他们将家风传承下去。吕维祺在《谕子十则》中训诫子弟首先要学会做人："读书要存心养性，明道理，为真儒，出为名世，非为取科第之阶梯而已。"他在《士大戒》中说："毋争强好胜，毋任性动气。"对子弟的交友活动，吕维祺也有要求："亲贤取友，自得其益，古之圣贤未有不须友而成者。"

吕维祺在为政方面，结合自身的经验，对子弟提出了劝诫。他在《寄弟书语》中指出："士君子立身要自定脚跟，中立不倚，百折不回。若占风望气，东奔西走，踏两家船或寄一家篱下，不知雨罢庭空酒阑客散作何生活。"他还说："居官非为名也，然期月而颂声不作，则无为民之实可知矣。"

吕维祺用自己的行动为后人树立了样板。继吕兆琳考中进士之后，吕兆琳之子吕履恒、吕谦恒，吕履恒之子吕守曾，吕谦恒之子吕耀曾，吕履恒之孙吕公滋等5人先后考中进士,新安吕氏家族在清代做官者有40余人之多,可谓功名鼎盛。《河南府志》有云:"新安吕氏为中原望族,学术之醇,科第之盛,甲于全豫。"

洛阳屡为帝都,底蕴深厚,世家大族、名人贤杰不胜枚举。吕维祺家族是明清时期比较突出的一支。新安吕氏家族经久不衰,其挺然于世的主要原因是家风比较正,学研的风气比较正,且能持久坚持,代代相传。我国过去是农耕社会,大部分家庭家族以农为本的比较多,而吕氏家族是耕读并重,立根农桑,不忘读书,心怀社稷,胸装天下。故在境界上、成就上高出了一般家庭家族。

望椿轩主杨伯峰　守望家乡育精英

现在孟津小浪底镇的明达村，过去隶属于洛阳县的常袋镇。明达村虽处穷乡僻壤，但因近代一个人物——杨伯峰而闻名。杨伯峰本名熙春，笔名伯峰。在明达村西头创办著名的私塾学堂——"望椿轩"。杨伯峰原是清朝贡生，学识渊博，热心教育，善择英才而育之，他在"望椿轩"授徒颇众，迄今在杨家还存有"望椿轩同学谱"，详细记载了他所培养的学生。杨家虽非名门望族，但杨伯峰先生终生从事教育，传承中华文化，培育民族英才，贡献斐然。

杨伯峰培养的学生有成就的很多，如孟津县小浪底镇老龙嘴村的许鼎臣，自幼家贫，无钱上学，因与明达邻村，时常到"望椿轩"旁听杨伯峰先生教书，杨先生看他勤学聪慧，读书过目不忘，十分喜欢，遂到许家说服其家人让许鼎臣来"望椿轩"读书，然许家拒之，说"没钱上学，家里还得让他拾柴蒸馍呢"。没过几天，杨伯峰给许家送去一车煤，说孩子别拾柴了，叫他上学吧，费用我全包了。这样，许鼎臣住进杨家，开始学习，后来成为一代大家。

"仰听尧舜语，俯察周孔辙。"这是近代河南名儒许鼎臣先生的座右铭。许鼎臣先生学养深厚，著述颇多。著有《龙嘴山馆文集》《中州学系史》《孟津县志稿》等，还在洛阳创办"河洛国学专修馆"，担任首任馆长。许鼎臣纵论诸子百家，谈经说道，沿朱溯孔，被推为中州儒宗。

许鼎臣的学问名震当时，河南人刘镇华主政陕西时，曾邀请许鼎臣赴秦讲学。秦地是北宋张载创立"关学"的地方，"关学"与"洛学"都是理学的重要学派，但在认识上有分歧。许鼎臣到西安后，成立了"关洛学社"，求同存异，弘扬国学，令人折服。

杨伯峰弟子中名气最大的当属林东郊。林东郊（公元1868—1937年），字莘原，又字霁园，洛阳老城人。清光绪戊戌科进士，宣统三年（公元1911年），记名以道府用，并加二品衔，补授广西桂林府知府。人称"洛阳翰林""大学士"。林东郊一生著书两部，一为古体诗《爱日草庐诗集》；二是研究《易经》的独到见解《易易》一书。林东郊书法宗于欧、褚，参以王铎等，并在其基础上自成一格，功力深厚。在近代洛阳，林东郊是文章魁首、士林班头，影响颇大。

周维新是杨伯峰的弟子，也是洛阳的名士。周维新，字景文，号连塘，洛阳城北周村人，清光绪丁酉科举人。周维新出身贫寒，但学有所成，名重乡里。周维新治学严谨，有真知灼见，著有《宣讲管窥》、《管窥胜稿懿形讲钞》及《四书韵语》等著作。周维新的书法笔力厚重，楷书、行书、草书莫不精通，而楷书最有成就。周维新去世前的数月，他为自己撰写了500字的墓志铭。铭文中再次明确自己的人生追求，"嚼得菜根之味，行不背乎古先。"

因笔者同周维新是通家世好的关系，曾听姑父——周维新的外孙李天顺老人讲，其外爷周维新是民国时期名重洛阳的书法家，其书法造诣相当高，年轻时书法就已闻名乡里，他临帖时，很注重其独特的继承性。他学王铎，临颜柳，对"入贴"和"出帖"把握得非常得体。很快就形成了自己的风格。周维新写的《训家庸言》刻于4块石碑之上，此家训内容丰富，书写工整，颜柳之风扑面而来，柳体硬劲之风中带上文人的清爽气质，不失为其代表作品。

杨伯峰培养出的学生还有号称民国书坛"三驾马车"之一的高祐（高福堂），高祐少时也因家贫无力上学，被杨伯峰用相同于许鼎臣的方式收入门下。杨伯峰一生教授许多学子，其中有4人后来中了举人，分别是许鼎臣、高祐、周维新、林东郊。林东郊以后又中了进士。杨伯峰的夫人病故安葬之时，4个头戴红顶子的举人扶棺送殡，情同孝子，场面蔚为壮观，在当时传为美谈。

杨伯峰先生是洛阳近代教育史上的名人，他不图名不图利，把平生所学用在教育事业上，为孟津、洛阳、偃师等地培养了一大批优秀人才，以上所列举的4位名士，仅是他众多学生中的一些代表。山不在高，有仙则名；水不在深，有龙则灵。正因为有了杨伯峰这位学识渊博的先生，当时明达村虽位居僻壤，却被直接列为洛阳县的金溪乡管辖，何也？学生们抬举的，因为这个地方是当时洛阳教育的制高点，是士绅仰慕的学界圣地。

洛阳名士林东郊　玉树临风世称道

清末民初,洛阳尽管政治经济地位衰微,但还是涌现出一些有影响的人物。老城东大街的林东郊就是很突出的一位。林东郊(公元1868—1937年),字莘原,又字霁园,洛阳老城人,清光绪戊戌科进士。据《明清进士题名碑录》载,林东郊中试于清光绪戊戌科第三甲第六十二名。唱名后入翰林院,为庶吉士,散馆后授检讨。

当时,洛阳名人甚多,林东郊是洛阳文人中的士林班首,也是洛阳的最后一名进士,历充国史馆协修、纂修。编书处协修、详校。光绪三十二年(公元1906年),奉旨赴日本考察政治。回国后,编纂《皇清奏议》,书成以后,被保奏为知府。宣统三年(公元1911年),记名以道府用,并加二品衔,补授广西桂林府知府。

林东郊入翰林院,在当时是非常荣耀的事,翰林院古称玉堂之署,地位相当重要,钱龙锡曾有诗曰:"妙选金闺彦,登兹白玉墀。"故入翰林院者,都有着一种特别的地位,令人刮目相看。如明代朱元璋规定不设宰相,一切由皇帝裁决,但却让翰林备顾问,做智囊。所以明代高拱针对翰林院说:"虽无宰相之名,有其实矣。"

清康熙明文规定不是翰林出身不能成为皇帝名誉上的老师,掌文词翰墨的南书房行走和作为皇子师傅的上书房行走都必须由翰林担任。也只有翰林才能称为"太史",非翰林院出身的朝臣死后不得谥以"文"字,可见翰林院的地位不同一般,翰林的地位不同一般。

林东郊以三甲进士而入翰林院,可谓当时的佼佼者。人的真才实学,若仅以功名论之,有时是有失公允的。林东郊作为近代河南文化名人,名实都毫不逊色,自然是洛阳的文章魁首、士林书林领袖,他穷六艺,于诗词、经学无所不通,艺术兼及书画篆刻,无不精绝。其著作有《易易》《爱日草庐诗集》等。但是民间所传的"一科三东"和他"生死同日",便使他蒙上了一层浓重的传奇色彩。

传说林东郊应试之前,其父晚上做了一梦,梦见一白胡子老人,便向他询问今岁科场事。老人答曰,河南一科三东。其父梦醒,不解其中意思,等到放榜的时候,始知河南高中3人,荥阳牛东藩,汜水赵东阶,洛阳林东郊。这3人名中皆有一个东字。牛、赵、林均是近代河南文化名人,学术造诣颇高、影响颇大,坊间多有颂词。

林东郊道德文章俱佳,同时也是个奇人,奇在林东郊生死同日。生死同日,在现实生活中是很罕见的。林东郊生于清同治七年夏历二月初一,卒于民国二十六年正月三十日夜。当时其子孙正在为他筹办70大寿庆典,不意林公赫然长逝,于是寿堂改灵堂,贺客作吊客,林东郊先生圆满地走完了他70年的人生历程。把他的文章、诗词、书法、品格留在了河洛舞台!

林东郊著书两部,其一为线装古体诗《爱日草庐诗集》,记录了"大总统一职五易其人"以及他挂冠归里侍奉老母、访亲睦邻、作诗赠画、漫步洛河湟堤而又忧国忧民的情怀。《爱日草庐诗集》留有刻本,其有诗云:"但觅桃源秦乱避,敢云高不事王侯"。表达其不敢自标清高而挂冠不仕,实因不堪世事扰攘的弃官归里的复杂心情。

林翰林归洛后，深居简出，勤奋好学。黎明即起，读书、写字，精心整理其诗集和研究《易经》。其研究《易经》的文稿后辑录成书——《易易》，该书是他多年潜心研究《易经》的独特见解，成书后全部亲自工笔楷书而就，一箱书稿手迹被其后人数十年保存，可惜后来被毁。

　　林东郊的书法造诣是很高的，洛阳近代书法有所谓"三驾马车"之称，即林东郊、高祐、李振九。林东郊的书法师宗于欧、褚，参以王铎等，并在其基础上自成一格，功力特厚；绘画以摩诘、石谷等为法，兼众家之长，融为一体，而又颇具自己的风格和韵味。洛阳白马寺院山门上的"白马寺"题字以及寺门内东西月亮门上方的"菩提道场"及"定慧壮严"墨宝即其所书，至今仍显现其艺术的魅力，吸引众多慕名者。

　　林东郊人品、文章、书法、绘画俱佳，同时还是一个敢于担当，主持正义，乐善好施的人。他对当时社会上的不平之事敢于鼎力相助，在其任临时参议院议员时，曾有洛阳东关人王献卿因参加倒袁运动而被捕，又有一洛阳西关人杨天鹏，因其子杨少万系革命党人而被株连，找到林东郊后，他利用自己的影响竭力营救，终使这两人获释。

　　1926年春节后灯节前，因豫、陕两省军人以往结怨比较深，爆发了红枪会众"大杀老陕"的事件，林东郊冒着极大的风险从中说项，使部分无辜的陕西商人及当时河洛道尹阎凤浩等免遭于难。林东郊于1930年担任洛阳的红十字会会长，曾为孤儿院募捐并亲笔书画进行义卖捐助；还曾创办冬赈救济穷人等。为修筑当年东大街东段石面路，悉数捐出自家所有石条石块，被传为佳话。

　　1932年，一·二八淞沪事变后，国民政府迁洛，国民政府主席林森与林东郊为同年翰林，林东郊专门在老城东大街腾出自己的一所宅院，供林森夫妇居住。政府大员张继、吕超、叶楚伧、于右任等联翩赴林宅探望，一时林府门前冠盖如云。

林东郊家是洛阳的大户人家，林家大院同史家大院、庄家大院、董家大院并称洛阳四大宅院。林家大院位于老城东大街，沿着东大街向东走，鼓楼两边都是林家大院。当年，林家有地千顷，是有名的富豪，据了解，从老城东大街114号到124号，都是林家老宅，有房屋几百间，足以看出林家的实力。如今，这些宅院大多保存完好，是洛阳老城风貌的典型反映。

　　林东郊是洛阳的最后一位进士，因距现在比较近，故老洛阳人对他的事迹记忆得相对比较清楚。他是洛阳乃至河南有很大影响的文化人物，学历层次、文化水平达到了那个时代的高峰，虽补授了个桂林知府，但一天也没到任，故政治上也谈不上有什么大的作为。从文化上论，林东郊是当时的一面旗帜，无论对《易经》的研究、在书法上的造诣，还是诗词上的贡献等，都堪称是洛阳近代里程碑式的人物。

　　林东郊作为近代洛阳城有影响的人物，因其出身翰林的关系，在处理一些棘手事情如蒋冯阎大战、红枪会打老陕、解救革命党、赈灾济贫等事件中，表现出了正直乡贤、知识分子应有的胆识，做了很多救生灵于涂炭的好事，故而受到世人的敬重与喜爱。这充分说明，一个人，尤其是有些知识的人，有些地位的人，要干些正事、干些善事、干些好事，这样，平民百姓就会把他看得很高！

河洛有鸿儒　孟津许鼎臣

洛阳孟津县小浪底镇南老龙嘴村近代出了一个文化名人许鼎臣，目前存有他的故居和墓园。许鼎臣，字石衡，光绪丁酉科举人，是当时的"河南三杰"之一。因社会动荡，无心功名，便设馆授徒，名曰"龙嘴山馆"，门生众多，桃李广布，人称"一代寒儒，志海巨匠"的孙贡九就是他的弟子。许石衡是大学问家，能"一言而坚学者之志"，一语而解思者之惑，名震中州。

"仰听尧舜语，俯察周孔辙。"这是近代河南名儒许鼎臣先生的座右铭。鼎臣先生学养深厚，著述颇多。著有《龙嘴山馆文集》《中州学系史》《孟津县志稿》等，还在洛阳创办"河洛国学专修馆"，担任首任馆长。许鼎臣纵论诸子百家，谈经说道，沿朱溯孔，被推为中州儒宗。

许鼎臣的学问名震当时，河南人刘镇华主政陕西时，曾邀请许鼎臣赴秦讲学。秦地是北宋张载创立"关学"的地方，"关学"与"洛学"都是理学的重要学派，但认识上有分歧。许鼎臣到西安后，成立了"关洛学社"，求同存异，弘扬国学，令人折服。

许鼎臣先生书法老辣，名重河洛。其书法自成一体，功力深厚，韵味无穷。先生一生不以书法成名，但书法反而亦随道德学问冠绝学界。

有名家评价道:"其书如得道君子,雄怆书风熔碑帖";"力屈万夫,不让古人,已成高古之体"。许鼎臣曾说:"我书意造本无华","书不通篆隶不名贵",认为书以学养,品学不高,书俗而已。故他的书法融欧、褚于魏碑,极奇极拙,苍劲豪迈,不落俗套。

许鼎臣先生古道热肠,灾难面前挺身而出,敢于担当,倾心奉献。1931年,年近六旬的他担任豫西救灾会的会长,主持赈灾事务,救生灵于涂炭,先后动员刘镇华、徐世昌、张学良等各界名流捐钱捐画捐物捐粮,在洛阳老城老集旧府衙门后院开设粥棚施粥,施杂面窝头,一直持续到1934年,每天就食者千人以上,赈济灾民无数,体现了仁心大爱。

许鼎臣是中州鸿儒,设馆授徒同时筹建孟津县志馆,续修孟津县志。此前孟津县志已有100多年未修,过去重修过的孟津县志有明嘉靖的,清顺治、康熙、乾隆、嘉庆的等,有些还不全。修志工作工程浩繁,他不辞辛劳,为孟津县志稿撰写金石跋七十五品,显示其在经、史、书法诸方面的深厚功底。遗憾的是在后来刊印时大部分遗失,实在是令人扼腕叹息。

许鼎臣先生忧国忧民,期望社会和平,希望天下大治,希冀"尧禹周孔礼仪冠带之洛阳"再现。对当时的匪患深恶痛绝,为此邀请洛阳警界精英徐培斋到孟津剿匪。徐培斋出师后,当地土匪闻风丧胆,不敢扰民。"洛津之人得男耕于野,女织于室"。但此举招致土匪报复,1921年许鼎臣被土匪绑票,囚禁山洞27天,后经陕西省长刘镇华出面干预,并出赎金将其救出。许鼎臣先生侠骨义胆,乃乱世真英雄也。

许鼎臣先生家境贫寒,小时候靠拾柴火为生,幸而被邻村明达村"望椿轩"私塾主人杨伯峰先生发现,给他家送去了一车煤炭,他才有机会启蒙读书,遂成为一代名家。他和洛阳偃师的高祐是同门师兄弟,高祐道德、文章、书法俱佳，也是洛阳文豪级的人物，被称为洛阳民国书坛的"三驾马车"之一，在他的墓园就有高祐写的书法。本斋主用的微信图案即是高佑先生在老龙嘴题写的碑刻，是在前几年的专门考察时发现并用上的。假若许鼎臣、高祐是千里马，那么杨伯峰就是伯乐。千里马不常有，伯乐亦不常有。

笔者当年插队的地方西边不远，有座小山，史称龙嘴山，此地就是近代洛阳鸿儒许鼎臣的家乡，他生于斯，长于斯，开馆授徒于斯，也长眠于斯，他的后代子孙在此建了许家祠堂——龙嘴山祠，纪念许鼎臣这位先哲。进入祠堂，首先映入眼帘的是洛阳近代书坛"三驾马车"之一的书法大家、许鼎臣的同窗高祐所写的醒目门楣及对联，进入山祠后，右侧是他的同砚、洛阳国学大家周维新所写的纪念碑；山祠后面是许鼎臣先生及家族的墓地，是由许鼎臣的玄孙许坚等人出资修建。松柏长青，缅思常在，哲人已逝，名垂史册！

洛阳名士董笃行　人称老官骨铮铮

洛阳董姓中有一人名气甚大,就是董笃行,洛阳人尊其为"董老官"。"董老官"不仅官做得大,而且刚正不阿,清正廉洁,处事公明,不信鬼神。董笃行,字天因,洛阳老城人。董笃行科举路上顺风顺水,乡试中举后,于会试考中贡士;顺治三年(公元1646年)又中进士,当年被选拔为翰林院庶吉士;后又被提拔为都察院左副都御史,成为执掌弹劾百官及谏言朝政的官员。

董笃行一生洁身自好,严于律己,待人诚实敦厚,豁达大度,洛阳一带流传有不少关于他的佳话传说。他的故居在洛阳老城西南隅的农校街,后洛阳卫生防疫站多年在此办公。相传他在京城做官的时候,家里盖房子,因宅基问题同邻居之间发生了一些纠纷,闹得不可开交,剑拔弩张。

董笃行在京城做官,官至都察院左副都御史,是管监察弹劾的官员,相当于今天的国家监察部副部长,接到家人送来的要求向对方施加压力的书信后,挥笔写下了四句话:千里捎书为一墙,让他三尺又何妨?万里长城今犹在,不见当年秦始皇!断然拒绝了家人的恃强要求。

董笃行的家人接到他的信后,主动把界墙往后退了三尺,对方见状,也向自己的方向退了三尺,这样双方发生争执的地方活脱脱让出了六尺宽的地方,双方化干戈为玉帛,成了好邻居,而让出的六尺地方,形成了洛阳老城仙果市街北端路东著名的仁义胡同。

关于董笃行建房礼让的事,曾有一种观点认为是让出了农校街东段的"后胡同"——农校后街,其实不然,应该是仙果市街的仁义胡同。董老官家的大门在农校街,后院建房同一般实人家发生了一些纠纷,才引出了上述话题。从实地情况看,董家大院东距"后胡同"比较远,且中间隔着清初一个著名将军马富贵的祠堂,让他三尺不可能让出近百十米的地方。

类似洛阳老城仁义胡同的故事在我国很多地方都有发生,如安徽桐城的"六尺巷"、北京平谷的仁义胡同、山东聊城的仁义胡同等,说明此事发生的概率是比较高的。因为人类要居住,居住就要建房,建房就有可能有纠纷,怎么解决,不外乎两种办法:打与和;打,劳民伤财;和,才能和睦相处。董笃行的做法不愧为谦和的典范。

董笃行身居高位,为官清廉,体恤民情,善待友邻。他曾讲过一句话:是亲不是亲,非亲却是亲;远水难救近火,远亲不如近邻。意思很清楚,有些人是亲戚却不像亲戚,有些人虽然不是亲戚,却比亲戚还亲近;远处的水救不了近处的火,住得很远的亲戚不如近邻能够随时帮忙。

中国古老一些的城市大都有城隍庙,敬的是城隍——城市的保护神。唯独洛阳比较特别,有两座城隍庙,一座在洛阳老城西关,即现在的洛阳六中和三十中,因修中州路被一分为二。另一座在西关外,现老城宇通街小学的地方。说起来洛阳城隍还与董老官有关。

董老官曾送给他夫人一个金戒指,是爱情信物。一次,他夫人请小姑子董菊来家缝被子,被子缝好了,戒指不见了,他夫人就认为小姑子偷了她的戒指，为此两人在城隍庙发誓，若谁昧了戒指，就让谁腿摔断，谁知事有凑巧，小姑子过门槛恰好摔断了腿，嫂子就认定这是报应，是小姑子偷了戒指。

董笃行从京城回来知道了此事，对夫人说，妹子不是那种人，不会干这种事。他夫人信誓旦旦说有城隍见证还会有错？为此，董笃行拉着夫人到城隍庙，在大殿对着城隍大声训斥："城隍城隍真混蛋，乱断官司生屈冤。如此不配享供奉，滚到城外受风寒！"实际上，董笃行在晚上睡觉时就发现了缝在被子中的戒指，故出此言。

董笃行大骂城隍，其妻吓得嚷嚷："骂不得骂不得，城隍爷要显灵降灾的！"董老官说："他还显什么灵？告诉你，那戒指被你自己缝进被子，反倒诬陷我妹妹！走，回家一看便知！"夫妻回到家，董妻摸摸被子，果然找到了戒指，猛想起是自己戴顶针时随手将戒指摘下，又无意中缝进被子里了，她很羞愧，连忙向小姑子赔礼道歉。

据说在董笃行训斥城隍的次日早上，人们在西关外田地里发现了城隍爷的塑像，他不好意思地脸朝下躺着。人们发现后，赶紧把城隍爷抬回庙里，第二天发现城隍爷又不见了，一连三天都是如此。原来城隍自知判案有误，冤枉了董家小姑子，没有脸面待在城里，就溜到城外来了。于是，人们只好在城外地里又盖了一座城隍庙。

城隍跑到城外头，确实比较特别。但实际情况是洛阳既是河南府的所在地，河南府很大，下辖1州13县，也是洛阳县的所在地。城隍是一个地方的守护神，府建城隍庙，县也要建城隍庙，故洛阳就有两个城隍庙。因董老官是洛阳名士，著名清官，老百姓就赋予他管"神"的重任。

关于董老官管"神"的故事还有一个，就是董老官管"土地爷"的故事。洛阳人过去建房动土，都要祭祀土地神——"土地爷"，董老官一身正气不信邪,他家建房不祭祀"土地爷","土地爷"就从中作梗,让他建的墙东倒西歪,董老官就让人把圆鼓鼓的"土地爷"挖出来扔了,从此洛阳人建房不再向"土地爷"行礼,扭转了多年形成的歪风邪气,当然,这些只是流传在民间的传说。

董笃行居住过的董家大院曾经非常显赫,五进院落,建筑精致精美,有上房屋,有对厦,有木结构的二层楼,有后花园,有小姐居住的绣楼等。新中国成立后洛阳卫生防疫站在此办公,大门在农校街,坐北朝南,门额上有著名书法家李镇九先生书写的牌匾,苍劲有力,如今仍在;后门在仙果市街,坐东朝西,右手即是有名的仁义胡同。

董笃行官位虽高,但史书上对他事迹的记载并不是很多。作者查阅了洛阳董家家谱及其他资料,方了解到董笃行字天因,号瀛宾,顺治乙酉科举人,丙戌科进士,初授翰林庶吉士,迁吏科给书中,还担任过钦差典试浙江,即担任浙江乡试主考;还担任过户科左右给事中,礼科都给事中等。

董笃行担任大的官职先后还有:经筵陪侍、太仆寺少卿、协理兵部督捕堂上事、通政司左右通政、太常寺正卿、宗人府丞、都察院协理院事、左副都御史等。从他的历官来看,可谓范围广矣,户部、礼部、兵部、内廷、谏官等岗位都历练过,是清早期朝廷中的一员能臣干吏。

董笃行仕途比较顺利,经历的岗位比较多,其中还担任过一个比较特别的职务——经筵陪侍。这个职务是干啥的?就是陪皇帝读经、解经,这个职务一般有进士出身的饱学之士担任。孟津的王铎明代也曾担任过此职。实际上这个职务不好当,要求有学识,有见识,还要经得起皇帝的问询,担任过此职的一般都被皇帝视为亲信。

董笃行曾担任宗人府丞的官职,宗人府是中国明清时期管理皇家宗室事务的机构。掌管皇帝九族的宗族名册,按时编纂玉牒,记录宗室子女嫡庶、名字、封爵、生死时间、婚嫁、谥号、安葬等方面的事宜。凡是宗室陈述请求,替他们向皇帝报告,引进贤才能人,记录罪责过失。宗人府丞是正三品的官,也是重要的官职,担任此职一定程度上说明董笃行在当时的地位。

洛阳老城董家是清代至民国的望族,董笃行是该家族的十世孙,相传他还做过康熙皇帝的老师,为董氏家谱写过序,为洛阳关帝庙关羽墓写过碑文,其家族是书香世家,其父辈有数人是进士出身,其后代也有诸人是进士和举人的。洛阳老城西南隅有董家大院,西北隅有董家祠堂。

现存的董家大院为一座5间4进大院,占地2000多平方米,临街5间,过厅10间,对厦36间,上房5间,围墙内两侧设有便道,大院有花园、绣楼,相传还有地下水牢,颇为壮观。20世纪70年代,一场大火烧了3进院的房子,留下诸多遗憾。院内有两眼井,既是生活所用,也是风水之井,镇宅所用。

笔者祖籍孟津麻屯镇董村,与洛阳老城的董家是一支。更难得的是,父母在洛阳地区商业系统工作的缘故,从小居住在已作为公房分配的农校街11号大院,即董家大院的一部分,耳濡目染了先贤的嘉德懿行,亲身感受了房主留下传统古建同时留给人们的许多难以忘怀的东西。沧海横流方见仁者本色,前人已逝,但很多东西,不管时光怎样流淌,是怎样也磨灭不掉的。

国色天香话牡丹

（上）

"洛阳地脉花最宜，牡丹尤为天下奇。"牡丹属于多年生落叶小灌木，最适合在洛阳这样土层比较深厚、气候温和、藏风聚气的丘陵和浅山区生长，这里水源丰沛，光照充分，营养丰富，易于牡丹根系发展，更有利于枝繁花茂，这是造成牡丹在洛阳发展并独步天下的独特地理条件。正因为如此，再加上历代花农的精心侍弄，洛阳牡丹恣意挥洒，称霸华夏，被誉为花王。

牡丹花多姿多彩，雍容华贵。姚黄、魏紫、赵粉、豆绿等名品声震寰宇。中国名花众多，但文人骚客、学者名流咏吟最多的当属洛阳牡丹，"洛阳人惯见奇葩，桃李开花未见花，须是牡丹花盛发，满城方始乐无涯。"其中原因：牡丹花太美了、太神奇了、太惊艳了、太不可思议了，此物只应天上有，人间难得几回睹？刘禹锡的"唯有牡丹真国色，花开时节动京城"即是牡丹花的最好写照。

洛阳邙山是中国野生牡丹的主要发源地之一，位于洛阳国家牡丹园内的"凤丹牡丹林"是全世界现存数量最大的"千年牡丹群"，距今约有 1900 年的历史。牡丹枝条属半木质结构，很难长得高大，一般寿命在百年左右。洛阳国家牡丹园的千年丹凤牡丹是植物界的奇观，不仅年代久远，而且花朵繁茂，花期比一般的牡丹要长，达一个月之久，是名不虚传的花王、花祖。

牡丹不仅具有观赏价值，而且全身皆是宝。欧阳修《洛阳牡丹记》载，"牡丹初不载文字，唯以药载本草。"牡丹根入药，称"丹皮"，除伏火、清热散淤、去痈消肿、安五脏。其花瓣可食用，味道鲜美。如今洛阳从牡丹中发现商机，不断开发牡丹特色的产品，如牡丹系列化妆品、牡丹系列保健品、牡丹酒品系列、牡丹食品系列等，扩大了牡丹的内涵和外延，进行了有益的探索，收效甚好。

牡丹作为观赏植物的栽培始于南北朝。《太平御览》记载：南朝宋时，永嘉水际多牡丹。牡丹这一名称的发现，标志着牡丹栽培历史的开始。明代李时珍《本草纲目》说：牡丹虽结籽而根上生苗，故谓"牡"（意谓可无性繁殖），其花红故曰"丹"。由此可见，牡丹最初得名是以红为主，后在栽培中有诸多变异。

牡丹久负盛名应归功于历代花匠，没有他们的精心培育，就没有今天的盛况。唐代的时候，牡丹的栽培开始繁盛起来。传说洛阳有个叫宋单父的，精于园艺，有"幻世之绝艺"，善种牡丹，他种的牡丹，红白斗艳，变异千种，被时人尊为花师。欧阳修《洛阳牡丹记》载，宋时有一复姓东门，人称"门园子"的人，是一位牡丹接花高手，富豪人家请他接牡丹、秋天接花，来年春天开花，一株 5000，见花付钱。培植牡丹遂成为一种事业。

欧阳修曾说，大抵洛人家家有花，而少有大树，盖其不接则不佳。唐代记载，牡丹花王姚黄、花后魏家花的一个接头竟至钱 5000，也有花数万买一株的。宋徽宗宣和年间，洛阳一位欧姓花师，匠心独运，精心组胚,将药壅培白牡丹根下,次年花开浅碧色,人称欧家碧,极为珍贵,每年作为贡品供奉朝廷。

洛阳牡丹的栽培是一门技术性很强的工作。唐宋以来,花工花匠在择地、栽植、浇灌、施肥、修剪、防虫害、防霜冻以及嫁接、育种等栽培技术方面总结出一套较为成熟的经验。还出现了一批理论著作:欧阳修的《洛阳牡丹记》,周师厚的《鄞江周氏洛阳牡丹记》《洛阳花木记》,张峋的《洛阳花谱》等,把牡丹的种植与栽培上升到较高的理论层面。

古人称牡丹为花中之王,又把"姚黄"称为牡丹之王。姚黄,牡丹四大名品之一,皇冠型,花蕾圆尖,端部常开裂,花淡黄色,为传统品种,最早出现于北宋。欧阳修《洛阳牡丹记》载:"姚黄者,千叶黄花,出于民姚氏家。此花淡黄色,托桂型。株形直立,枝条细硬,花蕾圆尖,绽口形,叶中圆,花朵在叶之后。"此花光彩照人,亭亭玉立,古人以"花王"誉之。姚黄形如细雕,质若软玉,有诗赞曰:"姚家育奇卉,绝品万花王。着意匀金粉,舒颜递异香。斜簪美人醉,尽绽一城狂。且倚春风里,遥思韵菊芳。"

魏紫,也叫魏家花,洛阳牡丹四大名品之一,被称作"花后",出自洛阳五代时期宰相魏仁溥私家馆池(园囿),樵夫从山里挖来卖与他,被他藏之花园,外人花钱才能观赏。魏紫为人间绝品,具有极致的重瓣之美,花紫红色,荷花型或皇冠型,花期长,花量大,花朵丰满,颜色纯正,大富大贵,是极负盛名的牡丹"花后"。宋代辛弃疾有词:"魏紫朝来将进酒,玉盘盂样先呈……"据《洛阳牡丹记》记载:魏紫,名色,一本值五千。足见魏紫之高贵、娇艳、典雅、瑞丽。据传,洛阳的卫(魏)坡是魏紫的发源地,目前正以国家传统文化村落的牌子吸引众多游客。

洛阳牡丹四大名品还有豆绿,亦名殷家碧、绿牡丹。豆绿为重瓣,皇冠型或绣球型，花蕾圆形，顶端常开裂，花黄绿色，成花率高，萌蘖枝多，为世间稀有名贵品种。宋朝张邦基在《墨庄漫录》中记载："洛阳花工宣和中以药壅培白牡丹如玉千叶、一百五、玉楼春根下，次年花作碧色，号殿家碧。"殿家碧是豆绿的古名。相传豆绿牡丹是百花仙子头上的绿玉簪所变，在牡丹栽培史上有"绿玉值千金"的说法，说的就是豆绿牡丹、以碧绿见奇，世所罕见。

洛阳牡丹品种甚多，历史名品中最年轻的一品曰赵粉，据《桑篱园牡丹谱》记载，本品由洛阳牡丹与曹州牡丹嫁接培育而成，出自清代赵家花园，因花为粉色出自赵家而得名。赵粉花色艳丽，花型神奇，具有单瓣、半重瓣、重瓣三种花型，还有三种花型同生一树之艳状，植株生长势强，花量丰大，清香宜人。因其特色显著，美名不胫而走，叹为观止，有诗赞曰："窃得玉楼红一片，染成芳艳眼前春"。

洛阳牡丹中还有一个品种，叫洛阳红。洛阳满大街种的都是这个品种，种植面之广、视觉冲击力之强、点击率之高，强于任何品种的牡丹。其实，洛阳红是一个唐代就有的古老品种，俗称"焦骨牡丹"，武则天当年贬的那个牡丹就是这个品种，花是红的，枝是枯的，株大、味香，体现了不畏权贵的傲骨和迎春怒放的芳姿。以洛阳命名的牡丹应该不多，她是洛阳城市内在气质的象征，平实、倔强，卓尔不凡，艳而不俗。

洛阳牡丹传统珍品中有一品名气颇大，名曰二乔，别名洛阳锦。株形高，花朵蔷薇型，花蕾扁圆形，花复色，同株同枝开紫红色和粉色两色花，同朵亦可开相嵌紫粉两色。二乔出自洛阳，在复色系牡丹中排名第一。关于二乔牡丹的最早记录，出现在宋代周师厚的《洛阳牡丹记》中："二色红，千叶红花也。元丰中出于银李园中，于接头上歧分为二色，一浅一深……"二乔是洛阳牡丹名品，以三国时一对美女姐妹花冠名,让人不禁浮想联翩。

洛阳牡丹中还有一品表达爱情的著名牡丹——荷包牡丹。荷包牡丹叶丛美丽,花朵玲珑,形似荷包,色彩绚丽,是盆栽和切花的好材料,适宜于布置花境和在树丛、草地边缘湿润处丛植,景观效果极好。荷包牡丹有个美好的传说,古时洛阳南边的汝州庙下镇一个村子里,有个美丽的姑娘,天生聪颖,心灵手巧,善修荷包,人称"荷包姑娘",提亲的人很多,都被婉拒。因姑娘有位钟情的男子,但小伙在塞外从军,杳无音信。"荷包姑娘"日日思念,每月绣一荷包寄托思念之情,并将荷包挂在窗前的牡丹枝上,久而久之,荷包结成了串,幻化成了"荷包牡丹"。

洛阳牡丹传统名品葛巾紫也非常有名。此花为重瓣、紫色、绣球型,顶端呈不规则的波状,色、姿、香、韵俱佳。葛巾紫牡丹寓意取自名著《聊斋志异》,葛巾写的是"双美"——两个牡丹花妖。其中主要叙述的是葛巾与常大用的爱情故事,却又以另一女子玉版相衬托,从而把葛巾含而不露、温柔蕴藉的特点显现出来。葛巾紫是以传说故事为依托的牡丹精品,使得牡丹这一名花更拟人化,更有韵味。

洛阳牡丹有一个特殊的品种,蓝牡丹,亦叫蓝田玉。蓝牡丹为千层台阁型,偶有菊花型,花蕾扁圆形,花色粉,微带蓝色,恰似蓝天美玉透出的光华,名花美玉,相得益彰。从严格意义上讲,纯蓝色的牡丹是不存在的,蓝牡丹指的是粉蓝色或蓝紫色的牡丹。相传,这种牡丹是清乾隆年间赵玉田培育出的牡丹珍品。该牡丹以颜色稀奇为贵,在花卉界叹为观止,是洛阳牡丹的珍贵品种。

洛阳牡丹中有一款是典型的洛阳代表作,也是白色牡丹的代表——白雪塔。白雪塔,又名白玉、玉楼春,出自洛阳。宋代周师厚在《洛阳牡丹记》中记载,该花宋代元丰年间出自洛州河清县左氏家,左氏将这种白花献于潞公文彦博，潞公为其命名玉楼春。因其盛开时莹白如雪，层层堆积如玲珑仙塔，故称之白雪塔。唐代诗人韦庄有《白牡丹》一诗，表达对白牡丹的喜爱："闺中莫妒新妆妇，陌上须惭傅粉郎。昨夜月明浑似水，入门唯觉一庭香。"

洛阳牡丹是百姓花，寻常百姓爱花种花，名扬天下。典型例子是孟津县朝阳镇大崔沟村崔月奇先生种植的牡丹。这是崔先生50多年前从白云山移植回来的高山野生牡丹，移植到邙山腹地以后，几经迁栽，发生极大变异，一是开花多，盛开时达500余朵，堪称奇迹；二是花朵硕大，色彩鲜艳，重重叠叠，风姿绰约；三是花期比一般牡丹长，经久不衰，傲然怒放，应了洛阳民间一句老话，小户人家闺女，拾掇拾掇不丑气。如今，崔沟牡丹也成为洛阳的一张名片，诉说着一种不一样牡丹传奇故事。

（下）

历史上洛阳是牡丹的原产地、种植地、培育地、享有盛名。但近现代洛阳牡丹的发展不过是百十年的事，是随着牡丹花会的兴起而逐渐兴盛。

我们这一代人小时候看花，是在洛阳老城的南关花园（现在的南关公园），南关花园是洛阳近现代的第一个公园，是在原来"校场"遗址上建起来的，面积不算太大，有湖有桥有假山有花圃，隐约记得花园里有牡丹芍药之类的，品种不是太多，游人也不是太多。而如今，洛阳发展得如此之快，供人们休闲的园子不仅大而且多，尤其是洛阳牡丹，盛世养花，盛世育花，繁花似锦，花事喜人，前无古人，这就是社会的变迁。

围绕洛阳牡丹，逐渐形成一个国家级的节会——中国洛阳牡丹文化节,这在共和国的历史上为数不多,十分罕见,足见洛阳牡丹的魅力和影响。洛阳牡丹花会已入选国家非物质文化遗产名录,从1983年至今已经成功地举办了三十多届,已经由洛阳市的"以花为媒,广交朋友,宣传洛阳,扩大开放"扩展到"洛阳搭台,全省唱戏"这样一个集赏花观灯、旅游观光、经贸洽谈为一体的大型综合性经济文化活动,牡丹花会已成为洛阳、河南乃至全国的一张名片。洛阳牡丹以她的美丽、华贵、雍容、大度征服了中外游客。

人们喜爱牡丹,因为牡丹蕴含了中华民族精神力量的优秀品格:铮铮铁骨,不畏权贵。相传女皇武则天冬日游园,下令百花限时开放,百花慑于权势,不得不开,独有牡丹坚守"花节",没有遵命,而被武则天下令放火烧之……相传这就是枯枝牡丹,虽然被烧被弃,仍然不改初衷。牡丹这种不畏权贵的精神,是我们民族精神的象征。中华民族愈挫愈坚,不畏任何艰难险阻。

牡丹是美好的象征。人们喜欢牡丹既源于她的品格,也源于她的美好,牡丹花是一切花卉中姿态、色彩、形状、韵味最好的花卉之一,被称为花王、国色天香。人们把她看作美好的化身,在绘画、服饰、音乐、戏曲、雕塑等方面无不包含有关牡丹的内容,牡丹文化已成为中华民族文化的一个组成部分,铭刻在民族的记忆之中,流淌在民族文化的长河里,挥之不去,经久愈浓。

牡丹是富贵的象征。花开富贵,说的就是牡丹花。当然,花开富贵首先指的是国家,牡丹花开,国运隆昌,国祚绵长;其次是家庭,富贵花开,家庭祥和,琴瑟和鸣;再则是个人,牡丹花开,鸿运当头,前程似锦。牡丹是富贵花,实际国家、家庭、个人全包括了。为何花开花落二十日,满城之人皆若狂,个中原因就在于此。

牡丹是高洁的象征。牡丹花朵硕大,色泽神奇,端庄秀雅,仪态万千,国色天香,从古至今,人们一直把她看作是高洁美丽、诚实守信的象征。从传说的不惧淫威、花色的纯正艳丽、花型的雍容高贵、扎根沃土的平凡本色……无不彰显着牡丹的高洁品格。这种高洁是与生俱来的,是天然去雕饰的,是人们审美情趣提炼堆积而成的。洛阳牡丹有一个很特殊的秉性,就是种在花盆里活得不好,打不起精神,开花以后就蔫,种到大田里,立马精气神十足,生意盎然。何也,源于它接地气的本性。牡丹花不是温室里的花,是根植大地的花,是为大众观赏而怒放的花,离开了大地,它就失去了生命的意义,这也是牡丹深得大家喜爱的深层原因。

毛泽东主席非常喜爱牡丹,与牡丹有不解之缘。红军长征到达延安后,在严酷的战争间隙,他同朱德、周恩来等到延安万花山看牡丹,在牡丹丛中深情地说,要保护好牡丹,解放后要建观赏牡丹的人民公园。到中南海后,一次散步走到牡丹花圃下,毛泽东对身边的工作人员讲起武则天与牡丹的故事,并意味深长地说:"年轻人要具有牡丹的性格,不畏强暴,才能担起重任。"

世人大都知道女皇武则天与牡丹有一段过节,即武则天贬牡丹的故事。这个故事说明几点:武则天君临天下的霸气;牡丹不畏强暴的傲骨;人们对强权的侧目及对牡丹品质的敬重,或曰对正义的敬重。这里说明了一个深刻的道理:为君王者,要行仁政,要行大道,利天下。顺民心即为大道,逆民心就是失道。得道多助,失道寡助。

洛阳牡丹出名和一位历史名人、文学大家——欧阳修有关,大家可能比较多地知道他有名的《醉翁亭记》,对他的另一部名篇《洛阳牡丹记》可能知道的不是太多。《洛阳牡丹记》是他中进士后不久在洛阳做推官时所作,是历史上为数不多的记载洛阳牡丹的专著,他寄情洛阳牡丹花丛下,自称洛阳花下客,对洛阳牡丹栽培的历史、洛阳牡丹的精品、洛阳牡丹的传说等进行了生动传神地描述。正是由于洛阳牡丹的缘故，不管以后他走到哪里，洛阳一直是他魂牵梦萦的地方。他为牡丹作传，牡丹因他更红。

说到洛阳牡丹，必然说到芍药，牡丹是花王，芍药是花相，王离不开相，相离不开王，两者相得益彰。芍药是草本植物，芍药花开在牡丹之后，论色彩、论花型、论艳丽，芍药一点不逊色牡丹，但芍药甘当花相，屈居牡丹之后，牡丹开后她才开，为牡丹保驾护航，铺路守望，高风亮节可见一斑。"庭前芍药妖无格，池上芙蕖净少情。"做人当如芍药，不同他人争锋，他人退场后，才悄然展现自己的美。

洛阳牡丹甲天下，有关牡丹产品的开发方兴未艾。比如"一朵牡丹全花"茶饮的开发，比较有底蕴、有创意。相传一朵牡丹全花茶源自隋唐御医杨上善，流行于唐代，据记载，牡丹花茶通心肝肾三经，调理人体气血，活络人体经脉，扬清除浊，藏精抑邪，自安五脏，延年益寿。这是牡丹开发的一个例子，类似的产品还很多。昨天的文化，今天的经济。在牡丹产品的开发上，洛阳大有文章可做。

原来的牡丹是初春开花，现在已发展到四时皆可开花，催花牡丹的技术已经十分完善，尤其是春节的花卉市场，洛阳的催花牡丹独领风尚，这一方面，要走"精品"之路，在催花的品种、株型和品相上下功夫，为社会奉献精美之作，体现洛阳牡丹的大气、奔放、雍容、华贵、稀缺之美。

牡丹的药用价值也要开发，牡丹皮，中药名。为毛茛科植物牡丹干燥根皮，主要产于安徽、四川、河南、山东等地。性苦、辛，微寒，归心、肝、肾经，具有清热凉血、活血化瘀、退虚热等功效。安徽铜陵凤凰山所产的质量最佳，称为凤丹皮；安徽南陵所产称瑶丹皮；重庆垫江、四川灌县所产称川丹皮；甘肃、陕西及四川康定、泸定所产称西丹

洛阳名人与文化遗存

皮；四川西昌所产的称西昌丹皮，质量较次。洛阳在发展观赏牡丹的同时，亦可发展药用牡丹，拉长洛阳牡丹的产业链，使洛阳真正成为牡丹之都。

洛阳牡丹是美容之宝，有很多活性物质，在美容产品的开发上要利用生物高科技，内服的已有牡丹花茶，还可根据牡丹花和丹皮的药性与其他药材配伍开发一些适用面更广的产品。牡丹产品的外用更有文章可做，就牡丹名字本身来说就是价值无限，哪个女同胞不爱美，哪个女同胞不想像牡丹花那样美丽？牡丹霜、牡丹蜜、牡丹润肤膏、牡丹香水等，研发前景十分广阔。

洛阳打算建成"博物馆之都"，很有创意，很有成绩。我认为还应该建个牡丹博物馆。洛阳牡丹甲天下，洛阳是个牡丹城。现在，观赏牡丹的园子洛阳不算少，但展示洛阳牡丹文化的专题性博物馆则是一个欠缺。牡丹文化是中国独有的文化，如果把牡丹的栽培史、牡丹的品种、牡丹的传说故事、牡丹的寓意、牡丹用品、牡丹在生活中的应用等系统地整理展示，建一个特色性的博物馆，对提高洛阳的知名度，提升洛阳旅游的档次，发挥更好的经济效益，肯定会大有裨益。

在牡丹问题上洛阳要大度、开放、包容。现在，洛阳搞牡丹花会、菏泽搞牡丹花会、常熟搞牡丹花会、铜陵搞牡丹花会是好事，说明国人对牡丹喜爱的宽广。但我认为氛围还不够，应该更大一些，更多一些，安徽、陕西等地牡丹历史悠久、种植古已有名，都可以搞。在牡丹问题上洛阳要引领、要规划，而不是垄断，在已占先机的情况下要会动脑筋会发动，不怕事不成，就怕想不明。牡丹战略是洛阳的大战略，不能局限于"牡丹花城"4个字上。

办事做人格局意识很重要。格局小了，发展不起来；格局大了，徒有虚名；格局合适，诸方受益、持续发展。实际格局就是战略思维。比如洛阳的牡丹发展,仅限于"牡丹花城",就小了,不光是牡丹搭台,经贸唱戏,更要牡丹搭台、牡丹唱戏、文化唱戏、全国唱戏、丝路唱戏、国际唱戏,通过牡丹拉动诸多东西,洛阳要成为国家牡丹发展的研发中心、世界牡丹产业发展中心,主导国内外牡丹文化和牡丹产业发展。

牡丹花会已升格为国家节会,已被列入国家战略,但牡丹花不是"国花",这是不争的事实。尽管有人说清代牡丹已被列为"国花"、现在的牡丹是备选"国花"、国家一国四花,等等,但毕竟不是"国花"。因此,在这问题上,不是地方呼吁和造舆论的事,是国之大事、立法之大事、程序之大事。但这并不影响人们对牡丹之欣赏和热爱。"精诚所至,金石为开",一种东西爱得多了、爱得久了、爱得深了、爱得广了,毕竟会有结果的。

八百诸侯会孟津　乘势而起谱新篇

2021年4月22日,孟津县撤县设区举行揭牌仪式,行政区划孟津县成为历史,孟津区应运而生,纳入洛阳城市区发展的大格局中。我的祖籍是孟津麻屯董村。小时候故乡麻屯属洛阳县,行政区划为洛阳县一区,后来,洛阳撤县建市,麻屯、常袋等地划归孟津县管辖,成为孟津县治的一部分,相对于孟津老城,麻屯一带被称作西乡。

历史上孟津县的名字几经变化。孟津以周武王"八百诸侯会孟津"而得名。据《尚书·禹贡》之解,"孟为地名,在孟置津(即渡口),谓之孟津"。孟的来历可追溯到夏,夏时属孟涂氏封国。孟津的名字先后用过平阴、谍城、平县、治平县、河阴县等,唐初划河阴出洛阳,跨黄河置大基县,后改为柏崖县、河清县,金改河清县为孟津县,此后,经元、明、清、中华民国至今,县名未改。历史上看,孟津北临黄河,战略地位重要,曾据河南而治,也曾跨河而治。

孟津有许多可圈可点的东西。"河图洛书"是中华文明的标志,河出图就发生在孟津,目前,在传说的发生地就有龙马负图寺。河图,是中国古代流传下来的神秘图案,这个神秘图案源于天上星宿,蕴含了深奥的宇宙星象密码,被誉为"宇宙魔方"。河图及洛书是上古文明的产物,其由来是中华文明史上的千古之谜。"河图洛书"最早收录于《尚书》,其次在《易传》以及诸子百家亦有收录。"河图洛书传说"是国家级的非物质文化遗产。

生在苏杭,葬在北邙。北邙基本上指的就是孟津邙山一带,这一带就是被称作"无卧牛之地"的万吉宝地,自古以来,不管官做得多大,钱挣得再多,社会影响多大,归葬的时候,最高级别就是安葬在邙山,这种归宿,不光是自己的灵魂得到安宁,更重要的是可以荫及子孙后代,福祚绵长。因此,邙山岭上无闲土,尽是皇亲国戚达官贵人之旧墓。孟津邙山古陵墓群,是我国独有的墓葬"金字塔",堪称世界奇观。邙山古陵墓群,同洛阳数个古代都城遗址,均列为国家重点文物保护单位,影响至深至远。

孟津从名字来看,源于周武王率领八百诸侯会孟津,也叫"盟津",体现的是正义的力量、团队的力量,以进步的东西对付落后的东西,故摧枯拉朽,一战即胜。如今,在孟津老城古渡附近还保留有会盟台遗址。会盟,就是志同道合的人一起做事,这种理念是历史前进的动力,也是今天把事情做强做大的有效法宝。

孟津点击率比较高的,有被人津津称道的小浪底水库,或言小浪底水利枢纽工程。笔者当知青的时候就在当时的北马屯人民公社,即现在的小浪底镇,我插队的村子离小浪底比较近,不过几公里的距离,当时知青组的男生们还一起相约到小浪底游泳,河水不大的时候,还游泳到对面的济源去,在沙滩上晒晒太阳,搓搓身上的黄沙,那个时候感觉广阔天地真是太好了,风吹青草底,极目蓝天舒,一切都不在话下。

小浪底水库提升了洛阳、孟津的知名度,被誉为"北方的千岛湖"。小浪底水利枢纽工程位于孟津小浪底村附近,故而以小浪底命名了该工程。整个小浪底景区由小浪底大坝、荆紫山、八里峡、三门峡大坝4

个片区、13个景区、113个景点组成。小浪底水库横跨黄河南北两岸，南岸为崤山的东北余支，西接汾、渭盆地，东临华北平原，北岸有太行山和王屋山。风景区融小浪底工程文化、山水文化和历史文化为一体，是超大型的景观综合体，旅游潜力巨大。

孟津有许多历史典故，著名的如百夷叔齐扣马进谏的故事就发生在孟津叩马。商朝末年，伯夷、叔齐是孤竹国国君的儿子，孤竹君死后，两人互相推让不愿为王，跑到周文王那里。文王死后，武王要出兵讨伐暴君商纣王，伯夷与叔齐拉着武王的马劝谏他说："父死不葬，爰及干戈，可谓孝乎？以臣弑君，可谓仁乎？"武王左右的兵将要杀掉他们，姜太公马上制止说："他们也算是有义气的人呵！"说罢，让人把他们推开了，武王率领队伍，直发朝歌。牧野一战，纣王的军队纷纷倒戈。武王大胜，攻克朝歌，统一了天下，建立了周朝。

伯夷、叔齐羞于对周称臣，又耻于吃周朝的粮食，他俩隐居在孟津附近的首阳山上，饥了采些野果野菜，渴了喝些泉水维持生命。后来遇到一个采野菜的老妇人。老妇人问明缘故，对他们说："普天下都是周王的土地，所有的人都是周王的臣民，你们哪里能例外呢？"伯夷、叔齐听了，遂绝饮断食而死，人们将他俩埋在首阳山的顶峰。伯夷、叔齐叩马而谏的地方，后来就叫作叩马，成了孟津的一个村子，有故事的村子，首阳山也成为有典故的山。

伯夷、叔齐的故事令人感叹，忠于自己的主人是对的，但要与时俱进，要区分正义与落后，要顺应历史潮流，不可一味留恋日暮途穷的过去。另一方面，人还是要讲气节的，宁可站着死不可跪着生，这一点的确令人敬佩。此种例子还有，比如项羽，尽管兵败乌江，但精神没有垮，为此李清照赞曰："至今思项羽，不肯过江东！"

孟津人杰地灵，人才辈出。书法界在明清之际出现了一位伟大的书法家，人称神笔王铎。有人评价说王铎笔力能扛鼎，中国书法史上有前王后王之说，许多专家称后王胜前王，尤其王铎的草书，在书法史达到了前所未有的高度。目前，王铎故居是孟津著名的文化旅游景点，特别是他留下的拟山园碑帖，是极为珍贵的书法瑰宝。

孟津被称作"六朝都会"，在洛阳建都的13个王朝中有相当一部分建都在孟津域内。据统计，先后有东周、西汉、东汉、曹魏、西晋、北魏建都于孟津。孟津是河洛文化的发祥地，是华夏民族的摇篮，有"河图之源、人文之根"之说，龙马负图、伏羲画卦等事件都发生在这里。新设立的孟津区，把洛阳市区的范围一下子拉到黄河北岸，无论是经济的容量、文化的发展、旅游的拓展、城市的影响等，都提升到一个崭新的高度，孟津迎来了新的发展机遇。

孟津在洛阳诸县区中有一个得天独厚的条件，就是洛阳的机场设在这里。尽管洛阳北郊机场还不是国际机场，但游客的数量、开辟的专线还是比较多的。随着经济的发展，中原城市群副中心城市的建设、都市城市圈的建设，洛阳机场的扩大应该是必然的，加上大学城有可能落户孟津区等，孟津大规模的发展是箭在弦上的事，更何况孟津这些年在高规格的修建直通洛阳的数条道路，孟津在置区的前提下已具备了快速高质量发展的条件。

孟津在发展中，除了黄河以外，有一条河——瀍河的文章要做好。瀍河流域不大，且缠缠绕绕，时而在地面，时而在地下，宽的地方很浩瀚，窄的地方牛就可以迈步跨过去，但这条河是历史名河，文化名河，女娲、华胥氏、黄帝、炎帝、伏羲等很多上古传说故事发生在瀍河两岸，邙山上下，至今留存有许多震古烁今的文化遗存，因这条河诞生了洛阳的一个区，瀍河区。把瀍河的文化挖掘好，把瀍河的故事讲好，亦是功莫大焉的事。

实际上孟津最大的优势就是黄河。孟津因黄河而得名,八百诸侯会孟津,孟津就是黄河上的津渡。但黄河对于孟津的意义决不仅仅如此。小浪底水利枢纽、西霞院反调节水库、黄河风光带、黄河生态廊道、黄河上的众多渡口、黄河上的关隘、黄河中下游分界线、黄河流域独特的文化传说、黄河岸边先祖活动的圣迹、柏崖山沟域经济综合体,等等,把黄河的故事讲好,把黄河的文章做好,把黄河的事情办好,这样,孟津就赢了,洛阳就赢了,进而河南也就赢了。

杜康啊杜康　畅饮与惆怅

洛阳有一种酒,名气很大,名字也很好听,叫杜康酒。杜康是个人物名,据《史记》记载他是夏朝的国君。杜康是中国古代传说中的"酿酒始祖",汉《说文解字》载:"杜康始作秫酒。又名少康,夏朝国君。"因杜康善酿酒,后世将杜康尊奉为酒神,制酒业则奉杜康为祖师爷。后世多以"杜康"借指酒。酒就是杜康,杜康就是酒!

杜康酒厂我国先后大约有4家。河南伊川杜康酒厂、河南汝阳杜康酒厂、陕西白水杜康酒厂、商丘虞城杜康酒厂。伊川杜康酒厂坐落于世界文化遗产洛阳龙门之南,是杜康当年"觅遍千里溪山,独择黑虎、白虎二泉"的酿酒遗址上。1968年建厂,1971年在中国率先恢复杜康酒生产。伊川杜康酒属于浓香型白酒,选用杜康当年造酒的天然黑虎、白虎泉水,以优质高粱和小麦为原料,采用古老的传统工艺和现代科技精酿细作而成。

汝阳杜康酒厂建于1972年,酒厂位置在杜康当年造酒遗址——杜康村,是在改造民间酿酒作坊的基础上兴建的大型酿酒企业,汝阳杜康酒厂以上乘小麦和高粱为原料,以杜康溪的矿泉水为酿酒水源,把传统工艺和现代技艺结合,酿造而成,该酒荣获国优,被确定为国宴用酒和馈赠外宾的专用礼品酒。

陕西白水杜康酒厂建于1976年，选址在杜康当年酿酒遗址杜康沟畔。为复兴杜康古酒，该厂技术人员广查历史文献，发掘杜康造酒遗方，走访民间酿酒世家，以传统的制曲经验，继承古代造酒技法，经过反复研试，汲取当年杜康造酒用的清洌甘美杜康泉水，选用当地优质大麦、小麦、豌豆作曲，精选关中优质高粱为原料，沿用老土泥池发酵，经制曲、发酵、立窖、挑窖、蒸馏、勾兑等工序精酿而成。

河南商丘虞城杜康酒厂在新中国成立后不久建厂，原名河南商丘地区虞城县杨灿楼酒坊，后扩建为虞城县纶城杜康酒厂，并于1980年经国家工商局核准注册"纶城"牌商标，生产拳头产品"纶城杜康"。该酒以窖香浓郁、绵甜柔和享誉四方，在省乡镇企业系统连获名优产品奖和金杯奖，并应邀参加全国国庆农副工产品展销会。然而由于经营不善，该酒厂后来停产。

"纶城杜康"停产后，全国生产杜康酒的厂家大致就剩下3家，3家注册的都是"杜康"商标。洛阳伊川、汝阳两家酒厂曾有过"两伊大战"，因汝阳历史上叫"伊阳"，伊川就叫伊川，加之当时伊朗、伊拉克之间的战争，人们戏称两个酒厂争夺市场的商战为"两伊大战"。后来在政府的协调下，两个酒厂联合为一个酒厂，双方之间的"战争"才烟消云散。

杜康酒是一种广植于民间、大众认可度很高的历史名酒。这种酒之所以受欢迎，首先源于酿酒所用的水，好水出好酒。伊川杜康选用历史名泉黑虎泉、白虎泉的水；汝阳杜康选用杜康泉、杜康河的水；陕西白水杜康选用杜康泉的水。酒，水酿之，水质甘甜、清洌，微量元素、矿物质多，是酿造好酒的得天独厚的先决条件，酿造杜康酒的地方莫不如此！

杜康酒虽有多支，但都是我国历史文化名酒，在继承中国传统酿酒技法方面可谓道出一辙，又各有特色。如白水杜康，选用优质大麦、小麦、豌豆作曲，以优质高粱为原料，采取土窖续渣法发酵，五甑混蒸混烧而得原酒，后经陶缸酒海陈贮，自然老熟后精心勾兑而成，独特传统的酿造工艺，决定了独特的杜康酒风格。

洛阳杜康酒工艺精湛，传统基础上有所创新：肥泥老窖，固态续糟发酵，清蒸清吊，自温养曲，低温入窖，缓慢发酵，一般要60天左右，双轮底增香，量质摘酒，分级储存，陈酿勾调。在生产及选材方面，尤其注重以下几点：水，用甜水、泉水；土，以黄黏土、沃土建池；窖，培养窖泥；粮，好粮食，小麦高粱；曲，多品种混合使用；料，以稻糠作辅料；酵，缓慢发酵，酒不出苦味；醅，发酵的糟要壮；吊，摘酒时掐头去尾；储，陈酿；调，调好味。

中国的酒博大精深，不同的酒有不同的特点。酱香的特点是空杯留香，香味持久；浓香的特点是浓郁芳香；清香的特点是干净透明；米香的特点是绵软柔和。杜康酒具四香为一体，杜康是浓香型白酒，但品尝起来像清香型的酒，干净透明，闻起来浓郁芳香，喝起来像米香柔和，喝完之后空杯留香，香味持久。杜康酒在酿造过程中加入了高温曲和低温曲，酿出的杜康酒既有浓郁芳香、回味无穷的口感，又秉承了酱香香味持久、空杯留香的特点。

洛阳的杜康酒与陕西白水的杜康酒，都是杜康酒，都是历史名酒，但事实上还是有一些区别的。一是产地不同，白水杜康产于陕西白水县，洛阳杜康产于伊川县、汝阳县；二是香型不同，白水杜康大多是清香型白酒，酒液清香纯正，醇甜柔和，自然协调，余味爽净。洛阳杜康大多属于浓香型曲酒，以优质高粱和小麦为原料，并采取泥香封窖，低温入池，长期发酵，混蒸续糟，量质摘酒，分级贮存，陈酿酯化，精心勾兑等工艺,把传统技法与现代技艺有机完美结合。

杜康酒具有广泛的地域性。如在河南就有3家,在陕西有1家,在其他许多地方都有杜康造酒的传说及酿酒遗址。现在的孟津县常袋镇,就有一个村名叫"酒流凹",相传是杜康造酒的地方,也是"杜康醉刘伶"的地方,类似这样的故事很多,说明事物的广泛性及大家对酒祖杜康的认可度。

杜康酒是比较早恢复起来的历史名酒。洛阳人、河南人、北方各地人,对杜康酒大都有先喜后忧的感觉。想当年,杜康酒一瓶难求,大过年的凭票供应,一瓶酒能让一家人高高兴兴地过个年。那个年代,为了买上几瓶酒,要动用关系批条子才能搞到。而如今,各色名酒充斥,琳琅满目,杜康酒虽然还有市场,但雄风不在。

杜康酒是深受文人喜爱的一种酒,一种豪气的酒。"何以解忧,唯有杜康!"曹孟德的一句诗成就了千古绝唱、千古绝饮。每当朋友来洛阳,洛阳的朋友总会拿出杜康酒招待客人,还会用"何以解忧,唯有杜康"来激励朋友喝酒、鼓励自己喝酒。

提起杜康酒,洛阳人还是比较兴奋的。在物资相对匮乏的年代,三五个朋友能聚在一起喝一回杜康,是比较难忘的事情。20世纪杜康酒厂生产的龟瓶杜康、花脸杜康、汝瓷瓶杜康、长脖子杜康、卷酒杜康、中华杜康等,是人们心中永远的欢乐。

杜康酒不仅是示豪解忧的酒,也是让人充满喜和乐的酒。喜在全国最早恢复杜康古酒的酿造方法,让古老名酒焕发青春;喜在杜康酒走出国门,弘扬了优秀酿酒文化,让世界体悟到了酒文化的深厚魅力;喜在杜康酒规模化生产,为当地财政贡献了巨大的财富,解决了无数人就业的问题。

杜康酒曾经是比较火的,曾出现杜康酒红遍大江南北的盛况。但目前,杜康酒有点进退两难的情况,红,红不起来;停,停不下来;销,销不太爆。杜康酒毕竟是历史名酒,历史名酒要有深厚内涵,不能花样太多,品种太多,要围绕核心品牌做文章,要有质量保证,要让老百姓真心喜欢。

杜康酒应该说是中国名气最大的酒、文化味最浓的酒,尽管没有评上酒类中的金奖,但它在国人心中就是名酒,就是金奖。这个金奖是沉甸甸的,是刻在人们心中的。遗憾的是,很多人没有意识到这一点。做酒,是在做质量,做水平,是在做酒品,质量到了,酒品也就到了,酒祖杜康的真谛也就找到了,这可能就是我对杜康酒的一点感悟!

杜康酒有一个凤凰涅槃的问题。杜康酒雄踞中原关中,拥有酒祖、酒圣之得天独厚英名,受数千年华夏文明之熏陶,若不把杜康酒做好就愧对酒祖杜康之称号。杜康酒的问题可能是粗制滥造,名称繁多,良莠不齐,让消费者不知就里。生发之路就是不要旁骛,围绕质量,把核心竞争力、核心产品打造出来。酒只要做得好,广大民众是有鉴别力的,是一定会认可的!

传拓技艺 国之瑰宝

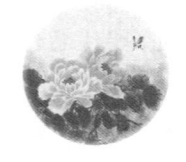

（上）

洛阳古雒斋艺术博物馆收藏了许多碑刻原石及碑刻拓片，传拓技艺在这里得到了继承与发展。传拓是以宣纸紧覆金石器物的文字、图画上面，然后用墨、朱砂或其他颜料打印；因在传拓过程中有一套技术方法，故名传拓技艺。由于此法主要应用于金石器物上，如拓印碑刻、墓志、甲骨文字、陶器文字、青铜铭文、玉器花纹、瓦当图案、画像石、铜镜、货币、铜器器型等，所以也称金石传拓技法。传拓技法的"拓"是个多音字，在不同的语言环境里读音不同。"拓"字的规范语音读tà，但在民间大多读作tuò，尤其洛阳一带，把拓片称之为tuò片。

在传拓作品过程中，一定不要图便宜用劣质墨，劣质墨色质差，且有异味，会降低拓品的质量。打拓片一定要用好墨，用一得阁或云头艳，虽然价格贵了些，但早晚打开，一股馨香沁人心脾，墨香、纸香、拓品香，让人手不释卷，沉醉其中。笔者前几年到西安碑林去，发现一些馆藏的大碑如颜真卿家庙碑、大秦景教流行中国碑等，碑很好，但墨太差，拓功也差，严重影响了拓品的质量，较多受人诟病。故而，打拓片一定要选择好墨,好墨出好品,好品宜流传。

打拓片要有好的工具。拓包、棕刷、打刷、拓板等要一应俱全,打完形拓、鱼拓等还要有特殊的工具。拓包过去用草谷子比较多,因不耐打,现在多有改进,有用腈纶棉的、有用羊毛毡的、有用海绵的等,总之,咋顺手咋来,咋打得好咋来,每一个打拓片高手必是一个制作拓包的高手,否则打不出精品,也没有比较高的效率。

传拓的工具,除了拓包,还有棕刷。俗语讲,是神仙都有一把刷子,打拓片,全凭一把刷子,这把刷子耍好了,就是全天候的"打家儿",不管是春夏秋冬,不管是野外家庭,不管是碑烫如蒸,不管是漫天大风,都能铺好纸,打好片。再有就是打刷,猪鬃做的,适合大碑、适合字口深的碑,要打得好,不伤碑,更不能伤纸,否则,就有瑕疵了。

传拓工具中的拓板,一般不是太讲究,有人用打乒乓球的光板,缺点是把儿太短,不好用,有人用五合板制作,但最好的当属用本地的桐木制作,木质轻,尤其墨汁长期浸泡后,形成"皮壳",是一件很美的专用工具,就像小提琴家手中的琴一样,随着手臂的拨弦动作,伴随着"啪啪"的蘸墨声,"啪啪"的撞击木板的声音,"啪啪"打击石碑的声音,一张漂亮的传拓作品就逐渐打出来了。这种美妙,似提琴伴奏;这种美妙,似拉面展抻;这种美妙,似运动搏击,一旦喜欢上它,就难以自拔,既传承文化、弘扬国粹,又强身健体、舒缓神经,好的"打家儿",打拓的活儿不断,其中的乐趣难以言表。

打拓片工序比较多,每一步都要操作好。首先是裁纸,要根据所拓内容裁好宣纸,有些要适当大一些,比如拓碑,四边要大出10—20厘米,有题跋要求的要大出更多,如打完形拓,则更细致,尺寸要计算好,尤其打内里部分,要不差分毫,这样,打出的作品才能真实反映所打对象的原貌。此外,彩纸的刀讲究的要用竹刀,一张一张裁,不要出现毛边；即使是用金属刀，也不要多张一起裁，容易造成边缘不齐。

打拓片是巧妙利用纸张来获取文字与图案信息的一门艺术，对纸的利用有很多技巧，首当其冲的是"焖纸"。"焖纸"顾名思义就是把宣纸焖透，使之更加具有韧性。焖纸的方法比较多，有蒸法，即上笼把纸蒸透；有热水泡法，即热水浸泡；还有凉水泡法，即用凉水浸泡等。具体操作是先把宣纸叠成小方块，叠纸时层次错开，以便以后上纸好用。现在的打拓人为了简便，多用热水焖纸和凉水焖纸，但其结果没有传统的蒸法出来的效果好。一般来讲，不管用哪种方法，事先要把纸焖好，打时随取随用。

纸焖好以后，接下来就是上纸了，上纸也叫铺纸，是打拓片的关键环节。上纸前，要先把碑刻清洗干净，除掉灰尘污垢，青铜器等的打前清洗需要更细腻一些。铺纸上纸方法有好几种，如湿铺、干铺等；铺纸时，对气候、风向、温度、湿度、环境等有一定要求，要综合掌握，灵活运用，初学传拓者最好在室内进行，待技术娴熟后再到野外尝试。

传拓中湿铺是一种常用的方法。湿铺是把焖好的纸轻轻拿起展开铺在碑上，用刷子轻轻地刷，挤出中间的空气，把纸铺平铺展，这里重要的步骤是用棕刷扫，利用宣纸的柔性，把纸纤维扫到字口里，然后再拿打刷轻轻地打匀，这样处理完以后，还要封边，把四边的纸沿下方刷服帖，然后用小拓锤敲打几边，排出空气，粘连在一起，进行到这一步，铺纸就基本进行完了。铺纸是传拓的重要环节、核心技术，纸铺好了，相当于完成了打拓工作的一半以上。

湿铺是上纸的重要环节，不会湿铺，严格来说就不会上纸，不会上纸，就谈不上打拓片。湿铺上纸是技术活，是手上劲，类似做女红的绣花活，这个功夫是需要师傅指导的，是需要练习的。当然，这里面需要把焖好的湿纸揭开，有步骤地摊到碑上及所打对象上，还要摊平、摊展，排除空气，消除皱褶，完了要使用棕刷，刷出字口。湿铺尤要注意不要铺烂、不要铺皱、不要铺错位，否则就是不合格"产品"，拿不出手。

传拓是一项技艺性很强的眼巧活、技术活，也是一项非物质文化遗产，目前能够很好掌握这一项技艺的人已经不多了。年轻人怕吃苦不想学，同时学起来比较单调枯燥，好多人坚持不了。我国古代碑刻遗存甚多，青铜器皿，甲骨龟板等皆需打拓留样，作为一门技艺需要传承，作为一种文化更需发扬光大。

（中）

在传拓上纸中，除了湿铺的方法外，还有一种干铺的方法。干铺，顾名思义就是干纸直接铺上去的一种方法，适应于高浮雕、中浮雕、浅浮雕、画像石、画像砖等，亦适用于临时的、比较急的传拓方面的业务，这种方法属于短平快的方法，对质量上要求不是太高。具体操作方法就是直接把宣纸铺上去，然后用喷壶把纸喷湿，再上棕刷扫，拓锤打，干后再用墨打。这种方法有它的长处，来的比较快，打出来的作品，看个大概可以，仔细推敲会有瑕疵。

在传拓上纸的过程中，不管是湿铺还是干铺，很容易出现破洞的，可能是刷纸造成的，也可能浮雕中的锐角造成的，因为宣纸的韧性比较强，在操作中是有补救办法的，这种办法就是"打补丁"，在破损的地方，用一块稍大一点的宣纸来补，补上以后，用拓锤轻轻敲打，让边缘粘连在一起即可，晾干后不影响拓印的效果，业内人士把这种办法称之为"打补丁"。

传拓可分为朱、墨等多种拓法，墨拓更为常见。朱色高贵、华美、喜庆；墨色庄重、内敛、沉稳。二者区别如下：朱拓，朱即朱砂，又称辰砂，用温水将朱砂粉浸泡在小碗内，化开后便可使用。也可用朱砂墨研磨。再备一个小碟子和一支干净毛笔，事先把拓包（扑子）在湿毛巾上拍湿（微湿），再将朱砂用毛笔均匀的涂在碟子上，用拓包轻拍碟子上的朱砂，拍匀后就可以开始拓了，反复蘸色、拍匀、上色。一般来说，图案小且精美的砖、瓦，用朱拓拓出的效果更好。

传拓过程还是比较复杂的，铺纸环节完成后，就是用拓包打制拓片的过程，这个过程是传拓的重要环节，直接决定着拓片的质量。在操作中，第一步要等铺上的纸完全干燥，显出宣纸的本色；纸干不干肉眼可以看出来，用手触摸也可以感觉出来。第二步就是上色，把墨挤到拓板上，然后用拓包把墨打散，均匀吸收到拓包上，这一点很重要，墨既不能多也不能少，多了一拓下去，就把纸打"阴"了，整张纸就废了，少了，干打不上色；因此，刚开始上墨的时候要少一点，慢慢揣摸，时间长了，就会掌握住窍门。

墨拓法有"乌金拓""蝉翼拓""立体拓"等。博物馆及考古工地的工作人员则大多用墨拓。"乌金拓"墨色乌黑发亮，对于青铜器、秦砖、汉瓦、碑刻等都能呈现最好的传拓效果。墨色淡匀如蝉翼的叫"蝉翼拓"，甲骨、扇骨、牙雕、玉雕等则使用"蝉翼拓"效果最佳。绘画讲求墨分五色，用在拓片上亦是这样，高水平的拓工，在操作时会很讲究，该黑时则黑，该浅时则浅，甚至该灰时要灰，浓淡的巧妙运用，使拓片有了高下之分，实际效果也证明了这一点，高手打出来的，一般拓工打出来的，一眼即可看出高低。

打拓片常用的方法还有一种，就是扑拓。扑拓就是用扑子蘸墨后，按照一下一上顺序往纸面上扑打，有浓墨、淡墨之分。浓墨就是俗称"乌金拓"的那一类，淡墨类似"蝉翼拓"，扑拓一般来讲，打得遍数比较多，要扑打三四遍墨色才会比较均匀。凹凸不平的碑石或较小的器物，以扑拓最为有效。扑拓法出自北宋时期，也是一种古老的传拓方法，现代传拓中用得比较多。

在使用拓包拓制拓片的过程中,主要是用墨和捶打的问题。用墨讲究的是循序渐进,打一遍后,纸张干了,接着再进行,若要"乌金拓",更要多次进行,直至把字口外的部分打得乌黑发亮,一般情况下,字迹清晰耐看即可;捶打讲究节奏,蘸一遍墨,打六到八下为宜,也可根据着色情况有所增减。打的过程中力度要掌握好,不宜过重,重了容易"起纸",也不宜太轻,轻了传拓不到位,上色不好。打拓片是个不好"拿捏"的活,很多时候全凭自己感悟与掌握。

拓片打好以后,还有一道工序,就是揭纸。揭纸看似简单,实际也是有技术含量的,要先把四边的包边一一展开,然后沿四边慢慢揭开,确保四边没有粘连时,两手捏住一个方向,顺势整张揭起,因为纸是干燥的,一般情况下会"哗"的一下揭开,非常顺畅。这样,一张完整的拓片就打成了。

传拓过程中,尤其是在铺纸环节,有一个"绝技",就是"吹纸",会"吹纸"才会铺纸,不会"吹纸",严格意义上讲就不会铺纸。"吹纸"就是将焖好的纸掂在手中,在铺向石头的同时,用嘴巴把纸吹开,均匀地铺在捶打物上,然后再用棕刷刷平,挤出里面的空气。"吹纸"是一项基本功,要用丹田气,刚开始可能不是太顺,经过一段时间的锤炼后,会运用的比较自如。

拓片打制好以后,为了便于保管及当礼品送人,还要叠制与压制。叠制就是把拓片按一定的尺寸进行折叠,因为刚打好的拓片比较"泡",还要进行适当的压制,让拓片平实紧致。压制一般用石板比较多,洛阳一代用青石板居多,上下两块,压制拓片的数量可自行掌握,压制半天即可。压制好以后,就可装入樟木箱保存,亦可装入礼品盒存放。

拓片打得好不好是有标准的。最主要的标准是，打好的拓片揭下来以后，看背面，背面不洇墨，即不透墨，一点也不透，就是打得比较好的拓片，若"阴"了，墨透了，就谈不上好拓片。现在比较多的拓片，追求速度，粗制滥造，墨"阴"的厉害，实际上是对传拓艺术的不尊重。要打，就按步骤好好打，用比较好的纸和墨好好打，打一张，成一张，让人看起来赏心悦目，即使是收藏，早晚看起来都舒服，做到了这一点，在传拓中就是"好打家儿"。

好拓片除了背面不透墨外，还有几点要注意：一是纸张的剪裁，不能太局促，要多留点边，有题跋要求的更要留足地方；二是铺纸、捶打的时候要格外小心，不要把纸搞破了，破了，就是败笔，影响品相；三是在捶打的时候掌握好"火候"，不要打"起皮"了，一旦起皮，字迹就变形了，影响拓片质量。注意了这几点，打出来的基本上都是好拓片。

打拓片中涉及一些技巧，有些是古人传下来的，有些是现当代人发明的。例如，有些碑石铺纸以后，容易脱落，粘结不紧，刚一打容易"起皮"，怎么解决这个问题？自古传下来的办法就是熬制白芨水增加粘性。白芨是一种中药，白芨加水熬制或浸泡，其汁液无色透明有粘性，可使纸附着，同时拓成以后又容易剥离，故成为最好的拓片粘接辅助剂。这种办法过去是密不示人的，现已被公开。

打制拓片过程中，还有一个问题不好解决，就是跑墨的问题、洇墨的问题，尤其是初学传拓者，蘸墨技术掌握不好，一拓下去，就洇墨了，整张拓片就废了。怎么解决这个问题？笔者在实践中总结出一个办法，就是巧用甘油来解决。甘油是一种西医所用的药品，有润泽皮肤的作用，为防止透墨、洇墨，在所用墨中滴一两滴甘油，可防止拓的纸张过湿而跑墨。这是一种创新的方法，新老拓家不妨一试。

要想成为传拓高手，不仅要对传拓对象进行研究，打制之前要做到心中有数，还有一条，动手能力要强，要会制作大小不同、用途各异的拓包(扑子)。制作拓包，要根据被拓物品的尺寸，做成直径大小不一的适用拓包，拓包内现在一般用海绵或棉花填充，衬1至2层圆形毛呢或毡片，用丝织物包上，在丝织物外加一层塑料薄膜，以防止多余的墨汁浸入，塑料薄膜外再加两层丝织物，用线绳扎口，便于执掌使用。

传拓技艺看似简单，实际比较复杂。它是把工匠精神同精细制作紧密结合的东西，不光要动手，要动心，更要有艺术家的情愫与情思。

（下）

在传拓中有一种"高大上"的、尖端的拓法，就是拓甲骨文。现在对甲骨文的研究是先把甲骨文拓成拓片，然后进行深入研究。甲骨因为长期埋在地下，朽脆易碎，传拓时需用油泥做托进行固定。传拓甲骨基本上都是采用干纸上纸法，即把干纸敷在甲骨表面，刷上白芨水，再用打刷轻打、棕刷刷。拓甲骨的扑子是把棉花揉成蚕豆大小的圆球，以绸子包裹后，再用线绳或皮筋扎上。扑子的大小视甲骨上字的大小而定，松紧靠皮筋去掌握。当然，甲骨拓片拓好以后，在研究过程中有可能还要看原物，以辨细微之差别。

比较珍贵的器物如玉器也可以打拓片，要选择图案精美的玉器进行打制。具体操作是：先准备好丝绸缎的拓包、毛笔、水、薄宣纸、白芨水、薄型保鲜膜等。用毛笔将白芨水涂在将拓的玉器表面，复上宣纸，将保鲜膜覆盖其上，用鬃拓轻轻敲击，用力均匀，使宣纸紧粘玉器表面即可。取掉薄膜，将其自然干燥，干度达到60%时，将薄膜覆盖其上，用鬃拓轻轻重排一次，去掉薄膜；宣纸的干度达到90%时，即可用拓包粘上少许墨汁，轻轻敲击宣纸表面，由淡至深，反复几次，直至满意。

洛阳是九朝古都，历代墓葬不可胜数，尤其出土很多汉代的空心砖，也叫筒箍砖，是汉代用来箍墓室的。空心砖有菱形、圆形等图案的，也有马拉车、跑兽、四神、天马、执鸠老人等图像的，图案精美，古意盎然。因此，在洛阳打空心砖、汉砖的传拓技艺是一种绝活，一般人打不了。怎么打筒箍砖花纹与图案，首先要区别是不是"空堂"砖，"空堂"砖基本没受"污染"，砖面比较干净，便于传拓，而使用过的"堂砖"，受各种因素的影响，处理起来比较棘手。

汉代筒箍砖，也叫画像砖的传拓，技术性比较强。尤其是老的画像砖，先要进行仔细的清理，用清水把浮土清理掉，露出花纹，然后要把砖晾干。晾干后的画像砖，可以采取两种不同的传拓方法，一种就是干纸铺法，在砖面覆上宣纸，一般是生宣，然后用喷壶把宣纸喷湿，再用棕刷把湿纸扫平，接下来用打刷在花纹处均匀捶打。

画像砖干铺的拓法，一般用的比较多，铺上的纸干后，就可按常规方法进行捶拓，打画像砖要注意几点：一是力度不要太大，因为大多数画像砖是空心的，力度过大容易破裂；二是画像砖是烧制出来的，是陶质的，吸水性比墓志铭及其他石刻作品要强，因此，在蘸墨的时候要适当多一些；三是陶质的画像砖吸附性不是太强，容易起皮，在拓的时候要在画像砖上事先涂上白芨水，保证拓时比较服帖。

画像砖拓制，还有一种湿纸上纸法。这种方法的第一步是先要把画像砖清洗的非常干净，并晾晒的非常干燥，然后用打青石碑刻的方法正常上纸、正常刷纸、正常打纸，凸显花纹后等待干燥，接下来用扑子循序扑打，至花纹清晰显现为止。湿纸上纸的打法，拓出的图案比较细腻，相对于干纸的拓法，更精致、更传神、更逼真。

与传拓有关的"拓"法还有一种，且名气比较大，名曰"颖拓"。"颖拓"严格来讲是画不是拓，颖指笔尖，毛笔的笔尖、笔锋，颖拓就是用毛笔画出拓片效果的中国画种，清末民国期间极其兴盛。因"颖拓"技法繁琐、作画耗时长、从事者少，今已濒临失传。一般的传拓是先在要拓的原物上铺上纸，然后手拿拓包蘸墨轻轻捶打。而"颖拓"则别具一格，把要拓的原物放在一边，看着原物拿笔蘸墨在纸上画、抹、点、拓。作品与原物在似与不似之间，这种"颖拓"有着很高的艺术价值，在艺术圈、学术圈颇受青睐。

颖拓艺术是在民国初年由书画金石篆刻家姚茫父始创。姚华，字重光，号茫父，贵州省贵阳市人，生于清光绪二年（公元1876年），卒于民国十九年（公元1930年），一生主要活动在北京，他在诗文、词、曲、碑、版、古器、考据、音韵等方面都有很高很多的成就。书画造诣高深，并著述了一系列绘画理论，对于中国古代传统文化进行了较广泛的涉足，在中国近代美术史上作出了重要贡献。

姚茫父先生取"泰山二十九字"残碑作颖拓，郭沫若赞曰："茫父颖拓实古今来别开生面之奇画也"。郑振铎称："大胆的创造性的艺术劳动。"姚茫父先生博览多识，先生对碑、版、古青铜器、汉石碑、魏晋造像的研究都有着很深的造诣。鲁迅先生把姚茫父的颖拓作品收入其《北平笺谱》，并赞之："大盛则师曾、茫公……之时代。"这些评价无疑是对姚茫父先生艺术创造的高度赞扬。

颖拓青铜器全形，可表现器物位置的前后重叠关系，这是椎拓方法所无法做到的，这类颖拓的代表作，是茫父于1914年为庆祝父亲寿辰而作的《古欢图》，图中有壶、釜、豆、鐎斗四体器物，器中由陈师曾补绘花卉，可谓珠联璧合，相得益彰，作者以高妙的手法，表现了器物体积、明暗与前后距离的空间感，约略具备西方素描的特点，又完全具备椎拓拓本的格调和神韵。

关于颖拓的技法问题，姚茫父在《满君颂》的题跋中有所阐述。他说："文章书画皆须从空处着眼，颖拓轮廓是书，笔墨皆在匡子外，所谓空处着力也。"匡廓外的一片墨底子，是颖拓的着力点，颖拓之拓，不是随便涂抹，简单地填空白，必须讲究笔法、墨法，他说："以画法作颖拓，木石皆堪入用。"

从画像砖到颖拓，表面上看起来跳跃比较大，实则是一理，就是传拓技法的灵活运用，或言之"跨界发展"、差异化发展。世界上的事大都是这样，表面看隔行如隔山，实际上是隔行不隔理，道理上通了，一通百通，而且还容易出成果。

传拓是一门传统的技艺，是典型的国粹。传拓的门类比较多，类型比较复杂，初涉这个领域可循序渐进。要了解传拓中有高大上的东西，如传拓中的"完型拓"等，也要了解比较实用接地气的东西，如"鱼拓"等。"完型拓"顾名思义就是所拓物品形状完整的拓片，也叫"全型拓"，一般指的是青铜器的拓片。青铜器有圆形的、方形的及其他形状的，要打青铜器上的花纹及铭文，就需要打"完型拓"，把青铜器的全貌反映出来。"完型拓"打起来技术含量比较高，所用的纸要剪裁好，所用的扑子要小巧精致，对打工的要求更高等，要想打好"完型拓"，没有深厚的功底是难以操作的，但只要下功夫也是完全可以掌握的，甚至可以超越与创新。

传拓大象无形，因物而异，不可拘泥，但触类旁通，可灵活运用。传拓中有一种比较新颖的拓法，人称"鱼拓"。"鱼拓"就是把鱼拓成拓片，各种鱼都能做，鲤鱼的居多。"鱼拓"讲究的是个细腻，把鱼的眼睛、鱼的鳞片、鱼的性状活灵活现地拓出来。"鱼拓"是一种艺术品，用传统的方法把鱼等物件逼真地表现出来，源于生活，高于生活，如再加上一些题跋，就更有艺术的韵味。

鱼拓起源于中国古老的青铜器全形拓艺术，是将真鱼的形象用墨汁或颜料拓印到纸上的一种艺术，灵感源自中国古老的碑拓技艺。鱼拓最初是采用墨汁拓印，只是黑白两色，制作出来的鱼拓也比较粗糙。后来采用多种颜色的颜料进行拓印，制作出的鱼拓是彩色的，成为一种艺术。鱼拓分为直接鱼拓和间接鱼拓，直接鱼拓是将墨涂于鱼身进行拓印；而间接鱼拓的技法更为细腻，是将湿宣纸覆于鱼身，然后在宣纸上施以不同颜料，进行精细化、艺术化操作。

鱼拓作品上面可以描绘水草或山水，亦可题写诗词、呈现书法、钤盖印章，形成诗书画印的艺术作品。将鱼拓作品装裱好放入镜框悬挂在家中是非常好的装饰，同时对垂钓者来讲又具有纪念意义。鱼拓也是记录和展示不同种类的鱼的身长、形状、颜色等体表特征的一种方法。日本鱼拓传名于世，以精巧细密的工艺、惟妙惟肖的形态、丰富多彩的变化为人们欣赏传播。鱼拓在日本有悠久的历史，更有广泛的爱好者和专业制作者。我国的鱼拓制作上方兴未艾，蕴含巨大潜力，也有充足的队伍。

起初鱼拓的作用主要是垂钓者记录钓上的比较大的鱼的实际尺寸，并留作纪念，后来发展成为一种艺术。做拓片的鱼不能掏空内脏，因为掏出了内脏的鱼身会变瘪，这样做出来的鱼拓片就失去了立体感和逼真性。做拓片前，还要对鱼进行清洁处理，除去鱼身表面的黏液和脂肪，鱼的处理是技术活，处理一条鱼一般需要花费几个小时的时间，不同种类的鱼处理的方法也不同，要想打好鱼拓，首先要会处理鱼，这是关键的一步。

打鱼拓，第一道工序是鱼身清理，完成以后，就进入拓印环节。一般的方法是，先在鱼身表面涂墨汁或颜料。将棉花球包裹在纱布内，蘸浸墨汁（颜料），一点一点均匀地从鱼头涂至鱼尾。一定要用纱布包住棉花球往鱼身上涂墨汁，而不可以用毛笔涂，那样容易涂不均匀，形成一个个墨疙瘩。做一幅拓片通常需要先仔细涂两三遍墨汁（颜料），然后看看哪里涂得不好再重新补充。

　　拓鱼形拓的时候，情况不同于一般的拓法，它是一种反向拓，把鱼身均匀涂完墨汁后，形成粘墨鱼（粘颜料），然后，将粘色的鱼印在宣纸上，然后看形状、形态如何，有无欠缺瑕疵，有欠缺瑕疵的地方再用毛笔进行修补，使之更加完美；而制作鱼拓最关键的部分就是给鱼点上眼睛，鱼拓片制作的成败点睛是决定因素，鱼的眼睛点好了，整个鱼的拓片就活了，否则制成的鱼拓就大打折扣。

　　鱼拓是传拓中一个新兴的门类，扎根于传拓的沃土，但又有新的改进，是瞄准需求的与时俱进的一门技艺，在市场经济的年代有很大的发展空间。

洛阳人过春节

春节也叫年。关于过年,洛阳一代流传着这样的话:二十三祭灶官,二十四扫房子,二十五磨豆腐,二十六去割肉,二十七宰只鸡,二十八把面发,二十九蒸馒头,三十晚上熬一宿,大年初一扭一扭。也就是说,腊月二十三祭了灶官以后,春节进入倒计时,每一天都有每一天的事,要踏着节奏来,到了大年初一这一天,拜见亲朋,然后享受大年。这就是独特的春节文化,严谨中富含浪漫。

洛阳人过春节比较讲究"规式",亦很隆重。从阴历腊月二十三后就开始忙碌起来,准备吃的穿的用的等,其中重要的一项就是贴对联,过去家里有人写就用自己写的,若无人能写就要到书法好的人家求一幅。现在,印刷品比较多,纸质也比较好,故大有取代手写春联之势。但贴对联这一习俗沿袭下来,一般是大年三十下午贴对联,贴完以后放挂鞭,以示吉祥功成,翘首等待过年。

大年初一拜年之前,还有一项重要活动,就是将事先准备的柏枝用火点着,沤一沤,熏一熏,因柏树枝油脂成分大,且有芬芳气味,故取其"噼啪"之声与芳香之味,目的是避疫去邪,为新的一年营造干净卫生舒适之环境。这一习俗沿袭已久,图的是清新与祥顺,类似端午节挂香囊、喝雄黄酒。

洛阳的春节,最讲究的是大年三十与正月初一。一个是即将过去的一年的最后一天,即辞旧;一个是新年的第一天,即迎新。辞旧讲的是团圆,一家老少都要聚齐,要敬祖,要吃团圆饭,要守岁,认认真真地把岁尾这一天送走。初一是新年第一天,讲的是仪式和规矩,一大早起来要给老辈人拜年,过去要行大礼,要跪拜,老人要给晚辈发压岁钱。然后中午是正餐,这一餐是一年中最讲究的一顿饭,挑最好的吃,要给长辈敬酒,长辈要发表新年"训辞",讲家风家训,勉励年轻人多读书,明事理,弘道养正。

洛阳是中国历史文化名城,我国七大古都之一,过年的时候有些标配性的东西。一是流行送"礼肉"即带骨的肋条肉,越近的亲戚,越重要的亲戚,送的"礼肉"块头要大,分量要重,以示尊重。流行语就是"外甥看舅,一块礼肉",故过去洛阳的年货市场肉是带骨砍成条状卖的,相传这一习俗源自孔子收的"束修"。

洛阳过去过春节家家户户讲究蒸馒头。蒸馒头的面讲究用最好的面粉,要把最好的面粉"摘"出来蒸馒头,谁家的馒头白,谁家的馒头煊,谁家的面子有光,谁家的女主人能干。过年的馒头要用食品红点红点,以示吉祥。过年一看孩子手里拿的馒头,就知道谁家过年的水平,馒头某种意义上是衡量一个家庭殷实程度和持家方面的一个"标杆"。

洛阳民众过春节在饮食上讲究一种东西,相当有知名度,就是蒸"扁垛"。"扁垛"的原料是红薯粉条和红薯粉芡,把红薯粉条煮好以后晾开,然后用煮肉的高汤,把红薯粉芡与粉条均匀搅拌,配之以五香粉调料、葱姜等,在笼屉上摊成一寸厚左右的圆形形状,大火蒸制而成,这样做成的"扁垛",冷却以后,是春节餐桌上一道美食,可单炒,配肉炒,可做汤,颇受大家爱戴,没有"扁垛"洛阳的过年饮食就少了些光彩。

洛阳"扁垛"在物资匮乏的年代是细菜,是当肉来吃的。用的原材料是红薯干粉和红薯粉条,这在当年都是串亲戚、办事的礼品。用在饮食上,那就是高大上的东西,一年吃不着几回,因此,在过年的时候,家里有人过世的时候才会准备一些款待客人。洛阳"扁垛"还有几个变种,一个是捏成条状上笼一个一个蒸成的叫"假海参",是洛阳水席中的一道名菜;还有一个就是上油锅炸的叫丸子。扁垛、假海参、粉条丸子是一个家族的系列产品,过去都是硬菜、细菜、看家菜。

洛阳春节的餐桌上,有一道菜一般不可少,就是洛阳烧肉,也叫洛阳"小烧"。洛阳"小烧"独具一格,要用带皮的肥肉制作,先把肥肉煮的八成熟,然后在煮萝卜的水中浸泡一个时辰,下来控水后抹上蜂蜜,在油锅中炸成金黄,上桌前放入蒸笼大火蒸制1个小时左右,这道菜软润松弹,可甜可咸,甜的出笼后撒上白糖即可,咸的浇上咸味汤汁便成。这道菜老少咸宜,肥而不腻,入口即化,乃人间至味。

洛阳春节餐桌上还有一道老菜比较特殊,名字叫松肉,是道甜菜。其制作方法是将红薯蒸熟剥皮,放半凉以后用上好的面粉搓成2寸左右的圆条,或切成方条,下锅炸成金黄,上桌的时候重新油炸或上笼蒸,这道菜色彩诱人,入口香甜,深受老人小孩喜爱,是过年餐桌上很受欢迎的一道甜品。

洛阳春节菜肴中有一道菜,源于春节,流行于平时,这道菜就是烩菜,也叫杂烩菜、大烩菜。过年大鱼大肉比较多,难免吃腻了、做累了,为寻求简单,也为了节约,把正餐的剩余、边角菜、红烧肉片、丸子、扁垛块、鱼肚、豆腐、粉条、海带、白菜等烩成一锅,带汤带菜,这就是美味的烩菜。酸中带辣,辣中带鲜,味纯汤厚,简而不单。一碗烩菜一个馍,也是过年中的另类搭配,脍炙洛阳民间,经久不衰。

春节尽管各地都过，但每个地方都有自己与众不同的地方。洛阳屡为帝都，文化积淀深厚，经过了历史的冲刷，经历了世人的检验，能留下来的想必也是有一定道理的。

话说洛阳的汤

洛阳是个文化底蕴很深的城市,洛阳的汤就是一个很耐人寻味的现象。洛阳的汤馆多中外闻名,究其原因和当地的生活习惯有关,和洛阳历史上是一个开放的城市有关,和丝绸之路有关,和大运河有关,表面上看喝的是汤,实际上喝的是文化。洛阳的汤文化融合的是历史和现实,融通的是大江南北,链接的是丝绸之路。洛阳的汤文化值得深入研究,洛阳的汤文化应申报世界文化遗产和吉尼斯世界纪录。

洛阳的汤魅力无穷,老少咸宜,妇孺皆喜。洛阳的汤分荤汤和素汤。荤汤有牛肉汤、羊肉汤、驴肉汤,还有由此派生出来的牛肉杂肝、羊肉杂肝、驴肉杂肝等;素汤有豆腐汤、丸子汤、不翻汤等。洛阳的汤种类繁多,但有一个特点,泡着馍吃,因此对馍很讲究,有饼丝、油旋、锅盔等,都是耐泡的,蒸馍一般不行。滚烫的乳白色高汤、入口即化的肉,翠绿的葱、香菜、红红的辣椒油,筋道的饼,尝上一口,何等的过瘾,这就是洛阳人的幸福——舌尖上的幸福。

洛阳的汤最讲究的当属牛肉汤,有甜、咸汤之分。甜牛肉汤就是不加盐、不加葱花直接咂着喝,当然也不放糖。高水平的资深"喝家"才这样喝,如此喝法,方能喝出"骨"中之味,"肉"之精髓。据说,这种甜牛肉汤最养人,最壮体。真正的喝家是先喝甜汤,再喝咸汤,甜咸对比,回味无穷,回肠荡气,一天轻松。洛阳人离不开汤,汤是洛阳人的物质食粮,也是洛阳人的精神食粮。

洛阳的汤讲究喝第一碗,即头碗汤。喝汤讲究的人,起早要喝头碗汤,尤其过去东关大石桥的汤。既要图个好彩头,又要图个好营养。就像到白马寺上头道香一样,图的是吉祥,图的是保佑,图的是顺利。洛阳人勤快,早上汤一喝,马上开始一天的工作,一天之计在于晨,早起三光,晚起三慌。喝汤是洛阳人工作的发令枪,一碗下肚,万事顺畅。洛阳汤馆的汤不是都能甜咸都喝的,能提供甜咸汤的一般来讲都是高水平汤馆。何也?咸汤好办,加盐和调料而已。甜汤不同,要求要有棒骨、脊髓骨等,要熬出没加盐的骨香味。故而,能提供甜咸汤的汤馆是上乘的,是一般汤馆所不能企及的,当然这是一般而论。洛阳的好汤要求肉要鲜,要多,要有棒骨、脊髓骨等,调料要独特,豆蔻、肉桂等不能少,有独家熬制秘笈。这就是洛阳汤的独特魅力。

洛阳人喝汤中有一个俗语,"混汤吃泡馍"。何意?就是说买一碗汤几个人喝。这事在20世纪六七十年代很正常,尤其家里孩子多的,家里负担重的,花一份汤钱,弟兄几个都喝的,特别是老城一带较为平常,大家也司空见惯。因为生活艰苦,自家烙的馍,两毛钱一碗的汤,打出来以后分成若干碗,然后端碗去添汤,虽然肉少,也可能吃不上,但毕竟喝上肉汤了,也是一件十分幸福的事。那个时代生活在老城的小孩可能都有这样的经历,穷并快乐着。

洛阳喝汤有一条不成文规定,允许添汤,开始于何时不可考。只要你在这家汤馆买单喝汤,可以多次添汤,直到喝满意为止。全国的小吃,有这一条的不多,而且添汤时葱花、调料像第一碗一样放,味道丝毫不差。这条"规矩"极大地方便了消费者,赢得了许多回头客。做生意者，若都像洛阳汤馆这样厚道，生意一定能做好。

洛阳的老汤客，喝汤非常老到，一般来讲，老汤客喝汤是有固定汤馆的，不轻易换地方。何也？图个对味。新汤客是打一枪换个地方，填肚子的。老汤客几年、十几年、甚至几十年不变一个地方，喝顺了、喝美了、喝得劲了，就是它了。正因为如此，才造就了一批老字号的汤馆，这就是传承，这就是文化，这就是老洛阳汤馆经久不衰的生命力。

洛阳的汤有浓汤清汤之分，如果不事先告诉打汤的师傅，一般是浓汤，如声明要清汤，师傅会给打不要浮油的清汤。过去生活条件差，缺油水，要的大都是浓汤。现在生活条件好了，营养过剩了，大多要的是清汤。洛阳喝汤的灵活应在管理中借鉴，人性化管理，尊重管理对象的选择。

洛阳汤客中，经典的喝家讲究喝汤时加"双椒"，即加双份辣椒。打汤的一听双椒，就知遇着"对手"了，一般不会怠慢，汤肥椒厚。双椒的由来一是源于有人好吃辣椒，也源于过去生活条件差，吃一次饭店，带的"干粮"多，为了助消化，增加食欲，也要多加点辣椒。汤中的辣椒，不光助消化，也是当菜吃的。洛阳的汤也体现了洛阳人的性格——豪爽大气。

洛阳的牛羊肉汤中有杂肝汤，实际上是"杂割"汤，意思是将牛羊的下水，如肝、肚、肠等煮熟后，按客人的需求，切成丝或片放到汤里喝，"杂割"比较实惠，味道厚实，吃起来比较过瘾。尤其是南关的"臭杂肝"，名气很大，香中带臭，臭中有香，吃上一碗，大呼得劲。这就是洛阳的汤，大俗即大雅。

丸子汤应该说是洛阳独特的汤。丸子一般是豆面丸子，汤是大肉汤，用棒骨及连骨肉熬出来。丸子汤要配剔骨肉、猪血、油豆腐、辣椒油、韭菜或蒜黄。味道鲜美，清爽可口，最佳搭配是硬面油旋。丸子汤是洛阳牛羊肉汤的发展，扩大了汤的食肉面，又添加了焦酥的丸子，使汤的内容更加丰富。

不翻汤是洛阳独有的汤，一般讲是晚上喝的汤，配着饼馍吃。不翻汤的独特之处在于摊饼时的"不翻"，饼在特殊的煎锅中制成，晶莹透亮，薄如蝉翼，入口即化。不翻汤的锅是锅中带锅，小锅高汤，外圈饨有海带丝、金针菇、粉丝等。吃时一张薄饼，附之以高汤、海带丝、鸡丝、香菜等，酸爽可口、回味悠长。不翻汤往深里说是水洗菜的变种，是洛阳独有的小吃，遗憾的是正宗的少，精道上仍需下功夫。

豆腐汤是洛阳土生土长的汤，究其根源和洛阳的其他汤基本相似，洛阳的饮食习惯使然。豆腐汤是素汤，中间有荤的成分，油炸豆腐。白豆腐、油豆腐、粉条、辣椒油、绿葱花，色彩亮丽，美味可口。豆腐汤的绝配是姜末和油饼，如果附之以鲫鱼汤和鹌鹑蛋，就更锦上添花。豆腐汤是洛阳汤的新品种，体现了洛阳汤的与时俱进，也为素食主义者喝汤提供了方便。

洛阳的汤中有一种很特殊的汤，洛阳"撅片儿"汤，市面上不多，老洛阳人才能做。汤是大肉高汤，"撅片儿"用擀面条的面团做成，揉成条，用手搓成片，比烩面宽，有一寸多长，下到高汤里煮，肉香、面香混为一体，配上肥瘦肉、辣椒、葱花，香味扑鼻，十分诱人。该汤也叫"洛阳大撅片"，在民间知名度甚高，它不同于面条，一般是中午、晚上配着饼吃。

胡辣汤在洛阳很流行，但它不是地道的洛阳汤，它的起源在周口逍遥镇。它传到洛阳，很快同洛阳的汤汇合到一起，形成"汤流"，丰富了洛阳汤的内容。实际上，胡辣汤的产生得益于周口是古津渡，河运发达，物流丰富，流动人口众多。餐饮业的发展与人口密度、人口流动关系极大，没有人流就没有物流，没有物流也就没有餐饮业，人的需求是拉动经济发展的不竭动力。

驴肉汤是洛阳汤家族中一员新宠。洛阳人过去不吃驴肉，也不喝驴肉汤，喝驴肉汤是近几十年的事。驴肉汤的喝法同牛羊肉汤，所不同的是要加蒜茸，讲究的一定要吃驴血，驴血是白的，像嫩豆腐，很特别。驴肉汤不糊嘴，有一种清香，这些年很风靡。驴肉汤有养颜美容之作用，被称作"男人的加油站，女人的美容院"，实际上是牛羊肉汤的变种。喝驴肉汤可能仅在洛阳，河北河间等地吃驴肉，不喝汤，足见洛阳喝汤面之广。

洛阳还有一个比较有名的汤——凉粉汤。在洛阳的洛宁、孟津一带仍还比较流行。孟津县除了平时喝以外，大年初一早上第一餐要喝凉粉汤。洛宁现在凉粉汤仍很盛行，而且有发展，凉粉汤里下饺子，叫凉粉饺子汤，是百姓日常生活中及招待客人的一道名小吃。凉粉汤以酸辣为主，清爽开胃，易于吸收。凉粉是用红薯粉做成，是粗粮中的精华，因此，凉粉汤是素汤中的上品之汤，可惜有失传之忧。

洛阳的汤中还有一个亦菜亦汤的汤，就是肉片连汤。一般用大肉做，纯瘦肉挂糊过油，用高汤、蘑菇、木耳、花生等烩制而成，滑嫩细腻、酸辣可口、回味绵长，既是水席中的一道菜，也可单做单卖，一般也是配烧饼泡着吃。洛阳做肉片连汤的店很多，"真不同""老雒阳食府"的肉片连汤实属上乘。名气较大的还有东花坛的清真杨记肉片连汤，顾客盈门，生意火爆，可谓洛阳城东一绝。

洛阳汤中还有一种汤，名气很大，家喻户晓，那就是鸡蛋汤。鸡蛋汤也有平时单喝的，但更多是用在洛阳水席中，因它是最后一道菜品，一端上来，客人们就知道菜马上就要完了，稍稍品尝以后，就知趣地离席了，故而此汤有一个特别的名字，叫"滚蛋汤"。"滚蛋"有两层含义，一是打碎的鸡蛋用滚开水冲开，附之以调料，此汤色泽鲜艳，酸辣可口，名曰滚水蛋花汤；另一层含义是善意提醒，不可久待了。如今，该汤已定名为"如意蛋花汤"避免产生歧义。洛阳的汤有文化，有信息在里面，避免被催促的尴尬。

洛阳的"汤"还有一个泛指，就是吃饭，人们见面打招呼，就说"喝汤了没有？"这里的汤，是指吃早饭或吃晚饭了没有，一般不指吃中饭。因洛阳的一般人家早上、晚上都喝面疙瘩汤、小米汤、玉米糁汤，甚至稀面条汤等。因此，这里的意思是客气话，吃饭了没有。洛阳人早晚喝稀饭的习惯源于过去生活艰难，但从健康的角度看，十分有益，有利于养生。

洛阳汤的盛行和古代丝绸之路有关。洛阳是丝绸之路的东方起点，中国的丝绸等通过洛阳、西安运送到西域、欧洲，欧洲的玻璃器皿、金银器等亦通过此路运到洛阳，再分散到全国各地。洛阳出土大量的唐三彩驮包骆驼和胡人俑很好地说明了这个问题。当时活跃在丝绸之路上的西域商人大都是阿拉伯人、大月氏人、粟特人、波斯人等，他们的生活习惯以食牛羊肉为主，他们在洛阳居住、做生意，改善了当地人的饮食习惯，牛羊肉汤随之流行并流传下来。

洛阳汤的起源，一个重要原因和大运河有关。隋唐大运河连通扬州、江南，南北货物互通交流，遂造成航运业发达，艄公、船夫众多，这些船工，要养家糊口，生活节俭，所带干馍要吃上好多天。洛阳是大码头、大商埠，一些商家发现了商机，为船工提供热汤泡馍服务，先是米面汤，后发展到牛羊肉汤，素馍荤吃，既解馋、实惠，还省钱、快捷。洛阳的汤是历史上比较早的快捷食品，特色小吃，是运河经济发展的产物。

洛阳各色汤的流行也与在洛阳定都的有些王朝有关。如武周时期，宫廷喜爱水席，汤汤水水的菜肴几十种，有四镇桌、前八品、后八品、四扫尾等。从燕菜开始,高汤煨制,上一道,吃一道,撤一道,行云流水一般。宫廷盛行水席,民间虽财力有限,但亦仿效之。因此,坊间就出现了"土水席"和更接地气的各种汤类,汤水同源,但对味蕾的刺激是一样的。百姓也以自己的方式享受了口福,这是各种汤类流行河洛的又一个不容忽视的原因。

洛阳的汤根植于民间,深受民众欢迎,还和洛阳的地理、气候条件等有关。洛阳是个盆地,伊洛瀍涧四水纵横,湿气相对比较大;地理上属北方,风多、偏寒冷、干燥。因此饮食上吃些味辣的、味厚的、开胃的、汤水多的东西,有助于排湿、御寒、活血、强筋健体。喝汤也是当地人适应自然的一种良好选择。物竞天择,适者生存。

洛阳汤的流行还和洛阳当地历史上集市的饮食习惯有关。洛阳周边乡镇集市较多,有的逢阴历初一会,有的初五会等,有的一直传到现在。集市上的美食就有牛羊肉汤、杂肝汤,辛勤劳作的人们,在赶集买农活用品的同时,不忘犒劳一下自己,美滋滋地喝碗汤。跟着大人赶集的小孩也能跟着蹭口好吃的,所以,大人去赶集,小孩争着要去,实际是有诱惑在里面的。汤由集市到有固定门店来卖,是市场经济发展的产物,反映着社会的进步。

洛阳的汤是洛阳人生活中的一部分,洛阳人喜欢汤,离不开汤。但洛阳汤的流行和洛阳人平时的生活习惯有关。以前,洛阳人饮食简单,早上面汤、馍、咸菜,中午汤面条或捞面条,晚上还是馍菜汤。主食加汤是基本饮食模式。饮食思维、饮食操作等都比较简单,复杂的东西做得少。过去,洛阳人甚至不吃鱼,因为做鱼太复杂,而且吃起来刺多,不爽快,不如大块吃肉,吃一块是一块。这种简洁的生活思想影响着洛阳人的饮食习惯,故简单的、好操作的容易流行,洛阳的汤就是一个典型的范例。

洛阳的汤很流行、很红火、很受欢迎，但确实还有需要提高的地方，如环境卫生、计量标准、操作规程、建馆条件等需要进一步规范。我们期待着有关部门、有识之士从文化遗产、文化战略、文化软实力的角度重视洛阳的汤、研究洛阳的汤、开发洛阳的汤，让洛阳的汤永久飘香。洛阳汤的事不算大，可能小题大做了。吾意为，非也。汤虽小，但事情不能算小，而且小中见大。洛阳的汤是民俗，是文化，是洛阳民众内心泯灭不掉的东西，也可以说是"学术"。关系着中西文化交流、运河漕运、皇室影响、民间习俗、饮食惯性、地理气候等。小小一碗汤，折射大层面。更重要的是，体现在研究某个问题上，要寻根究底，格物致知。不仅要知其然，还要知其所以然。

上膳若水话水席

（上）

洛阳水席名气很大，以至于有人这样说，没品尝过水席等于没到过洛阳城，与没游过龙门石窟、没看过牡丹花同样等于没来过洛阳城相提并论。作为旅游宣传，这种说法有一定道理，从洛阳的特色来讲，这三样，或这"三绝"确实是来洛阳必品尝鉴赏的东西，否则，真可能有些深入宝山不见宝之憾。洛阳水席已列入国家非物质文化遗产名录，是古都洛阳的特殊标识之一。

洛阳乃天下之中，洛阳水席的盛行，是天下交通贸易、物流通达、人员交流、文化传播的产物。洛阳屡为国都，四方辐辏，八方来贡，物流人流极为丰富，随之也把全国各地甚至西域的饮食习惯带到了中土。如水席中的"稀辣鱼"就是把南方的鱼用北方的做法体现了出来；再如"奶油炖吊子"，就是把西域丝绸之路沿线地区的吃法吸收了进来，洛阳水席是交流开放的结晶，是文化融合的成果。

洛阳水席中的头道大菜"燕菜"，历史悠久、名气比较大，追根溯源和武周皇帝武则天有很大关系。历代帝王对天降祥瑞极其重视，认为是吉兆，洛阳东关菜地突生一个硕大无比的大萝卜也惊动圣上，赐予御膳房做菜，御膳房做了难，苦思冥想，萝卜切丝，九蒸九晒，高汤煨之，状若燕窝，做成了"萝卜燕菜"，则天皇帝尝后，龙颜大悦，名之曰"赛燕窝"。由此，洛阳萝卜燕菜成为宫廷名菜，名闻遐迩。

洛阳燕菜是历史名菜，也是与时俱进的产物，现在最响亮的名字"牡丹燕菜"就是周恩来总理当年叫出来的。1972年周恩来总理陪同加拿大总理特鲁多到洛阳访问，在洛阳"真不同"用餐，"真不同"大厨在烹制燕菜的时候，别出心裁，用鸡蛋摊皮制作了一朵牡丹花放在燕菜中间，周总理幽默诙谐，文思泉涌，戏说道：洛阳牡丹甲天下，菜里也能生出牡丹花。一句即兴的妙语，把历史和文化巧妙地结合起来，立刻活跃了用餐气氛，提升了菜的品味，让外国友人记住了洛阳，让全国记住了洛阳。从此，洛阳水席、"牡丹燕菜"风靡寰宇。

洛阳水席有人说得比较玄，说和唐朝天师袁天罡有关。水席流行于武则天时期，水席中有24道菜，据说袁天罡夜观天象，得知武则天要当皇帝，并且有24年江山，但天机又不可泄漏，于是就设计了这个大宴，预示武则天日后24年的酒肉光景；每道菜汤汤水水，暗指武则天水到渠成；干干稀稀是指武则天有24年的干系（稀）。洛阳水席的24道菜，正是应了武则天从永隆元年到神龙元年病逝洛阳上阳宫的24年。当然，这只是传说而已，增添了洛阳水席的神秘。

洛阳水席，顾名思义，有三层意思：一是每道热菜都是汤汤水水，要么是大锅高汤烩出来，要么是上笼蒸出来，一道菜可出十几、几十份，甚至更多；二是吃一道撤一道，桌上不积攒，如行云流水一般；三是既然叫水席，就成系列，讲整体，从前八品（冷盘）、四镇桌，到八大件、四扫尾，共24道菜，环环入扣，一气呵成，浑然一体。正因为如此，令人咂舌，使人震撼，经久难忘，回味良久。

洛阳水席名气比较大,几乎可以说是洛阳的一张名片。水席起源于洛阳,与洛阳的地理环境和气候有关。洛阳是个盆地,几乎是四面环山,雨水少而天气干燥,适合种植的果蔬也不多,因此,民间膳食多用汤类,如早餐牛肉汤等各种汤的流行均与此有关,体现在大餐上、"官场儿"上,人们喜欢用酸辣带汤汁的菜肴来驱散湿寒,既酸爽可口,又补充水分和营养,形成了饮食类型中的"酸辣味殊,清爽利口"的特点。

洛阳水席之所以受欢迎,经久不衰,源于它根植于河洛大地,接地气、通民众、连人心。从食材上看,几乎全都是就地取材。如牡丹燕菜用的萝卜、假海参、焦炸丸用的粉条,山楂酪汤用的红薯,红烧河鲤用的鲤鱼,料子鸡用的土鸡等莫不来源于当地。当地的新鲜食材,百姓喜闻乐见的做法,合乎礼仪的上菜规矩及饮食方法,每次"吃桌"都是一次文化熏陶,这些都是在长时间的历史浸润中不知不觉形成的。

老洛阳人大都知道,水席尽管程序复杂,花样繁多,但诀窍是水席"三要素"即胡椒、香油、醋,缺这三样,水席不成为水席。当然,这三样的选料、搭配、加工十分讲究。基础是高汤,一般用棒骨和脊椎骨熬制出来,也有用土鸡熬制的,胡椒要选用地道的四川白胡椒,要研磨过滤无渣子,入汤即化;醋要选用本地出的香醋,色泽不要过重,一般出锅前放;香油,即小磨油更有讲究,要用新鲜白芝麻手工榨制的,用得不多,主要是调味。这三者的搭配至关重要,非专业厨师难以调适到位。好的水席一口就能品尝出来,诀窍就在调味。

洛阳水席在洛阳实际有五大体系:一是以"真不同"为代表的所谓正宗系,是国家非物质文化的传承者;二是建坤水席楼、洛阳水席楼等为代表的有著名"老艺人"、名大厨掌勺的所谓实力派系;三是像"耀耀""管记"这类水席店,味道不错,走的是传统水席这一路,即所谓的传统系;四是民间土水席,活跃在洛阳近郊、洛阳附近县区,最接地气,所谓的农村"官场儿"系;五是流行在瀍河回族区的清真水席,用牛羊肉做,即所谓的清真系。以上这些,使洛阳的水席五彩缤纷,精彩纷呈。

正宗规范的洛阳水席全席共有24道菜,有8个冷盘,4个大件,8个中件,4个压桌;冷热、荤素、甜咸、酸辣兼而有之。上菜顺序比较讲究,先上8个冷盘作为下酒菜,酒过三巡后再上热菜,依次先上4大件热菜,每上一道大件跟上两道中件,美其名曰"带子上朝";最后上四道压桌菜,其中最后一道是鸡蛋汤,又称"送客汤","圆满汤"以示全席已经上满,大功告成。水席中的热菜必以汤水佐味,肉菌时蔬无不入馔,煎炒烹炸烧,变化无穷。

洛阳水席产生于武则天宫廷中,是宫廷御膳,菜品繁多,内容复杂,制作精良,吃法考究,经过挖掘整理,共有24道菜。其中,8个凉菜,16个热菜。过去凉菜比较随意,现正宗的水席,8个凉菜是以服、礼、韬、欲、艺、文、禅、政为主题的菜名,有来历,有讲究,体现了浓厚的文化味。16个热菜分四镇桌、八大件、四扫尾,皆有比较深厚的文化内容和精细的制作方法,再现了武周时期宫廷生活的豪华和盛唐时期灿烂的饮食文化。

洛阳水席比较讲究,热菜中有"四镇桌"。一是"牡丹燕菜",用东关大萝卜"九蒸九晒"高汤煨制而成,得名于武则天女皇,发展于周恩来总理,赛燕窝,喻牡丹;二是"葱扒虎鲤",以孟津黄河所产的野生长须鲤鱼为上品,鱼头所向是上座的尊者,所谓"鱼头一对,大富大贵";三是云罩腐乳肉,相传与武则天有关,寓意嫁出去的女儿不忘娘恩,也有用条子肉的,先炸后煮再蒸,肥而不腻,回味悠长;四是"海米升百彩",实际就是海米炖白菜,亦叫"百彩",图一个吉利悦心,白菜是素菜,实际是为前面的两道荤菜起一个利口的作用。"四镇桌",关键在"镇",是水席诸菜中的"镇桌之宝"菜,也是水席中的招牌菜。

洛阳水席说穿了是大众百姓喜爱的饮食。从古至今，少不了红白大事，少不了待客还礼，因此，在河洛大地就有了水席的广阔市场。有了事就要待客，待客要讲究就地取材，要讲究实惠，要讲究随行就市，要讲究皆大欢喜，这就是水席流行的原因。有钱的多几道，城市的多几道，乡村的少几道，钱少的简单一些，但意思不能少，既体现了礼仪之邦的礼数，又根据家境丰俭随己，这就是洛阳水席的随和和宽容。

洛阳水席中有一道名字比较特别的菜——假海参。其中意思有三：一是假的海参，不是真的；二是像海参，外形像；三是有憧憬，把假的、像的当真的海参。这道菜，以红薯粉条为主，用高汤把粉条和粉芡糅合在一起，用手挤塑成海参的样子，上笼蒸熟，具体做法是用蒜辣的汤汁煨成，辅之以葱花、海米、小磨油等。这道菜食用起来，酸辣可口，绵软悠长，老少咸宜，大有真海参的味道，是洛阳水席的代表性菜品，在水席酒店中点击率甚高。

洛阳水席有高档和平常之分。高档的就是宫廷水席，从唐朝开始流行于宫廷之内，虽不同于清朝的满汉全席，但性质是一样的，是皇室大内的"御膳"，食材讲究，制作精良，非寻常百姓所能企及的，菜品有定数，操作有规范，不能乱了"规矩"。百姓之水席，灵活性比较大，不取"神似"，只取"貌似"，花钱不多，图个娱乐，汤汤水水，乐个肚圆，喜庆程度丝毫不亚于紫禁城内。

洛阳水席利用当地的食材比较多，如当地产的红薯淀粉、红薯粉条等。焦炸丸子是洛阳水席中较为出名的一道特色菜肴。焦炸丸子将粉条水发后切碎，加调料及面粉、淀粉拌匀，做成丸子经温油先小火炸干丸子中的水分，再用热油将丸子炸焦，趁热倒入酸辣汤中，味道酸、辣、咸、鲜、香，口感焦、酥，别具风味。洛阳真不同等水席店把炸焦的丸子入汤瞬间的响声比作欢迎客人的掌声，调节了用餐的气氛，让大家在欢笑中品尝美食。

洛阳熬货是洛阳水席中的一道特色菜,有点类似东北菜里的乱炖,味道特别又非常家常。熬货的原料是猪下水,包括猪肝、猪心、猪肚等,先将原料煮熟,然后切成筷子粗细的条状,配以平菇、腐竹、油炸豆腐等,也可以切条备用。这些原料配好后,打开火,放上油锅,将葱、姜、蒜苗、干辣椒尖放到锅里炒出香味,然后将事先切成条状的原料放到锅里一起炒。最后加入一勺鸡汤,让菜多在锅里煮一会儿,看到汤变得浓稠时,放入盐、味精调味即可,这就是美味可口的"熬货",熬制出来的"货"。

洛阳水席菜肴比较多,道道菜都有讲究,道道都有名堂。比如连汤肉片就是洛阳水席中不可缺少的特色名菜。洛阳人喜欢吃水席,几十道菜,汤汤水水下来,吃得人们大呼过瘾,畅快淋漓。连汤肉片以精瘦肉为主料,一般以猪里脊为佳,以木耳、金针、大绿豆等为辅料精心制作而成,肉片滑嫩,微酸利口,一勺下去,吃在嘴里,美在心里,经久难忘。连汤肉片既是水席中的特色菜,亦可单做,是洛阳菜系中的奇葩。

洛阳水席正宗的店铺是"真不同",其店名3个大字是洛阳孟津区麻屯人氏、著名小说家、电影剧作家、中国原作协副主席、原现代文学馆馆长、茅盾文学奖获得者李准先生书丹,字体魏中见隶,古朴苍劲,绵里藏筋,实属难得的书法圭臬,为洛阳水席的声名鹊起发挥了巨大的推动作用。李准先生是老洛阳人,名副其实的"洛阳通",他的题款,可谓金上加金,有大美之意。

(中)

洛阳水席服务食客的面向比较宽广,比如有适合妇女儿童的甜食八宝饭、蜜汁红薯、山楂酪汤等;有适合素食主义者的牡丹燕菜、假海参、焦炸丸等；适合大吃大喝者的条子肉、红烧河鲤、料子鸡、烧杂拌等；适合清淡者的海米白菜、醋熘莲菜、连汤肉片等。同时，洛阳水席以汤羹见长，对脾胃虚弱者、年老消化不好者尤其适宜，开胃健脾、温中益气，是饮食系列中性质比较平和的佳肴。

洛阳水席里，牡丹燕菜的知名度最大，蜜汁红薯最受女士和孩子们的欢迎，可是大家必点的一道菜，并且时常津津乐道的，恐怕还要属"烧杂拌儿"了。为什么叫"烧杂拌儿"？因为它所用的材料，都是水席用剩下的边角料，它和水席的另一道菜"熬货"非常类似，只是少了猪大肠、猪肝和扁垛。"烧杂拌儿"没有像洛阳水席其他的菜一样用到大量的醋，也许是肉皮炸后入菜的原因，味道非常浓郁、厚重，而非其他水席菜酸辣可口。这道菜是节约型的，但做起来比较复杂，吃起来美味可口。

洛阳水席菜品丰富，行云流水，不光是大饱口福，享受物质大餐，也是享受精神大餐。洛阳水席好吃，搭配的主食也非常特别，就是鸡蛋灌饼，水席中的鸡蛋灌饼是油煎出来的，两层饼中裹着一层鸡蛋，鸡蛋中放一些葱花，葱香扑鼻，香、软、焦、嫩，简直是美味无比。鸡蛋在水席中的应用有三：作牡丹花造型；作最后一道菜，如意蛋花汤；然后就是主食鸡蛋饼，搭配得恰到好处，让人"得陇望蜀"，期待着下一次饕餮。

洛阳水席既在"官方"也在民间。所谓"官方"，即是洛阳的"真不同"饭店，位置在洛阳老城的中州路上，坐南朝北，古色古香，是百年老店，据说在西工、新区也开有店面。其他还有几家比较大的水席店，比如洛阳水席楼、建坤水席楼等。饮食没法垄断，百姓唯味而去。所谓民间，在老城西大街等处，还有一些店面不大，做法精道的水席馆，保留传统菜品、传统手法，想吃什么点什么，花钱不多，亦能领略水席。

上善若水，席莫大焉，即是对洛阳水席的一种概括。

洛阳附近农村流行"土水席"。何谓"土水席"？就是简化版的水席。农村不像城市繁华，讲究排场，一切从节俭考虑，适用为度，因此，在红白大事待客的时候，在城市水席的基础上有所删减，保留好做的、好吃的、取材方便的，又不失礼貌成分。这样"土水席"菜在数量上略有减少，用材家庭自产的比较多，如粉条、干粉等，在主菜上突出实惠的特点，比如"条子肉"，块头大，肥的多，做法特别，先炸、后煮、再蒸，1桌8人，1人1块，肥而不腻，入口即化，深受老年人的欢迎，老年人去"吃桌"，为的就是这一口。

洛阳水席中有一道比较平民化的菜——料子鸡。其主料是仔鸡，重约750克，配料是姜块、葱段、大茴香等。鸡子宰杀洗净后抹上酱油，放入六七成热的油中炸成柿红色，捞出滗油，然后把鸡肉放入砂锅，放入配料，烧开后改用文火，把鸡子炖烂，走菜时拣去配料，盛入盘子即可。料子鸡汤鲜肉烂，味纯香鲜，抖筷离骨，老少咸宜。这道菜深受大众欢迎，是传统水席必点菜。

洛阳水席中有道菜——稀辣鱼块，很受欢迎。主料是青鱼或黄河鲤鱼，切成瓦楞块，挂上用鸡蛋、淀粉、面粉和成的糊，放入温油中炸成金黄色，然后先用葱姜蒜八角炒出香味，依次放入鱼块、料酒、胡椒粉、粉皮、木耳、黄花菜、高汤等，小火炖10分钟，放入香醋，淋香油，撒上香菜即成。该菜以炖为主，口味咸鲜，把鱼的新鲜味体现得淋漓尽致，相对于水席的其他菜，这道菜是比较新颖的。

蜜汁八宝饭是洛阳水席中的一道"甜菜"，是一道老少皆爱的水席菜肴。民间认为八宝饭来源于古代的八宝图，早期的八宝饭是将蒸熟的糯米饭拌上糖和猪油，放点莲子、红枣、金橘脯、桂圆肉、蜜樱桃、蜜冬瓜、薏米仁、瓜子仁等果料，撒上红绿梅丝做成。这道菜有比较深的涵义：莲子象征和好，桂圆象征团圆，金橘象征吉利，红枣象征早生贵子，蜜樱桃、蜜冬瓜象征甜甜蜜蜜，薏米仁系仙鹤转化而成，象征长寿，瓜子仁是鼓板的变体，象征生活有规律。后来在实际操作中有所简化，用各色果铺代替，其寓意是"金玉满堂"

小酥肉是洛阳水席的一道菜肴，历史悠久，深受食客欢迎。小酥肉用精选的大肉，切段，放葱、姜、蒜、生抽料酒、白糖、十三香等调料，腌渍一个小时左右，用面粉、淀粉各一半，加鸡蛋、盐搅拌均匀，将肉挂糊下到六七成热的油中炸到色泽金黄后捞出控油。然后把炸好的肉放入蒸碗中，放几片生姜及八角、香叶，浇上调好的肉汤，上笼蒸一个小时。这就是美味无比的小酥肉，其特点是软糯香浓，口感极佳，特别适合老年人食用。

洛阳水席中还有一道菜比较特别，名曰奶油炖吊子，主料是猪大肠加奶白浓汤炖制而成。此菜配以熟猪心、肝、肺切成薄片，肥肠切成小段，玉兰片、口蘑切成小片，油豆腐切成小块，把熟大油烧成五成熟时放入葱段、蒜瓣、姜块煸出香味，后放入奶汤、胡椒粉、桂皮等调料，把大肠等食材放入砂锅，文火慢炖30分钟，出锅时撒上葱姜丝，香菜段，淋上香油即可。这道菜浓香可口，有西洋风味，深受年轻人欢迎。

洛阳水席有一传统菜——烩三丝，有些大店不一定做，但在民间知名度甚高。所谓烩三丝就是烩肉丝、海参丝、玉兰片丝。肉要用大肉，最好用里脊切丝，海参最好用辽参，但成本较高，因此用一般水发海参即可，切成细丝，玉兰片也要切丝。海参丝、玉兰片丝均要焯水，肉丝煸炒好后放入，加高汤、白胡椒粉、生抽及香醋等小火煨烩，出锅时勾芡即可。这道菜是细发菜，也是水席改良菜，刀工精良，黑白分明，酸爽可口，回味悠长，深受女士青睐。

洛阳伊洛瀍涧黄五水贯流，在洛阳水席中自然少不了鱼的身影，洛阳水席中的鱼大致有两种鱼,一是就地取材,用黄河中的有须的野生鲤鱼,红烧居多,浓汤浇汁,鱼是大菜,吃鱼也图个吉利,也图个饮食结构改变;另一是伊河中的"鲂鱼",清蒸居多,过去有句话:"河鲤伊鲂,赛似牛羊。"现在野生的"鲂鱼"已经不多了,好在已有人工养的,这才使食客有机会大饱口福。当然,高档的水席也有用鳜鱼、鲈鱼及海鱼的。

洛阳传统水席中除了焦炸丸子外,还有一道水氽丸子,该菜味道鲜美、清爽利口,香而不腻,温软滑嫩,比较受民众欢迎。水氽丸子肉馅肥瘦要适当,要加入适量的干淀粉和盐,入水前要顺着一个方向搅拌,使丸子能够"上劲",这样吃起来有"嚼头",丸子才会细嫩、饱满、滑爽,最后要掌握好火候,"氽"的时间不宜过长,以撇除水面浮沫后出锅为宜。洛阳水席很有包容性,接地气,以满足大众的需求为转移,大众喜欢的几乎都可入席。

洛阳水席中有一道名菜、大菜,这就是条子肉,现在点的人可能不太多,但在前些年,是必点的菜,吃起来解馋、过瘾。条子肉以猪五花肉为材料,扣肉整齐隆起,颜色酱红油亮,汤汁粘稠鲜美,食之软烂醇香。其制作方法是将肉用汤煲在文火上煮到六七成熟,用酱油涂抹上色,用油炸到大红色,捞出后,放到清水中漂透,去除浮油,将肉切片肉皮向下摆在碗里。用鸡汤、酱油调汁倒入碗内,可稍放些切碎的梅菜,用旺火蒸40分钟,翻到出来,加入湿淀粉勾芡,淋入肉面即成。

洛阳水席讲究实惠,尤其是待客时,一般讲点有"条子肉"就不上红烧肘子了,若没有点,就要上红烧肘子了,二者要具其一。红烧肘子也是水席中一道大菜。红烧肘子选用带皮去骨的猪肘子为主料,经过水煮、过油、蒸制而成,成品色泽红润明亮,造型优美大方,质地酥烂软糯,口味香醇不腻。水席中的红烧肘子,成菜如丘,色泽枣红,造型丰满,肉烂胶粘,肥而不腻,瘦而不柴,香醇味美,别有一番风味。

水席菜中,甜菜除了八宝饭外还有一种——蜜汁红薯。红薯选用当地出产的坡地红薯,切成菱形块,放油中炸熟,呈金黄色时捞出。然后锅内加水约400克,放冰糖和蜂蜜小火煨烧,至汤汁浓稠时放入炸好的红薯,出锅时撒上炒香的芝麻即成。蜜汁红薯是洛阳水席的一道经典菜,红薯软烂蜜甜,色泽晶莹红亮,口感很好,食而不腻,是很好的保健食品。

洛阳水席的第一道菜是牡丹燕菜,最后一道菜是鸡蛋汤。鸡蛋汤色泽鲜艳,清淡宜人,酸爽利口。鸡蛋汤在水席中是个"信号菜",此汤已上,等于告诉人们,宴席就要结束了,准备打点东西回家吧。因此,在民间大家习惯上将鸡蛋汤称之为"滚蛋汤",因"滚蛋汤"听起来不雅,现在在水席中,把这最后一道菜叫"圆满如意汤",既上档次,寓意又好。

水席的吃法有吃全水席、半水席和零点几个水席菜。全水席24道菜,一般吃不完,现在除了办喜事待客要全套的,基本不要全套的;半水席,顾名思义就是要一半水席菜,再要些其他系列的菜,如川菜、粤菜或其他菜系的一些菜,搭配着吃,面宽一些、新奇一些;还有一些零点水席菜的,根据自己的喜爱,点一些自己喜欢的。应该说后面两种"混搭"比较流行,反映了大众"喜新不厌旧"的饮食消费心理。

(下)

洛阳水席烹饪方法比较讲究,手法多样,多以烩、煮、蒸、汆为主,也有采用烧、熘、焖技法的。口味酸辣,以胡椒、盐、醋为主调料,多采用鸡汤做底汤。现在在一些水席店吃水席,上热菜前,每人先尝一盅鲜汤,名曰"定调汤",即是先订住水席汤水的口味,其他水席菜以此定味。洛阳水席讲究汤汁浓鲜，酸辣适当，形成了食材多样，荤素搭配，丰俭随己，酸辣味殊，清爽利口的个性特点。

洛阳水席实际是有容乃大的，既可以上得"厅堂"，到像样的馆子里吃，吃个名堂，出个排场，吃一道撤一道，品个"宫廷味"，过把"皇上"瘾；亦可下得"厨房"，三五朋友，"趸摸"到路边小店，点上几个家常的、百姓喜爱的、大店没有的几个传统水席菜，大快朵颐，虽然少了"程式"化、缺了"典仪"式，但那叫自在、那叫随心、那叫实惠、那叫"得劲"。这就是水席，上善若水，随"心"而安。

洛阳水席是传统名宴，其特点主要有：一是有汤有水，味道多样，酸辣甜咸俱全，适合大众口味；二是选材广泛，有荤有素，素菜荤做，素菜精作，可根据个人口味，简繁由人，丰俭由己；三是源自宫廷，上菜顺序有严格的规定，搭配合理，选料考究，讲求烹饪手法和食材的巧妙利用；四是接地气，惠百姓，尤其是民间流传的"土水席"，扎根于民间沃土，巧妙变化，既"大象无形"又"有法无式"。

洛阳人把水席看得很重，把水席看成各种宴席中的上席，以此款待各地来的客人。它不仅是盛大宴会中备受欢迎的场面，就是平常民间婚丧嫁娶、诞辰寿日、年节喜庆等礼仪场合，人们也惯用水席来招待至亲好友，因为水席24道菜，人们亲切地称它为"三八席""三八桌"。它作为洛阳传统的饮食美食、系列"大餐"、非物质文化遗产，深受洛阳人和外地游客的欢迎，以至于人们把吃水席和到洛阳连在了一起，足见水席在大众心目中的地位。

洛阳水席是中国迄今保留下来的历史悠久的名宴之一，也是河南洛阳一带特有的传统宴席。水席作为洛阳的一个地域标签，在传承过程中凝结了洛阳民间厨师的聪明智慧，厨师在长期的烹饪实践中，根据洛阳的地域、气候特点及洛阳人的饮食习惯，在水席用料上注意选取当地食材,特别在用汤和配料上下功夫。比如牡丹燕菜,是水席的头菜,除高汤外,配菜有十几种之多,精心烹制,色香味形,鲜香酸辣,一次品尝,终生难忘。

"真不同"饭店是洛阳水席的老字号,该店创始于1895年,其前身是"于记饭铺""新盛长饭店",创始人为于庭选、于保和。1947年定名为"真不同"饭店,洛阳本地著名作家李准先生,从小生活在洛阳,洛阳的一草一木是他文学创作的源泉,他的许多作品都是以洛阳为背景写下的,他曾深有感触地说,"半生一回首,还是真不同",并挥毫题写了"真不同"饭店的店名。真不同名气太大了,故民间有"不进真不同,未到洛阳城"之说。

洛阳水席在当地很流行,但老是打不出"圈",墙里开花,墙外不"香"。笔者曾在洛阳驻京办陪北京的客人吃过水席,京城客人对洛阳水席评价并不是太高,认为汤汤水水太多,每道菜相似性太高,加之食材司空见惯,档次提不上去,偶尔吃一次可以,经常吃难免有些"乏味"。这说明一个问题,洛阳水席地域性太强了,要想打出去,让全国人民接受,还有许多工作要做。

这些年洛阳水席的开发取得了一些可喜的成绩,有了一些初见端倪的产品,如洛阳牡丹燕菜的商品化生产等,但相对于发达地区的旅游产品的开发,力度还是不够的,思维还不超前,成果还不够多。要想实现游客吃在洛阳,吃了以后还要"兜"着走,还有很大的距离。如洛阳水席系列真空包装套装,仍待进一步开发,只有没有想到的,没有做不到的,思路到了,就有商机,思想解放,方能"黄金万两"。

水席是灵活的,不要把它凝固化。水席是中华名宴,有它特殊的烹饪方法、特殊的食材、特殊的菜品、特殊的口味等,但一定不要把它看成是一成不变的东西,一定不要把它搞僵化,否则,就缺失了鲜活的生命力。比如菜品的推介上，正式的、传统的可有程式化的东西，要正规，要有内涵，要有品味；大众的消费要灵活，要有较多的组合，要与时俱进，契合民众的需求。

洛阳水席是餐饮中的"活化石"，要想发扬光大，必须在保留传统的同时，来场"革命"，来场"创新"，在适应洛阳民众的同时，适应更大范围的民众。例如水席的"菜谱"，要进行研究，出些"改良版"的水席菜，烹饪方法上，要兼容并蓄，借鉴一些粤菜、川菜、杭帮菜的手法，推陈出新，适应新时代、新形势的发展。"水无常势，兵无常形"，变则通，通则行，行则远。

洛阳水席在传承创新的同时，要加大研究的力度，注重对水席文化内涵的深入研究。韩国的泡菜，不仅研究的人多，而且还后继有人，首尔的一些大学还办有"泡菜"专业，培养大批弘扬"国粹"的后备队伍。洛阳高校比较多，应在政府的牵头下同洛阳商务部门、餐饮业协会相关餐饮行业成立研究院、开办相关专业，培养"应用型"人才，助推洛阳水席"中原突破"。

洛阳水席好吃，洛阳水席市场比较丰富，但洛阳水席市场也比较混乱，良莠不齐，缺乏统一的市场标准。"真不同"有"真不同"的标准，"水席园"有"水席园"的要求，民间有民间的弄法，给人感觉五花八门。既然是国家非物质文化遗产，要有统一的质量认证制度，要严把"入门"关，要有统一的标准要求，达不到质量标准的，要统一进行整顿，实施"达标"经营、"挂牌"服务，目的只有一个，保证质量，体现水平，不要砸牌子，唯有这样，才能永葆非物质文化遗产的魅力。

很长时间了，一直在想，洛阳水席为何脍炙人口，魅力无穷，让洛阳人和来过洛阳的人久久难以释怀。近日再读《老子》，忽然之间，似乎明白了，洛阳水席源乎于"道"，这个"道"就是水席的"根"，这个道就是"上善若水"的"水"。水席中的"汤汤水水",实际上就是老子《道德经》中讲得"善利万物而不争"的"水"。水是调和万物使之和顺的"本",洛阳好山好水,"居善地","几于道",故调和出的膳食,"善治""善时""善渊""善仁""无尤"。想到此,心中疑惑迎刃而解,喟然曰:上膳若水也!

《荀子》中记载了孔子与子贡的一段对话,孔子曰:"夫水,偏于诸生而无为也……以出以入,以就鲜洁。"洛阳水席,每道菜汤汤水水,实际上是弘扬的"水"之大道,在中国的烹饪发展史中,水是最讲究的,原始人类居住、生活要择水而居,如仰韶、如半坡,莫不如此。水是生命之源,有好水才有好食,洛阳水席正是在此基础上的发展,以水出入,以"鲜洁"之水入馔,把"水"在烹饪中的作用发挥到极致,这就是洛阳水席,美食的至善境地。

洛阳水席之所以脍炙人口,经久不衰,深刻原因在"水",这个水,就是汤汤水水的水,汤羹中的水。洛阳山好水好,方能烹调出美味佳肴。洛阳是盆地,伊洛瀍涧黄诸水润洛阳,从远古开始,洛阳就是原始人类的绝佳居住之地,其中深刻的原因就是洛阳的水好,水是生命之母、文明之源。正是有着这样的条件,洛阳得天独厚,成为中国的美食之源,中国的烹饪之祖尹伊就是洛阳人,他开创了中国饮食文化的先河,洛阳水席,就是在继承尹伊饮食思想的基础上发展起来的。

在中国的饮食当中,最易于身体的莫过于精心熬炖的"汤",菜是面,汤是底,汤好菜才能好,这是烹饪的大要,也是洛阳水席的精髓。著名豫剧大师马金凤老师讲她养生的秘诀就是喜欢喝汤,各种各样的汤是她的最爱,是长寿的法宝。事实上汤最容易吸收,最养人。洛阳水席吸取了养生的精华,把用土鸡熬制的高汤融入到每一道菜中,使人食用起来口感好,易消化,好吸收,有益身体,延年益寿。

洛阳水席实际就是养生席、养生菜。水席的每道菜，表面看汤汤水水，行云流水，但吃不坏人。原因在于食材是粗细搭配，而且搭配的媒介就是汤水，人为什么会吃多，关键在于干的东西、大鱼大肉的东西太多，而水席恰恰中和了这些，在品尝汤羹类的水席菜的时候，适当抑制了胃液的分泌，让人有饱胀的感觉。吃饭少一口，活到九十九，水席是最符合养生的传统名宴。

做人办事的最高原则是上善若水，烹饪做饭的最高原则是味道可口，易于吸收，而洛阳水席恰好印证了这一点。从养生学的角度讲，汤羹类的食物最易吸收，对人体最为有益，洛阳水席菜为体，汤做媒，适应了、强化了人的消化机能。养生学讲阴阳平衡，脾胃和合，健脾养胃，开窍通津，而洛阳水席是人类饮食健康习惯的典型代表，这是水席颇受欢迎的深层次原因。

后 记

有时候，想搞成一件事情是比较难的，关键是看你是否有信心、有决心。有志者，事竟成！

《河洛文化菁华——洛阳名人与文化遗存》是自己"微信"体写作成功的一个尝试。原来自己只是想写着玩玩，没想到坚持下来了，还颇有收获。

大家可以看到，自己在叙述事情、人物等的时候，没有太长的段落，一次说不完，分数次说，一次争取说清楚要表达的比较完整的内容。这种写作方式，一是适合微信，适合微信所需要的受众，简单配两张图，也可能是多张图，写上一小段文字，把一个事说清楚了，可以是单个的，也可以是系列的；二是适应时代，适应忙碌的人群。信息化时代，大家都比较忙，没有大块的时间来阅读大块的文章，因此，这种方式适合大家"碎片化"的阅读。我在尝试这个方式一段时间以后，尤其在"河洛人"平台上发表了系列文章，有了比较大的反响以后，洛阳理工学院的教授侯丙孬就称这种文化传播的方式是"微传播"，并写文章进行推介。

"微传播"现在已经比较普遍了，但5年前自己做的时候，应该说还是凤毛麟角。"微传播"是时代造成的，是高科技造成的，"微传播"看着"微"，实际作用是比较大。自己的"粉丝"比较多，大都是伴随着自己微信的传播形成的文化方面的兴趣"小组"。有朋友对我说："跟着董老师学历史、跟着董老师学文化、跟着老师讴歌生活，无形中自己也提高了许多，升华了许多，原来世界是如此地美好、文化是如此地美好、洛阳是如此地美好！"

当然，自己更是"微传播"的受益者。几年来，自己"化零为整"形成了有关河洛文化等方面的数百篇文章，因为发微信的过程也是学习的过程、研究的过程，甚至是"商榷"的过程，快乐着自己的同时也快乐着他人，自己何其幸也！

本书出版之际，非常感谢我的夫人及我的家人，他们的支持是我写作的动力，他们的支持给我提供了发挥的更大空间，他们的支持让我感受到了家庭的温暖与美好！

本书出版之际，非常感谢我的朋友们，是他们始终如一的支持、点赞让我力量倍增。人是需要相互欣赏的，你欣赏我，我欣赏你，相互的欣赏就是会意的默契，相互的欣赏就是共同前行的力量！

本书的出版非常感谢郑贞富先生，他的慧眼卓识，让本书有了一个响亮的名字。

因水平所限，本书难免有许多疏漏的地方，请方家批评扶正！

董 延 寿
壬寅冬于古雒斋

责任编辑：王世勇
封面设计：吴燕妮
版式设计：顾杰珍

图书在版编目（CIP）数据

河洛文化菁华：洛阳名人与文化遗存／董延寿 著．—北京：
 人民出版社，2023.11
ISBN 978-7-01-025751-8

Ⅰ.①河… Ⅱ.①董… Ⅲ.①文化史－洛阳－文集 Ⅳ.① K296.13-53

中国国家版本馆 CIP 数据核字（2023）第 099815 号

河洛文化菁华
HELUO WENHUA JINGHUA

——洛阳名人与文化遗存

董延寿 著

人民出版社 出版发行
（100706 北京市东城区隆福寺街 99 号）

中煤（北京）印务有限公司印刷 新华书店经销
2023 年 11 月第 1 版 2023 年 11 月北京第 1 次印刷
开本：710 毫米 × 1000 毫米 1/16 印张：17.5
字数：216 千字
ISBN 978-7-01-025751-8 定价：78.00 元

邮购地址 100706 北京市东城区隆福寺街 99 号
人民东方图书销售中心 电话（010）65250042 65289539

版权所有·侵权必究
凡购买本社图书，如有印制质量问题，我社负责调换。
服务电话：（010）65250042